图书在版编目（CIP）数据

家庭美德：儒家与西方关于儿童成长的观念／（美）
柯爱莲著；刘旭译. 一上海：东方出版中心，2022.10
（比较哲学翻译与研究）
ISBN 978-7-5473-2075-4

Ⅰ.①家… Ⅱ.①柯…②刘… Ⅲ.①儿童教育-家
庭教育-研究 Ⅳ.①G78

中国版本图书馆 CIP 数据核字（2022）第 236077 号

上海市版权局著作权合同登记：图字 09-2022-0786 号
FAMILIES OF VIRTUE：Confucian and Western Views on Childhood
Development by Erin M. Cline
Copyright 2015 Columbia University Press
Chinese Simplified translation copyright（2018）by Orient Publishing Center
Published by arrangement with Columbia University Press
through Bardon-Chinese Media Agency
博达著作权代理有限公司
ALL RIGHTS RESERVED

家庭美德：儒家与西方关于儿童成长的观念

著　　者　〔美〕柯爱莲
译　　者　刘　旭
责任编辑　肖春茂
封面设计　周伟伟

出版发行　东方出版中心有限公司
地　　址　上海市仙霞路 345 号
邮政编码　200336
电　　话　021-62417400
印 刷 者　山东韵杰文化科技有限公司

开　　本　890mm×1240mm　1/32
印　　张　13.5
字　　数　243 千字
版　　次　2023 年 1 月第 1 版
印　　次　2023 年 1 月第 1 次印刷
定　　价　88.00 元

谨以此书

献给

予我寸草孝心以三春之晖的父母；

我的丈夫迈克尔

你我阴阳互补、相得益彰；

以及我们的孩子

帕特里克和布里吉特

他们教会我的远超我所希望教给他们的

谨以此译作

献给我亲爱的父母

刘国胜先生和汤生美女士

"你们做子女的,要在主内听从你们的父母,因为这是理所当然的"

(厄弗所书6:1)

《比较哲学翻译与研究丛书》

总　序

　　近四百年来，人类社会出现的巨大变化之一就是资本主义生产－生活方式的兴起与发展。一方面，资本主义的生产－生活方式的出现，给人类带来了巨大的物质财富、新的科学技术及对自然与人类自身富有广度和深度的认识视野；另一方面也给人类带来了前所未有的灾难、痛苦与极其严重的环境破坏，而且使人类陷入尝试的焦虑与困惑之中。巨大的物质财富，就其绝对数量而言，可以让全世界 70 余亿人口过上小康式的生活，但当今全世界的贫困人口仍然有 13 亿之多，其中赤贫人口有 8 亿之多。民族、国家之间的冲突、战争不断，文化与文明之间的矛盾冲突，也是此起彼伏。造成这种诸多极不如人意的社会生活现状的原因，无疑是多元的，根本性的原因仍然是资本主义主导的生产－生活方式。想要解决这些极不如人意的世界范围内的生活乱象，方法与途径也将是多元的，而从学术、文化加强沟通与理解，增进不同文化、文明共同体之间的合作与信任，是其中重要的方法与途径。本套《比较哲学翻译与研究丛书》，本着一种深远的学术济世宏愿，着眼于极其具体、细小的学术工作，希望能对全球时代人们的和平、幸福生活，作出一点微薄的贡献。

简要回顾中西哲学与文化比较研究的历史，大约需要从 16 世纪耶稣会传教士来华的时代算起。一方面，来华传教士将中国的社会、历史文化情况发回欧洲，引起了 17 世纪以后欧洲对于中国文化的持续兴趣；另一方面，来华传教士带来的欧洲学术、科学、思想文化成果，也引起了中国社会少数有识之士的关注。清代康熙年间的"历法之争"，是中西文化交流过程中的一股逆流，但此股逆流所反映出的外来文化与本土文化之间的关系问题，却是真实而持久的。此一问题，在佛教传入中国的过程中也曾经长期存在过，但印度与中华文明都处在农业文明阶段，不涉及文明之间的生死存亡之争的问题。因而在漫长的佛教中国化过程中，逐渐解决了此问题。耶稣会传教士带来的欧洲文化，无论是其中的一神教的思想，还是一些科学的思维方式，对于古老而悠久的中国文化来说，都是一种强有力的挑战。从 17 世纪初到 19 世纪中叶，可以被视为中国哲学、文化与欧洲哲学、文化之间比较研究的第一个历史时期。这一时期，由于政治、经济上的自主性，中国哲学与文化也保持着自己的精神主体地位。而在中国大地上进行传教的耶稣会士们，则是主动地让基督教文化向中国哲学、文化靠拢，在中国哲学、文化传统里寻找到有利于他们传教的文化因子，如坚持适应路线的传教领袖利玛窦就努力在中国传统哲学、文化里寻找与上帝相一致的"帝"观念，以证明基督教的上帝与中国儒家传统有内在的一致性。与此同时，欧洲的一些启蒙思想家,如莱布尼茨、沃尔夫、伏尔泰、魁奈等人,则努力从中国哲学与文化里寻找"自然理性"之光,以对抗基督教的"天启之光",将遥远的中国哲学与文化视为欧洲启蒙文化的同盟军。

1840 年鸦片战争以后,特别是第二次鸦片战争、甲午海战等接二连三失败以后,近代中国人在政治上的自主性迅速丧失。伴随而来的是文化上的自信心的丧失。可以说,直到 1949 年新中国成立以前,中国百年近代史就是一部丧权辱国史,也是一部中华民族不断丧失自己文化自信心,在精神上不断被动和主动地阉割自己的历史。哲学、文化的研究,就其主流形态而言,是一种甘当西方甚至日本哲学、文化的小学生的历史。其中也有一些比较研究的成分,但其比较的结果,就其主要的面向说,都是对自己哲学、文化中专制的、落后的内容进行反思与检讨。只有少数被称为"文化保守主义者"的学者,才努力地发掘中国哲学、文化的自身价值。早年的严复在思想上基本上属于革新派,他在 1895 发表的《论世变之亟》一文,深刻地反省了中国文化在近代以来失败的原因,认为其主要原因就是:在政教方面,中国历代圣贤皆未能以自由立教。①

新文化运动之初,还未接受马克思主义的陈独秀,曾发表过一篇有关中西哲学与文化比较的文章,文中虽然泛用"东洋"与"西洋"二词,实际上就是讨论中国哲学、文化与西方哲学、文化。

---

① 严复此文中的一段话很长,其要义是:"夫自由一言,真中国历古圣贤之所深畏,而从未尝立以为教者也。"(《严复全集》卷七,福州:福建教育出版社,2014 年,第 12 页。)

陈独秀在该篇文章里一共从三个方面对中国与西方的哲学、文化作了比较，而在整体上都是从否定的角度来评价中国哲学与文化精神的。如第一个方面，"西洋民族以战争为本位，东洋民族以安息为本位"①，其最后的结论是："西洋民族性，恶侮辱、宁斗死。东洋民族性，恶斗死、宁忍辱。民族而具如斯卑劣无耻之根性，尚有何等颜面，而高谈礼教文明而不羞愧！"第二个方面，"西洋民族以个人为本位，东洋民族以家族为本位"，其结论是："西洋民族，自古迄今，彻头彻尾，个人主义之民族也。""举一切伦理，道德，政治，法律，社会之所向往，国家之所祈求，拥护个人之自由权利与幸福而已。思想言论之自由，谋个性之发展也。"②"东洋民族，自游牧社会，进而为宗法社会，至今无以异焉；自酋长政治，进而为封建政治，至今亦无以异焉。宗法社会，以家族为本位，而个人无权利，一家之人，听命家长。"③而被中国传统儒家视为文明象征的忠孝伦理与道德，在陈独秀看来，是一种半开化民族的"一贯之精神"，此精神有四大害处：一是"损坏个人独立自尊之人格"；二是"窒碍个人意思之自由"；三是"剥夺个人法律上平等之权利"；四是"养成依赖性，戕贼个人之生产力"。而整个"东洋民族社会中种种卑劣不法残酷衰微之象，皆以此四者为之因"。④ 第三个方面，"西洋民族以法治为本位，以实利为本位；东洋民族以感情

---

① 陈独秀：《东西民族根本思想之差异》，《独秀文存》，合肥：安徽人民出版社，1987年，第27页。
② 同上书，第28页。
③ 同上。
④ 同上书，第29页。

为本位,以虚文为本位。"①而东洋民族以感情、虚文为本位的结果是:"多外饰厚情,内恒愤忌。以君子始,以小人终,受之者习为贪惰,自促其生以弱其群耳。"②

上述陈独秀在比较哲学与比较文化的视野里,对中国文化全面的批评与否定,可以视为激愤之词,在学术性上也有很多可以商榷之处,在当时中国处于列强环视,瓜分豆剖之际,可以激发国人深沉自省、洗心革面、奋发向上。今天,伴随着我们对西方文化的深入了解,我们可以更加客观、理性地看待中西文明的各自优劣之处。同时,对近代以来资本主义以殖民的方式对世界各国文化所造成的巨大破坏,以武力侵略的方式对整个人类所制造的各种骇人听闻的惨剧,也不应该加以掩盖。

近百年的中国历史,在政治上是受屈辱的历史,在经济上是被侵略的历史,在文化上则是新旧斗争、中西斗争最激烈的历史。一些被称为"文化保守主义者"的学者,在面对西方文化的强势冲击时,努力地维护中国传统哲学、文化的自尊。他们所要维护的有些具体内容未必是正确的,但这种"民族精神自卫"的思维方式与情感倾向,从整体上看是可取的。几乎与五四新文化运动同步,20世纪20年代,一批信奉儒家思想的现代新儒家们也成长起来,其中,以梁漱溟的《东西方文化及其哲学》(1921年)一书为标志,在中、西、印哲学与文化的比较方面,开始

---

① 陈独秀:《东西民族根本思想之差异》,《独秀文存》,合肥:安徽人民出版社,1987年,第28页。
② 同上书,第30页。

了系统的、哲学性的思考。梁氏从精神生活、社会生活、物质生活三个方面①出发，对中、西、印三大文化系统的异同、优劣、未来可能的走向进行分析，并对世界文化的发展方向作出预测。他认为，"西方化是以意欲向前要求为其根本精神的"，或者说"西方化是由意欲向前要求的精神产生'塞恩斯'与'德谟克拉西'两大异采的文化"。②"中国文化是以意欲自为调和、持中为其根本精神的。""印度文化是以意欲反身向后要求为其根本精神的。"③而经过西方近代文化发展阶段之后的未来世界文化发展方向，则是"中国文化的复兴，有似希腊文化在近世的复兴那样"④。梁氏的具体论断与其结论，当然都有许多值得商榷的地方，但他真正从比较哲学的形上学角度思考了人类几大哲学、文化系统的异同，并对三大文明系统的走向作出了自己的论断。由梁氏所代表的现代新儒家的比较哲学与比较文化的思想表明，20世纪的文化保守主义恰恰为保留自己民族文化的自信提供了一些有益的思想启迪。而从维护全球文化的多元化，反对现代文化的同质化方面，亦为世界文化的丰富性作出了自己的独特贡献。

在回顾20世纪中西比较哲学与文化研究的过程中，我们不应该忘记中国共产党人在学术与思想上所作出的贡献。作为中国共产党人集体思想结晶的《新民主主义论》宏文，虽然不是专门的比较哲学与比较文化的论著，但其中涉及的中国新文化发展的

---

① 梁漱溟：《东西文化及其哲学》，北京：商务印书馆，1999年，第19页。
② 同上书，第33页。
③ 同上书，第63页。
④ 同上书，第202页。

　　　　　　　　　家庭美德：儒家与西方关于儿童成长的观念

大问题,特别是面对外来文化时,恰恰为当代中国的比较哲学与文化研究,提供一个基本的思想原则。在该文里,毛泽东说道:"这种新民主主义的文化是民族的。它是反对帝国主义压迫,主张中华民族的尊严和独立的。"①面对外来文化,毛泽东说道:

> 中国应该大量吸收外国的进步文化,作为自己文化食粮的原料,这种工作过去还做得不够。这不但是当前的社会主义文化和新民主主义文化,还有外国的古代文化,例如各资本主义国家启蒙时代的文化,凡属我们今天用得着的东西,都应该吸收。②

毛泽东所代表的中国共产党人,在20世纪40年代就已经站在本民族文化的再造与创新的高度,触及了中西比较哲学、文化研究的根本方向和历史任务的大问题。当今中国学术界、思想界所从事的比较哲学与比较文化研究,也不是为了比较而比较,恰恰是为了中国当代哲学与文化创新而从事中西比较、中外比较,尽可能广泛地吸收世界上各民族创造的一切有价值的文化成果,从而为当代中国的哲学与文化建设事业服务。

实际上,在20世纪比较哲学与文化的领域里,可谓名家辈出,荦荦大者有王国维、胡适、金岳霖、钱锺书、张岱年、侯外庐,以

---

① 毛泽东:《新民主主义论》,《毛泽东选集》第二卷,北京:人民出版社,1991年,第706页。
② 同上书,第706—707页。

及整个现代新儒家群体,他们的比较哲学与比较文化的研究成果,扩大了中国人的思想视野与知识视野,丰富了中国人的精神内涵,增强了中国哲学与文化的自身活力与创新能力。自 20 世纪 80 年代以来,伴随着中国社会的改革开放,比较哲学与比较文化研究工作,一方面处在恢复发展阶段,另一方面也表现出一些新的特点。除一些学者个人凭借自己的学术兴趣、语言优势,继续从事比较哲学与文化的研究工作外,如海德格尔与中国哲学,解释学与中国的解释学等研究成果,一些大型的丛书与杂志也在持续出版,在更大的范围内影响着当代中国的学术、思想与文化。最典型的系列丛书有:乐黛云所开创并主持的比较文学研究丛书,刘东主持的《海外汉学研究丛书》,任继愈主编的《国际汉学》系列论文集等。而对于中西哲学比较研究史第一次较为系统的梳理与研究,当以许苏民的皇皇巨著《中西哲学比较研究史》为典型代表。当代中国这些新的比较哲学与比较文化研究形态与具体成果表明,伴随着中国与世界的关系越来越密切,比较哲学与文化的研究也越来越深入、越广泛。但就笔者目前所知的情况来看,比较系统、专门地介绍现代西方比较哲学与文化研究,同时又以此主题展开研究的丛书,目前似乎还未出现。因此,我们希望通过此套丛书一辑、二辑,及至多辑的出版,将当代中国的比较哲学与比较文化研究由比较分散的状态,带向一个相对较为集中、专业的方向,进而为推动当代中国哲学与文化的创新,作一点微薄的贡献。

相对于当代中国哲学与文化的创新与发展的主题而言,比较

　　　　　　家庭美德:儒家与西方关于儿童成长的观念

哲学与比较文化的研究只是一种学术助缘与手段。但在全球化的漫长过程中，比较哲学与比较文化研究将是一个需要有众多学人长期进行耕耘的广阔的学术领域。近四百年来西方文化在此领域所取得的成就，从整体上看要超过中国。不可否认，西方现代文化在其发轫期充满着一种对东方及其他非西方文化、文明的傲慢，而在比较哲学与比较文化研究的领域里，有些结论也带有明显的文化偏见与傲慢，像黑格尔、马克斯·韦伯等人对东方哲学、中国哲学的一些贬低性的认识与评论，在西方与国际学术界，均产生了相当不好但非常有力的影响，即使是当代中国的有些学人，还深受这些观念的影响。但我们需要全面、系统地了解现代西方学术中比较哲学与比较文明研究的成果，像李约瑟、斯宾格勒、汤因比、雅斯贝尔斯、布罗代尔等人的研究成果，就需要我们系统地研究与翻译，而马克思、恩格斯，以及法兰克福学派的一些有关全球化的反思与论述，也是我们从事比较哲学研究者需要加以认真地研读的系列作品。

正在全面走向世界，并将为世界文化作出新的、更大贡献的中国，需要有更加开放的胸怀，学习、吸纳西方哲学与文化，同时还应该放宽眼界，学习、吸纳全世界所有民族的优秀思想与文化。我们还应该对中东、非洲、南美洲的思想与文化传统有所研究与了解，未来的比较哲学与文化翻译和研究丛书中，也应该有这些地区、国家的思想、文化研究成果。中国的现代化，中华民族文化的现代化，应当是继承欧美现代化、现代文化的一切优良成果，摒弃其中的殖民主义、霸权主义、资本主义唯利是图、垄断等一切不好的内容，从人类一体化，人类命运休戚相关的高度，来发展自己民族的现代化，来创新自己民族的现代文化，为造福世界作出中华民族的应有贡献。

我们希望有更多胸怀天下的学术青年，加入比较哲学与文化的翻译和研究的领域之中，在现在及未来的相当长的一个时间段里，这将是一个有着勃勃生机，充满希望的学术领域；但也是一个充满艰辛劳作的学术领域，因为在这一领域里工作，要比其他领域付出更多的学术努力奋斗，要有良好的外语水平，要阅读大量的文献，甚至还要深入异域文化地区进行实地了解，不只是做书斋里的学问。但通过比较哲学与文化的长期研究，我们也会不断地扩展我们的知识视野与思想视野，丰富我们每个人的内在精神，让自己在精神上真正成为文化上有根的世界公民。这或许是比较哲学与文化研究事业在造就新人方面所具有的独特魅力！

是为序！

丛书主编
2019 年 1 月 30 日

家庭美德：儒家与西方关于儿童成长的观念

中译本序言

　　我很高兴为我的书《家庭美德：儒家与西方关于儿童成长的观念》(*Families of Virtue: Confucian and Western Views on Childhood Development*)中文版写下这篇序言。我要对我这本书的译者刘旭表示最深切的感谢：感谢他将我的作品翻译得如此优雅、准确，并且成为与我合作友善、慷慨襄助的合作者。我还要感谢万百安(Bryan W. Van Norden)的慷慨推荐和鼓励，使本书的翻译成为可能。衷心希望中国的读者能通过本书更全面地领略中国古代哲学的独特价值。我还希望，在我们寻求创建、维持和促进忠于古代儒家仁爱理想的社会时，它能激励读者重新思考对东亚文化产生如此深远影响的传统儒家的仁义价值观，及其对当今世界人民历久而弥新的价值，并且珍视所有父母和孩子对美好社会作出的无可替代的贡献。

柯爱莲

2022 年 3 月 11 日

致　谢

　　我由衷地感谢在本书写作过程中很多同事与朋友的帮助。特别要感谢那些阅读并评论整部书稿的人，其中包括为哥伦比亚大学出版社审稿的三位评审人。我尤其要感谢艾文贺（P.J.Ivanhoe），因为是他最先鼓励我写作本书，并且阅读与评论了我的大量书稿。除了在本课题中他所提供的不可或缺的反馈之外，我要对艾文贺与他妻子江虹所给予的友爱，以及充满爱意与毫无保留、启迪人心的养育孩子的方式深表谢意。同时，我还欠万百安（Bryan Van Norden）一个特别的感谢，正是他对书稿提出的细致评论与建议才使得本书比原先充实很多。对于他所给予的鼓励，以及过去这么多年来他细致的学术工作所树立起的杰出榜样，我都心怀感恩。我还要特别感谢普鸣（Michael Puett），这位让我无法在此一一列举到底有多少方面让我深感崇敬的人，他的建议与鼓励对我帮助巨大。

　　过去这些年，我在很多不同的论坛上报告了本书的内容。非常感谢出席香港城市大学举办的"儒家与自由主义视域下的家庭、国家与市民社会"研讨会，俄勒冈人文中心，美国哲学学会

（APA）与美国宗教学会（AAR）年会的听众所作的评论与提出的问题，他们都对本书产生了积极的影响。我还想感谢那些阅读了本书稿，并且就与本课题相关的大量哲学性的、文本性的、历史性的议题提出富有帮助的反馈的人，他们是何艾克（Eric Hutton）、马克·海野（Mark Unno）、李博玲（Pauline Lee）、李蕾（Leigh Jenco）、田史丹（Justin Tiwald）、萨继贤（Hagop Sarkissian）和李晨阳。

非常感激乔治城大学、俄勒冈人文中心与俄勒冈大学的研究资助和奖金，这为本书得以完成提供了必要的时间与资源。我特别要感谢乔治城大学神学系以及我们出色的系主任克里斯托弗·斯特克会士（Christopher Steck，S.J.）为本书由想法成为现实所提供的支持。我是如此幸运，能够在乔治城大学拥有真正出色的同事与朋友团队，他们在多方面支持与鼓励我。尽管我无法在此将他们的名字一一列出，但乔纳森·雷（Jonathan Ray）和丹尼尔·麦迪根会士（Daniel Madigan，S.J.）对本书的独特兴趣与鼓励是我要特别感谢的。我还要感谢凯文·奥布莱恩会士（Kevin O'Brien，S.J.）激发了我对伊纳爵（Ignatius）传统的热爱以及在所有事情上给予我耐心、敏锐和慷慨的指导与鼓励。我衷心地感谢我在耶稣会中的朋友们，因为他们向我展示了另一种家庭的意义与美好。

我想要向哥伦比亚大学出版社整个编辑队伍致以谢意，尤其要感谢我的编辑温迪·洛克纳（Wendy Lochner）提供的建议与鼓励，以及克里斯汀·邓巴（Christine Dunbar）给予的宝贵帮助。

　　　　　　　　家庭美德：儒家与西方关于儿童成长的观念

最重要的是，我要感谢我的家人向我展示了我在本书中所要表达的全部意义。我的父母、哥哥凯利（Kelly）和他的妻子杰米（Jamie）以及他们的孩子给予我持久的支持与爱。我的丈夫迈克尔（Michael）——我所有努力中的完美另一半——阅读了我每一份草稿，提供了宝贵的反馈意见，鼓励与帮助我找到合适的出版机构。当我在为本书奔忙时，他还投入了大量时间照顾我们的孩子。我们的孩子——帕特里克（Patrick）和布里吉特（Bridget）在我写在书里的很多事情上让我以切身的经验得到启发，其中最重要的是他们发自内心向我倾诉的爱与感激。

目　录

家庭美德：儒家与西方关于儿童成长的观念

导论

有大量的证据表明：婴儿与童年早期的亲子关系在道德培养中占据着独特且不可替代的作用。这点已在实验中得到了证实：6个月大的婴儿生动表达喜悦或愤怒的能力取决于其生命最初几周、几个月内对积极鼓励和回应他们的父母的依恋程度，在对照研究中同样揭示：那些在生命早期被家长积极支持与回应的儿童在学龄前展现出了更强的共情能力。尽管存在这些证据，哲学家们却在这些能力形成的时期鲜少关注家庭在道德培养中的地位。本书考察了一系列哲学家——从中国古代哲学家到亚里士多德（Aristotle，384—322 B.C.）与洛克（John Locke，1632—1704），再到当代关怀伦理学家（care ethicists）和依恋理论学家（attachment theorists）对该问题的论证——并且论证了理解亲子关系在早期道德发展中独特且不可替代的作用的重要性——这不仅对当代伦理学与政治哲学很重要，而且对我们通过制定公共政策以解决当代道德问题的努力同样重要。

历史地看,尽管很多思想家在这些问题上的观点缺乏说服力,但是关于婴儿期与童年早期亲子关系特殊性质及其在道德发展中的作用的独特、有趣的理论与观点可以在最具有影响的中国古代哲学家的作品中找到,尤其是那些与儒家传统有关的哲学家们。他们认为,在婴儿期与童年早期开始培养的基本的道德情感几乎是所有美德的基础,而亲子关系正是早期道德培养的首要背景。他们描述了亲子关系是如何并且为什么是我们道德发展的基石,同时他们进一步主张,在家庭中童年早期的(道德)成长并不仅仅是私人的或纯粹的伦理问题;其对于一个社会的质量具有直接而显著的影响,因此这值得政治哲学家与决策者关注。

这些儒家观点与西方哲学史上的观点有许多不同之处。这在儒家思想家对亲子关系在道德发展中的作用给予持续关注中显而易见,这与亚里士多德和洛克等思想家形成了鲜明对比,他们虽然注意到家庭的重要性,但很少专门讨论这个话题,也没有详细说明为什么以及亲子关系在哪些方面对这种发展是重要的。儒家的观点与柏拉图(Plato,428/427—348/347 B.C.)和卢梭(Jean-Jacques Rousseau,1712—1778)等哲学家的观点形成了更强烈的对比,他们认为家长在儿童教育中的作用应该受到严格的限制。早期儒家思想家的观点也突出了他们对儿童生命最初几年的关键性质的认可;尽管洛克承认童年早期的道德教育很重要,同时家长的作用亦很关键,但他并不认为婴儿期和童年早期

（在道德教育中）具有独特和不可替代的重要性。

近年来，当代关怀伦理学家，如莎拉·鲁迪克（Sara Ruddick，1935—2011）和内尔·诺丁斯（Nel Noddings）对亲子关系的伦理意义给予了持久的关注，但她们在许多重要的方面与早期儒学不同。除了将关注点集中于母亲的作用、经验和视角之外，关怀伦理学家认为，至少在某些方面的关怀要优先于其他方面的实践、美德和能力。我考察的早期儒家思想家关注作为道德教育和修养一部分的广泛的美德与其实践，并强调父母和兄弟姐妹在这个过程中的互补作用。早期儒家思想家还为我们对亲子关系的理解增加了一个新维度，他们认为产前和婴儿最早期的阶段对童年早期性格的发展会产生重要影响——这种观点不仅与关怀伦理学家的关注点，而且与他们的其他一些观点也迥然不同。

中国古代哲学家关于这些议题的著作值得我们关注，这不仅是因为他们对家庭在道德发展中的作用提供了新的哲学见解——我们有充分的理由认为他们对其所主张的一些观点是正确的。本书不仅将这些早期儒学的观点纳入与当代哲学家工作的对话，而且与社会科学中关于婴儿早期最好的实证工作展开对话。社会科学领域的大量研究——包括依恋理论家和人类生态学家的工作，以及令人印象深刻的追踪——从生命最初几周到成年期的支持性、回应性亲子关系影响的纵向研究——支持并能够帮助我们进一步发展古代儒家论点中与亲子关系相关的一些核心原则；本书为我们自己的时代更新与充实了中国古代哲学，表明儒家思想家的许多观点在当代语境中是站得住脚的，并且是值得发展的。

除了在当代伦理学和政治哲学中扩展和加强对家庭与道德发展的讨论之外,这些源自早期中国哲学家的哲学洞见可以应用于促进积极的社会变革和政策革新等工作。儒家思想家认为,胎儿期、婴儿期和童年早期是道德培养的独特且无可替代的时机,他们对这些阶段的具体作用提供了丰富而详细的论述。伦理学家、政治哲学家、政策制定者以及中国思想学者应该对这些论述感兴趣的原因有很多。了解儒家思想家如何看待这些早期发展阶段,可以加深我们对各种美德和道德能力如何培养的理解,帮助我们准确了解道德培养过程何时开始以及如何运作。此外,早期儒学的观点以及与亲子关系发展最初阶段独特性有关的经验性证据对家庭在一个社会中的适当作用共同提供了多种重要洞见,并对我们重新考虑我们的政策以及我们对待家庭的社会实践和态度提出了一些具体方式的建议,特别是围绕诸如强制带薪育儿假、母乳喂养和婚姻等问题①。因为早期儒家对产前、婴儿期和童年早期道德培养与亲子关系的论述在许多关键领域与我们现在关于这些发展阶段的经验证据一致,它们是儒家哲学可以成为当代哲学家一种独特且宝贵的资源的证明,无论是在理论上(在伦理学和政治哲学领域)还是在实践上(展示哲学工作对我们的

---

① 由于我在本书中讨论的各种社会问题和公共政策问题在不同的社会与文化中在某些重要方面有所不同,因此,我的主要关注点是儒家观点如何为推动美国某些社会变革和公共政策变革的努力发挥影响。我偶尔会注意到儒家观点可能会在其他语境中得到应用,但我也会讨论美国与其他一些社会相比在家庭实践和政策方面的差异,这应该有助于向读者阐明我关注的是美国而不是西方国家的一些原因;美国在这方面面临着一些独特而特别紧迫的挑战。

　　　　　　　　　　　　　　家庭美德:儒家与西方关于儿童成长的观念

社会如何作出真正的贡献）。

　　我之所以选择将重点放在儒家思想上有很多原因。正如我所表明的，早期儒家的思想资源提供了丰富而详细的人类发展初期阶段道德培养的描述，但目前还没有人对儒家伦理①这一方面进行全面的研究。我认为，有大量的理由使得伦理学家、研究中国思想的学者和政策决策者对这些说法感兴趣。然而，在理解我（本书）目标的同时，读者不应忽视我作为哲学家的学科取向：与几乎所有其他人文学科的学者不同，他们认为研究其他文化的作品和传统非常重要，而哲学家们却迟迟没有认识到研究非西方哲学传统的重要性②。早期儒学关于亲子关系、童年早期和道德培养的观点清楚地说明了儒家哲学在某些方面为何对哲学家以及其他人是独特而宝贵的资源。然而，尽管我尤其关注童年早期，但却无意贬低其他发展阶段的重要性；事实上，尽管我重点关注童年早期，出于前面所述的一些原因，我将讨论与儿童道德发展后期以及成年期道德培养有关的文本依据。读者们应将此视为儒家思想家对关注我们整个发展过程的重视的提醒。尽管他们坚持认为，我们生命最初几年在我们道德发展中所起的独特作用，但儒家思想家同时认为，在我们的整个生命过程中，亲子关系和道德培养都具有特殊的重要性。

------

① 司马安（Anne Behnke Kinney）提供了关于中国儿童观的优秀历史研究（Kinney，1995，2004）。瑞丽（Lisa Raphals，1998）对早期儒家的女性观（包括母亲和女儿）作了深入研究。虽然司马安和瑞丽都讨论了我在本书中提到的一些文献，我也会在陈述我的论点时参考她们的作品，但她们的每一部著作都有不同于我的关注重点和学科方向。

② 有关哲学学科这一方面的详细讨论，参见 Cline 2013a：Chap.1。

澄清此点是非常重要的,即我的中心论点并非我们可以或者应该把早期儒学的观点不加批判地采用,全盘采纳这些古老的观点和做法。我认为,尽管早期儒家思想中的几个特征具有建设性价值,但其中一些需要进一步发展、完善或修正。我在本书中的论点与关于亚里士多德伦理学当代价值的讨论没有什么不同;虽然亚里士多德伦理学的一些特点是当代伦理学的优秀资源,但还有许多其他方面需要进一步探索①。因此,我不仅对描述和分析早期儒家的观点兴致盎然,而且对在当代具有建设性的议题中应用这些观点同样饶有兴趣。儒家思想对我们富有价值是因为它们植根于另一种文化,所以具有突出那些我们自己未曾检验的文化预设的独特潜力。这是我们所生活的这个更加全球化的世界最有可能产生的结果之一:我们有一个独特的机会向其他文化取经,包括支持和传播其他文化的哲学传统。

　　近年来,随着人们对中国哲学的兴趣愈发浓厚,哲学家们一直在问一个重要的问题:中国哲学对我们理解哲学议题会有哪些独特的贡献?尽管它们相互关联,但至少有两个重要的问题需要分别解决:第一,与西方哲学相比,原生于中国哲学的观点有什么不同之处?第二,中国哲学对当代哲学有何贡献?那么,问题是研究中国哲学是否具有建设性价值,而不仅仅是一项单纯的描述性任务,或者是一个研究历史的问题——无论是思想史还是

---

① 许多著作已经考察并论证了亚里士多德思想的当代价值。一些有影响的例子是Anscombe 1958;Cooper 1986,1999;Nussbaum 1986;Annas 1993;Hursthouse 1999;MacIntyre 1999。

　　　　　　　　　家庭美德:儒家与西方关于儿童成长的观念

哲学史。在我看来,理解中国哲学家的观点究竟有何不同,最好的办法并非把他们作为一个整体——在不同的思想家和传统之间寻找共同点,而是研究中国个别思想家和每个思想家观点的各个方面。只有在做了这种细致的工作之后,我们才能充分认识和欣赏由这些传统、思潮和时代中的一些共同点所构成的中国哲学。毕竟,如果另一种文化中的哲学家第一次遇到西方哲学,他们会问我们西方哲学有什么独特之处,尽管我们可能会强调西方哲学中一些广泛、明确,但在另一种文化的哲学传统中并不显而易见的主题,因此我们最好能够通过谈论具体的哲学家以及他们的观点来回答这个问题。当与另一个哲学传统中的伦理观点相比较时,亚里士多德关于美德的论述的某些特征可能是独特的,但(亚里士多德的)其他的(论述)可能并不(独特)。亚里士多德伦理学的与众不同之处可能不同于康德伦理学的独特之处。因此,独特性问题最终只能通过选择某一个传统中的个别思想家和观点,并将其与另一个传统中的思想家与观点进行比较来回答,在此之后一些广泛的主题可能会、也可能不会出现。

然而,贡献的问题其实是另一回事:有些人可能成功地证明一种观点是独特的,但却无法证明这种观点作出了什么贡献。只要看一看西方哲学史,我们就不难发现这一点:有些观点确实与众不同,但无助于我们理清当代哲学中的任何重要的问题。某一种观点在许多不同方面可以显得与众不同,也可以作出贡献。在某种程度上来说,(某一观点的)与众不同似乎是作出贡献的前提。如果一个观点完全是另一个观点的复制品，那么很难看出它是如何作出新奇的贡献的。但在文化和历史差异的背景下，不同传统中的观点极有可能在某些方面彼此不同。事实上，当大多数哲学家询问独特性时，他们实际上是在问一种观点是否在哲学意义上具有独特性：它的差异程度是否足以帮助我们理解一个给定的事物？当然，哲学家们对许多不同方面的贡献感兴趣。一种观点可能有助于我们更全面地理解几乎所有哲学家都感兴趣的事物；一种观点也可能有助于我们推进积极的变化——这对那些对于反思与实践道德主张感兴趣的哲学家来说具有吸引力。正如我之前指出的，在本书中，我将论证早期中国对亲子关系、童年早期和道德培养的观点在这两个领域都可以作出贡献。

正如近年来人们对中国哲学越来越感兴趣一样，家庭问题同样也越来越受到关注，尤其是由于女性主义哲学家的工作。这种兴趣并不局限于哲学领域，在哲学界内，这种分析主要是由将妇女的经验和观点应用于哲学问题的努力推动的。例如，在科学领域，人们对家庭角色的兴趣部分源于人们越来越认识到，大脑发育最为迅速的阶段是生命的前三年，同时亲子关系是童年早期生命经历中最重要的部分。大量经验证据表明，这些生命早期阶段具有独特的潜力，是在各个领域进行干预以改善儿童生活的一个特别合适的时机。这一认识引起了公共政策界的关注，给政策制定者以生命前三年为资助重点和以家庭内部早期经验为目标的童年早期干预计划施加了更大的压力。

在这本书中，我的目标是参与跨学科的工作，并首次将中国

　　　　　　　家庭美德：儒家与西方关于儿童成长的观念

传统应用于这一系列问题上。

概述

本书分为三个部分。第一部分涉及以下问题：早期中国哲学家对亲子关系、童年早期和道德培养有何看法？第一章介绍了道德培养、家庭以及创造和维持美好社会的任务之间的密切关系，正如最著名的早期儒学文本《论语》《孟子》和《荀子》所呈现的那样。我认为，这些文本不仅强调道德培养的核心地位、亲子关系的独特作用和孝道的重要性，并且强调家庭与美好社会之间明确而直接的关系。第一章为中国早期哲学的大多数专家所熟悉的观点提供了文本依据，但我对这些观点的讨论事实上对于这本著作的一个更宏大的论点是至关重要的：早期儒学看待家庭、道德培养与政治之间的关系，和西方哲学史上关于这些问题的观点相比是不同的。我在第二章中讨论的观点对于研究早期中国哲学的大多数专家来说都是新颖的，因为尽管儒家经典文本中对孝道的强调已经得到了广泛的认可和讨论，但很少有人关注这些文本中关于童年早期道德培养的内容。我认为《论语》《孟子》和《荀子》都提供了长期被忽视的早期道德培养的洞见，尽管这一主题肯定不是这些作品的重点所在。随后，我考察了其他一些早期儒学的文本，这些材料更详细地说明了这样一种观点，即儿童生命的最初几年是道德培养的独特时机。我认为，这些作品清楚明确地表达了这样一种观点，即儿童生命的最初几年是道德培养的一个独特和不可替代的机会，而亲子关系是这一过程中最重要的部分。

本书的第二部分提出了以下问题：与西方哲学史上的观点相比，早期儒学关于亲子关系、童年早期和道德培养的观点有何不同？第三章和第四章将本书第一部分讨论的早期儒学观点与西方哲学史上关于家庭和道德培养的观点进行了比较，认为儒家对这些问题的观点在许多方面都是独特的。在第三章中，我讨论了西方哲学史上从柏拉图、亚里士多德到洛克、卢梭和杜威（John Dewey，1859—1952）的各个思想家的观点。第四章考察了女性主义伦理学家作品中关于亲子关系的讨论，尤其是莎拉·鲁迪克、内尔·诺丁斯和弗吉尼亚·赫尔德（Virginia Held）的作品。在这两章中，我强调了本书第一部分概述的儒家的观点与西方哲学家观点的不同之处，其中包括这样一个事实：对于早期儒学思想家而言，我们在童年早期培养的普遍的道德情感是几乎所有美德的基础，家庭内部的早期经历直接影响到社会的质量，因此其不仅是伦理学的核心，对于政治哲学和公共政策也一样。除了儒家思想家关于家庭的独特主张外，我认为儒家传统还带来了一套独特、犀利、有力的故事、轶事、方法和实践，以加强和鼓励对家庭及其在道德发展中的作用的道德理解①。

然而，即使如我所说，儒家传统在这些问题上提供了独特的视角，为什么儒家关于亲子关系、童年早期和道德培养之间关系

① 这是我之前提出的主张，在本书中，我针对特定的儒家故事、轶事和进路（在第一章和第二章中讨论）给出了这一观点的细节并提供了支持它的论据，以及贯穿西方哲学史的西方哲学家的观点（在第三章和第四章中讨论）。关于我之前对这种观点的讨论，参见 Cline 2012，2013a：214-230。

的观点值得认真思考，它们能为我们理解这些领域作出什么贡献？本书的第三部分也是最后一部分便致力于回答这些问题。在第五章中，我认为有大量实证依据支持早期儒学关于亲子关系在人类道德发展中的作用、童年最初几个月以及几年时间的独特重要性、修身的本质与可能性的主张，以及创建和维持美好社会的任务。我讨论了来自依恋理论、人类生态理论和童年早期干预计划的论据，并将它们与我所讨论的儒家观点联系起来。第六章认为，儒家思想中具有丰富的、有益的资源可以帮助我们重新思考亲子关系在美好社会中的作用，儒家哲学不仅可以为伦理学家和政治哲学家提供重要而独特的资源，对决策者也一样。我概述了儒家观点可以加强和支持我们促进社会变革和政策改革的一些具体领域。

在实践层面，社会变革难以实现，因为它不仅涉及政策的变革，还涉及公民思维和行为方式的改变。我认为，人文学科，包括哲学家的工作，在此可以提供相当大的帮助。我们需要公民重新考虑他们对一个童年最初几年重要性的看法，并认识到在这些早期发展阶段，生动而切实的养育方式能够塑造一个人的整个生命过程。早期儒学文本中所讨论的各种故事、轶事、方法和实践可以对这一过程作出重要贡献。由于我们的观点和实践在很大程度上是受到文化的塑造，所以我认为我们应该利用科学和人文两方面的资源，以实现不仅包括我们的公共政策，而且包括每个家庭的观点与实践的变革。我认为儒家思想在这一过程中可以担当一种新的、重要的、极其独特的资源，而本书便呈现了人文学的工作与科学工作如何以互补和相互促进的方式整合起来，以促进切实的社会变革。因此，本章不仅有助于从实践意义上说明为什么我们需要中国哲学，而且也有助于说明为什么我们需要哲学、人文学和更广泛意义上的学术。

总括全书，我的目标不仅是描述和论证儒家思想可以在这些方面作为一种独特和有益的资源的观点，而且在我从事这项任务时，将自己置身于儒家传统并利用传统儒家资源。因此，这本书以其独特的方式代表了一个当代的、具有建设性的儒家对我所讨论的问题所持的观点。

"早期"中国与道德培养

在进一步讨论之前，我想简要谈谈我这本书中两个重要的术语问题。第一，我所使用的"早期儒学"，包括先秦时期（公元前221 年之前）以及汉代相关的文本（前 206—220）。虽然研究中国思想的学者通常将汉代与中国历史上更早的时期分开，以及许多研究早期中国的学者不加批判地更重视、似乎也更喜欢早期文本而非汉代文本，但根据儒家标准，（事实上）所有这些都是早期文本，我将提供证据证明，汉代文本中提出的童年早期道德培养观念与我考察的更早期文本之间存在相当大的连续性。我在这里的方法部分受到了儒家传统的启发：历史上，儒家一直将儒家传统的一部分所收集的大量资料视为连贯整体的一部分。重要的是要考虑到儒家传统中的多样性以及不同文本汇集的不同时期，读者会注意到，我在本书中始终关注这两项任务。同时，考虑到本书的建设性目的,我认为我们应该利用不同的早期儒学资源,并将其视为我们今天的建设性资源,因为它们共同带来了关于亲子关系和童年早期道德培养的丰富观点和方法(例如,关于孝道的辩护观点,关于产前培养的叙述,关于父母在温情养护和严格纪律之间取得平衡的启迪人心的故事)。

此外,我的目的之一是强调儒家思想家们在历史上很早就提出的观点直到最近才在西方哲学中提出的事实,这一事实突出了儒家哲学的一些真正鲜明的特征。虽然我会注意到我所讨论的文本的可能(写作)时间,但我不会在本书中讨论文本的关键问题,因为关于特定文本以及段落(写作)精确日期的争议与我本书的目标无关,即表明儒家传统中非常早期的文本表达了对亲子关系、童年早期和道德培养之间独特联系的理解,并论证这些观点在今天对我们仍然具有建设性价值。这些文本(的写作时间)到底有多早以及究竟由谁撰写的问题绝不会影响我在这部作品中的论点,因为我的核心关切是在我所讨论的文本中发现的思想。

第二个术语是,我在这部作品中将要提到的童年早期的"道德培养",而不是童年早期的"道德教育",因为前者更准确地抓住了早期儒学关于婴儿期和童年早期观点的某些特征,即在这些早期阶段,人们不仅要明确地指导或教导孩子们关于美德的知识,而且要通过各种方法和途径真正展开发展和培养他们的道德情感和能力的过程。"道德培养"还强调了儒家关于婴儿期和童年期道德发展的论述与儒家关于道德的自我培养

（意思是"修身"）的论述之间的连续性。正如我们将看到的，儒家传统中对这一过程的讨论，包括父母在其子女发展的最早期的阶段的活动和方法，以及我们在努力自我提升时所采取的方法和活动。

第一部分

早期儒家思想家对亲子关系、童年早期和道德培养有何看法？

第一章　儒家古典哲学中的道德培养、孝道与美好社会

　　老吾老，以及人之老；幼吾幼，以及人之幼。天下可运于掌。

——《孟子》1A7

　　在儒家传统的开端时期，儒家思想家即表明亲子关系在人类的道德发展、道德禀赋以及修身可能性中的首要性[①]。他们还认为，一个社会得以繁荣的关键在于道德培养和家庭关系两个领域。正如艾文贺所说："儒家认为，除了履行某些家庭和社会义务之外，人们无法成功地追求道德生活。如果不知道在人类家庭中关爱和被爱是什么，就无法发展道德意识，如果没有对自己所生活其间的社会深切而持久的关注，就无法关爱和照料自己的家

[①]　关于儒家思想史上修身问题的研究，见 Ivanhoe 2000a。

庭。"（2000a：22）本章论述儒家的道德培养，包括《论语》《孟子》①和《荀子》②中提出的孝道和家庭关系的特殊作用，及其在创造和维持美好社会中的作用。

我将这三位思想家放在一组讨论，并将他们的观点视为"早期儒家思想"的代表来考察，这并不是说他们的观点代表了一个单一的、统一的、伦理的理论。事实上，我在本章中的一个目标是展示这些思想家理解这些道德主张的绝对基础的方式的不同，这在他们对人性的看法中体现得最为清楚。这些差异表明了孔子、孟子和荀子各自对家庭、道德教育和政治哲学之间的关系都有独特洞见的部分原因。显而易见的是，虽然我不认为这些思想家是同一观点的代表，但我确实认为他们属于共同的伦理观念家族。正如万百安认为的那样，这些思想家所认为的美好生活包括参与公共仪式活动、审美欣赏、理智活动（但始终带有根本的实践目的）、关心和造福他人（对那些因为亲缘与友情这些特殊关系而连为一体的人更多地关心与承担义务），以及源自美德活动的"乐"（即使是在逆境中），但也有适当的失落的悲伤（2007：116—117）③。

儒家的观念强烈关注群体的善，例如家庭、社区和社会，而不

---

① 除非另有说明，全书所有关于《孟子》的译文均参照 Van Norden 2008。

② 我之所以用《论语》《孟子》《荀子》向读者介绍早期儒家关于家庭、道德培养和政治的观点，原因有很多。首先，《论语》（孔子思想最有影响的记录）和《孟子》是提出了这些观点的最有影响力的儒家文本，同时也是最早发展我在本书中关注的一些独特主张的两部作品，包括论断孝道是我们后期道德发展的根源或基础。第二，《孟子》《荀子》提供了儒家最早的关于人性和道德培养的讨论（和辩论），它们详细、精巧并且系统，是哲学研究的良好资源；即，它们对我研究的核心问题提供了清晰而有条理的观点。

③ 关于早期儒家繁荣生活的概念，参见 Van Norden 2007：99‑117。

　　　　　　家庭美德：儒家与西方关于儿童成长的观念

那么关心——尽管绝不忽视——个人的福祉。儒家思想家们发展了一套反映这一焦点美德的共同的论述,我们首先将注意力转向那些帮助构成孔子思想中的儒家之道的美德。

孔子

> 孝弟也者,其为仁之本与!

　　即使稍稍通读过《论语》的人都知道,道德培养和孝道是该文本中的重要主题[①]。但是,像孔子这样的早期儒学思想家究竟是如何理解这些概念的? 道德培养包括什么内容,其目的是什么? 孔子对道德培养的论述是对他所处的社会的不稳定、苦难和动荡的回应。孔子认为,作为一种潜在的补救方法,他认为人们应该回到周朝早期所体现的生活方式,那是一个和平、和谐与稳定的时代。认为保持政治稳定的关键不在于周朝的政府政策或法律,而在于周文化——尤其在周朝备受推崇的美德、道德和宗教实践——孔子在《论语》中坚持认为他提供的解决方案并不新鲜。

[①] 《论语》是孔子思想最有影响的记载。当我在这一章中使用"孔子"这个名字时,我指的是《论语》中与他有关的思想家家族和哲学视野,在这项研究中,我主要关注的是解释我们在《论语》中所看到的叙述。对于我在《论语》中所讨论的所有主题,包括道德培养和孝道,我提出了文本依据,支持在文本中对这些主题进行合理的统一的处理。有关《论语》文本内容的详细说明,参见 Cline 2013a:20 - 23。
在本书中,所有的《论语》引用了香港中文大学中国文化研究所的 *Ancient Chinese Texts Concordance Series*(Lau and Chen 2006)的编号。除非我特别指出某处翻译出自我自己,其他都参照 Watson(2007)的翻译。在对 Watson 的所有引用中,我把 *Junzi*(君子)的翻译改为 "Cultivated person"(from *gentleman*)。

相反,他声称自己是周文化的传播者,而不是某些新理想或价值体系的创新者(7.1)①。

在《论语》3.14 中,子曰:"周监于二代,郁郁乎文哉! 吾从周。"在这里,对于孔子来说,周朝借鉴赓续夏商两代的形象有助于表明周文化融合了之前文化中最好的方面,再次证实了这种生活方式已经受住了考验,并在实际的人类经验中得到证明的观点。他认为周(文化)是智慧的结晶,清晰地表达了人们遵循他所谓的"道"时这个世界的样子。孔子视自己是回归一种生活方式的倡导者——包括一种道德培养计划——这是我们可以肯定的;对他而言,我们无须去揣测这种社会和政治问题的解决方案,因为它已经被证明可以产生一个不仅稳定而且和谐繁荣的社会。其中后几种品质很重要,因为尽管孔子寻求社会秩序和稳定,但他只是将它们作为美好社会的必要而不是充分的部分来寻求。如此看来,一个国家是善的,尽管失败了,总比简单地忍受维持要好。此外,虽然孔子认为人道的法律和政策很重要,但他并不认为社会问题可以主要通过法律和政策改革来解决。相反,解决方案需要引导人们反思和重塑他们的价值观和优先事项——包括他们的态度、信仰和实践。

孔子认为,先王圣人之道就像是由一组特定的美德、特定类型的角色和与他人的关系以及文化习俗,如礼或仪式规定的一条人迹罕至的道路。在许多方面,道德培养代表了道的核心,因为

---

① 有关中国古代关于创新问题激烈辩论的深入研究,参见 Puett 2001。

　　　　　　　　家庭美德:儒家与西方关于儿童成长的观念

遵循它在很大程度上是由积极和持续地培养这些美德、关系和实践的任务定义的。但这些不是单独的任务;作为道的一部分的文化实践是培养美德和良好生活核心特征的关系的主要手段之一。"礼"是一套传统的道德和宗教习俗,包括我们所说的礼节、社会风俗、礼规则和祭祀品,这些共同构成了统一的行为准则。这些仪式从支配家庭成员、社区成员和整个社会之间互动的行为模式等方面明确规定了周文化的大部分内容。按照礼来行事并不能保证和谐的结果,但礼是一个和谐社会的必要特征:"礼之用,和为贵。先王之道,斯为美,小大由之。有所不行,知和而和,不以礼节之,亦不可行也。"(《论语》1.12)

诚然,"礼"的一项重要功能是帮助守护反对过于狭隘地关注实现和谐等目标。更一般地说,"礼"使得特定的道德培养能够帮助定义道,因为遵循这些仪式有助于个人以促进和谐等价值的方式行事,并反映和培养对他人的正确态度和感受①。礼鼓励并经常要求我们更多地考虑他人,这能够以批判的方式塑造我们的性格,即使所遵循的仪式似乎是礼的"次要"问题。例如,以适当的方式称呼和问候年长的家庭成员或老师不仅是对他们的尊重和赞赏(通常有助于更和谐的互动),它还提醒我们与具体那个人的关系,他为我们所做的事情,以及他为我们树立榜样的方式;所有这些都可以通过促进互惠和谦逊等美德的培养,以微妙的方式塑造我们的性格②。

---

① 关于孔子伦理思想中"礼"这一方面的详细讨论,参见 Ivanhoe 2000a: 4 - 8。
② 另可参见《论语》13.3 孔子对正名的评论。关于孔子正名观的讨论,包括其在他的哲学整体中的地位以及关于这个问题的当代学术研究,参见 Van Norden 2007: 82 - 96。

当一个人正确地守"礼"时,他不仅需要以某种方式做出特定的姿态和行为,并且要反思这样做的原因。在《论语》10.25 中,我们知道孔子在经过一个身着丧服的"衰者"时,即使这位送葬者是一个卑微的小贩,也会按照礼节行事,从马车上鞠躬。("见齐衰者,虽狎,必变。见冕者与瞽者,虽亵,必以貌。凶服者式之,式负版者。有盛馔,必变色而作。")这种行为不仅表达了对他人的关心,无论他们在社会中的地位如何,而且促使我们反思我们通过共同的人类经验与他人联系在一起的方式,从而培养更深层次的关心他人的意识①。因此,与掌握"礼"相关的美德是品格卓越的表现也就不足为奇了。

　　对孔子而言,修身之道是实现一个和谐、繁荣社会的关键,因为它是一个人能够定义道的美德、角色和实践的唯一途径。在《论语》8.7 中,对那些献身于儒家修身之道的人来说,"任重而道远。仁以为己任,不亦重乎? 死而后已,不亦远乎?"个人在这条道路上所追求的理想在许多重要的思想和讨论中可见,但在《论语》中,修身的目标在孔子"仁"的概念和他对君子的描述中尤为清晰,这通常是指那些追随这条道路的人所向往的最高理想。在《论语》中,"仁"②是指最有德性的品格状态,是对儒家所有美德的积淀和完全掌握。《论语》6.22 中强调只有通过严格致力于有助于定义"道"的道德培养形式才能实现仁:"仁者先难而后获,可

---

① 关于以重要的方式与他人相关联的想法,请参阅克里斯汀 · 斯旺顿(Christine Swanton)将爱视为人与人之间相关联的一种形式(2005:104 - 109)。关于礼在孔子思想中的地位的有益讨论,参见 Wilson 2002。

② 对于像孟子这样的后世思想家,以及在《论语》中的一些地方,这个词指的是仁德。

　　　　　　　　家庭美德:儒家与西方关于儿童成长的观念

谓仁矣。"君子是孔子对修为最高的人的称呼,尽管这个词原指出身贵族的人,但在《论语》中,它指的是道德成就;君子是实现道德培养最高成就的人、是道德楷模。君子体现了儒家的全部美德,包括孝、信、勇、智。但在孔子看来,君子虽然已经达到了很高的道德成就,但仍然坚定不移地投身于修身的道路。

这条"道"是从哪里开始的? 根据《论语》,它起源于家庭,是与家庭成员——尤其是与父母之间关系的正确对待——并开始培养、发展和塑造以反映出"道"的家庭美德和价值观方式的感受与行动的能力。在下一章中,我们将精准考察《论语》和其他早期儒学典籍对儿童和青少年早期道德教育的看法,但现在我想集中讨论孔子对家庭道德培养的一般性论述——特别是孝的特殊地位①。《论语》1.2 中阐述了我们对父母和兄弟姐妹的感情、态度和行为在我们的道德发展中所起的基础性作用的观点:"其为人也孝弟,而好犯上者,鲜矣;不好犯上而好作乱者,未之有也。君子务本,本立而道生。孝弟也者,其为仁之本与!"原出自《诗经》的这段话表明孝的培养(如一个人品德的"根")和终生遵循道的能力之间的关联。孝道(孝)和兄弟般的尊重(悌)使之有可能,甚至个人可能培养出作为"道"的一部分的其他美德和道德感。因此,在作为"道"的一部分的那些美德中,那些为家庭所独有的具有特别的地位,因为,文本坚持认为,其他美德和道德能力源于一个

---

① 有关孝道的最新讨论,参见 Ivanhoe 2007。另参见 *Dao: A Journal of Comparative Philosophy* 的三个主题讨论:6, no. 2(2007),7, no. 1(2008), and 7, no. 2(2008)。

人在回应父母和年长兄弟姐妹时所培养出的感受和能力。正如艾文贺所指出的那样:"最强烈的感情总是源自家庭内部的感情。'孝'和'弟'的美德是人们为他人推扩和培养这种感情的源泉,也是'仁'人所具有的那种关怀类型的最深刻的范例。"(2002a：3)

尽管世界各地的文化都重视孝道,但中国文化因其对孝道广泛的关注和对其独特的重要性的强调而闻名。从很早开始,就有整本文献专门讨论这个主题。《孝经》说:"夫孝,德之本也,教之所由生也。"这个文本进一步认为,作为这种美德基础的对父母的感情是在童年时期发展起来的[①]。为了充分理解为什么早期儒学如此重视孝道,我们必须了解他们的"宗教"信仰,特别是古代中国对祖先精神的普遍信仰。普鸣将早期中国描述为"鬼魂出没的世界。鬼魂无处不在,危险重重,活着的人经常献祭,试图控制或消灭死者"。(2011：225)[②]和商朝一样,周文化投入大量时间和精力与各种不同的、被视为更强大且更空灵的鬼魂交流。在这些不同的鬼魂中,死魂灵有着特殊的地位。中国早期的信仰认为,人死后某些灵魂和能量会离开身体,这对活着的人来说可能是危险的:"一些恶魔的力量——可以简称为鬼——往往会出没于活人之中。带着嫉妒和怨恨,他们会被吸引到曾经住过的地方,并将灾难和不幸带给他们尚在世的家人。"(Puett 2011：226)

普鸣写道,防止这些危险带来仪式和牺牲的愿望旨在将灵魂

---

① 见《孝经》第一与第九章(Lau and Chen 1992)。
② 有关中国早期"宗教"生活的全面研究,参见 Puett 2002。

和能量转移到可以"控制、遏制并转化为至少对活着的人造成较少伤害，甚至可能对他们有益的力量"的地方。一些为躯体死后可能会飘散的灵魂所进行的仪式，包括与尸体一同放在墓中的祭品，可以将灵魂留在坟墓中，以防止他们成为伤害活着的人的鬼魂。为灵魂进行的其他仪式是为了将他们转变为可能代表他们活着的后代工作的祖先。（Puett 2011：226）这些仪式也旨在驯化其他种类的魂灵，由于祖先通过牺牲变得更加柔弱，因此可能需要召唤其他魂灵的帮助。然而正如普鸣指出的那样，这些仪式并不总是有效："鬼魂仍然会困扰着生者，而魂灵也会对生者造成伤害和不幸。因此，这些仪式是一种永无止境的尝试，以防止鬼魂与魂灵靠近生者。在短时间内，这种仪式甚至可能会奏效——但通常不会持续很长时间。"（Puett 2011：227）

为了引起魂灵的积极回应，用于祭祀的食物和酒的大小和数量需要适当，并伴有祈祷的帮助和感颂、音乐以及伴舞；祭祀时必须怀着虔诚、奉献和感恩的恰当态度①。因此，魂灵们的积极回应要求献祭者们修炼自己。因为以虔诚和孝顺的方式祭祀祖先们的魂灵被视为至关重要——不仅对个人和家庭，而且对受这些魂灵影响的整个社群——生养和抚养以后将继续向祖先们的魂灵祭祀的孩子被视为"宗教"的和道德的义务。事实上，正如我们将在下一节中看到的，孟子声称没有后代是最不孝的行为。（《孟子》4A26）在此之后，儒家逐渐开始有各种理由认为孝

---

① 有关中国早期"宗教"生活这一主题的有益讨论，参见 Sommer 2003：207 – 208。

顺很重要,但他们观点的源头有助于解释为什么他们特别强调这种美德①。

在《论语》中,祭祖被认为很重要的原因之一是它们承担着一项伦理功能:如果执行得当,它们可以帮助人们培养孝道等美德,这是善的生活的核心特征。这并非微不足道的一点,因为它表明与祖先魂灵的关系并没有被激进地视为与其他人无关。孔子在《论语》11.12 中明确指出这一点,季路问事鬼神,子曰:"未能事人,焉能事鬼?"②孔子又说:"未知生,焉知死?"③孔子在《论语》3.11 中再次提出,对祭祖的理解与人类对世界的理解有着重要的联系,也许它是治国的一个重要组成部分——"或问禘之说,子曰:'不知也。知其说者之于天下也,其如示诸斯乎!'指其掌。"

回到《论语》中孝道这个主题,如果投身于道的话,这有助于我们理解为什么孝道被视为一种修养的美德。孝道是"一种经过修炼后生发出的关注父母的需要与欲求,并努力满足和取悦他们的性情",它包括对父母深沉的感激、敬畏和爱④。早期儒学从多方面论证"孝"是一种美德,包括认为孩子欠父母将其带到世上的

---

① 有关《论语》中所提出的"宗教"观点的讨论,包括有关魂灵的段落,参见 Cline 2013b。孔子怀疑魂灵存在的观点很难辩护,原因有几个:例如,文本明确指出孔子祭祀祖先,而且他这样做时怀着虔诚的神情(例如,《论语》10.8)。孔子还主张,行礼时不能简单地"无违",而要真诚,要有正确的态度和感情。的确,正如我之前的讨论所表明的,早期的中国人普遍认为,为了使其灵验,祭祀必须以真诚的态度进行。
② 季路问事鬼神,子曰:"未能事人,焉能事鬼。"曰:"敢问死。"曰:"未知生,焉知死?"有关《论语》中有关死亡的这段和其他段落的出色分析,参见 Ivanhoe 2011。
③ 朱熹认为孔子这样回应是因为他认为子路还没有准备好去了解这些事情,而其他一些评论家则认为孔子这样回应是因为他的教义只涉及我们具体的日常生活。这里的分歧在于孔子是否知道有关死亡和魂灵的教义,但只是选择不与子路分享。
④ 有关对孝道这种理解的讨论,参见 Ivanhoe 2007:305。

家庭美德:儒家与西方关于儿童成长的观念

感激之情。这种观点在早期儒学思想中的一种表达是声称孩子是父母身体的延伸，人们认为这点足以成为孩子一生难以偿还的债，并奠定了不伤害自己身体的义务——《孝经》第一章清楚地提出了这一点："身体发肤，受之父母，不敢毁伤，孝之始也。"①用借款类比亲子关系似乎不合适，因为所谓的债务发生时，孩子尚未出生。尽管有人可能会争辩说，孩子们"仍然欠他们父母将其带来世上的某种感恩的义务"，艾文贺争辩说，经过进一步考虑，这种诉求根本不明显或不够直截了当。为了使任何行为成为合法的感激之源，它不仅必须符合接受者的实际利益，而且还必须出于关心她或他的态度。考虑到这些标准，声称孩子们普遍欠他们的父母因将其带来世上而感激涕零的说法至少是有问题的（2007：300）。

不仅单纯的存在本身就是一种善这一点并非显而易见，而且大多数孩子不是为了孩子自己的福祉而创造的（无论这意味着什么）；有些人出生是因为他们的父母追求感官满足，有些人因为他们的父母相信他们自己的生活会变得丰富，还有一些人因为他们的父母相信他们有生育的义务②。正如我们已经看到的，早期儒学确实相信生儿育女是一种义务。

尽管这些理由没有充分的根据，也不能为我们提供当今依然需要培养和重视孝道的令人信服的理由，但儒家的孝道观念和亲子关系确实为其提供了一些颇有说服力的理由——尤其是在理解孝是对父母良好关怀的适当回应的情况下。这种观点的最早

---

① 转引自 Ivanhoe 2007：299。
② 有关这些原因的进一步讨论，参见 Ivanhoe 2007：300。

来源是《诗经·小雅·蓼莪》：

> 父兮生我，
>
> 母兮鞠我。
>
> 抚我畜我，
>
> 长我育我，
>
> 顾我复我，
>
> 出入腹我。
>
> 欲报之德。
>
> 昊天罔极！[①]

正如艾文贺指出的那样："这段诗的重点是在表达好的父母为孩子提供充足的物质和全心的关注与关怀。更重要的是，它传达了激励这些父母照护孩子的爱，以及这种关注往往会在接受它的人身上产生自然的感激、崇敬和爱。"（2007：303）

下面这首孟郊（751—814）的诗进一步证明了儒家传统中的这种观点：

> 慈母手中线，游子身上衣。
>
> 临行密密缝，意恐迟迟归。
>
> 谁言寸草心，报得三春晖。

---

① 转引自 Ivanhoe 2007：303。

艾文贺认为:"孝的真正基础是孩子在被真正出于爱以及孩子幸福的人养育、支持与关怀时自发感受到的感恩和爱。"(2007:299)在本书的后面,我将进一步讨论这个论点并将其建立在儒家关于婴儿期道德培养父母角色重要性的观点上,但现在我想强调这个事实,即艾文贺的论点直接涉及孝道与早期修养的关系:

> 父母在影响和塑造他们的孩子的早期成长方面扮演着非常重要的角色。如果他们为了孩子们自身的好而经常关怀自己的孩子,他们就会对这些年轻人未来的性格、态度、情感和喜好作出深远而持久的贡献。此处所描述的观点是绝对必要的,这些作为孝道基础的物质是出于对孩子的爱和孩子自身的好而提供的。它们是爱的表达,而不是着眼于未来回报的投资。(2007:304)

孝的一个重要特征是它的范围包括对父母深沉的敬畏、感激和爱。孝的这一方面在《论语》中体现得很清楚,孝女孝子既关乎情怀,也关乎行为。《论语》2.7 说:子游问孝,子曰:"今之孝者,是谓能养。至于犬马,皆能有养。不敬,何以别乎?"这段话区分了像履行其他职责或家务一样履行孝道的义务和自己行为中的尊重或恭敬的情感态度之间的区别①。在《论语》2.8 中,子曰:

---

① 大多数传统的《论语》注释都认为,在孝道方面,是情感态度而不只是身体行为很重要。一些中国传统注释家对此问题的评论,见 Slingerland 2003:11。对早期中国思想这一方面的另一种解释,参见 Fingarette 1972;对于芬格莱特观点的分析和批判,参见 Schwartz 1985;Ivanhoe 2008a。

"色难。有事，弟子服其劳；有酒食，先生馔，曾是以为孝乎？"孔子在这里再次表明，单纯地履行作为一个年轻人的义务，包括敬让长辈，与心怀孝道的美德是有区别的。华兹生（Burton Watson，1925—2017）指出，这段话可能指的是观察父母的神情以知晓他们的反应或在保持自己的合适的表情。（2007：21n2）面部表情或举止是内在反应和感受的外在表现。

掌控自己的感受和对他者感受的细腻敏锐度，包括《论语》2.7中提到的尊重感，是孔子认为保持孝顺的挑战性的一面。很多人对此都可以走过场，但孝道需要一个人以一种对父母和长辈的深切尊敬或敬畏的精神展现其言行举止，并作为其风范的一部分。虽然服从和尊重父母的意愿是孝的一部分，但孔子明确指出，孝并不包括自动顺从。在《论语》4.18中，他说对父母的告诫也是孝顺的一部分，子曰："事父母几谏，见志不从，又敬不违，劳而不怨。"在亲子关系中培养的性格是与他人互动的基础。在一段关系中，人们能够了解到耐心和良好的判断力，以及真正的尊重需要什么。

值得一提的是，《论语》1.2指出孝弟是仁之"本"，也说孝顺的人不会犯上作乱。这是将家庭中的孝道与政治层面的稳定联系起来的几段话之一，表明孝道是政治秩序的根源。在《论语》2.21中，孔子引用《尚书》说，《书》云："孝乎惟孝，友于兄弟。"他接着说："施于有政，是亦为政，奚其为为政？"在这段话中孔子认为，孝道是参与政治的一种形式，而不仅仅是家庭内部的一种服务形式。与其说在政治和家庭之间存在一种分裂，而不如说我们在其中发现了一种联系。政府无法只依靠自己创造一个稳定和谐的

家庭美德：儒家与西方关于儿童成长的观念

社会；这些意识必须在家庭环境中培养，在家里我们学会以某种方式思维和感受他人。美好的家庭是理想国家的典范。正如我们将在本书中看到的那样，尤其是家庭和亲子关系与政治事务有着明确和直接关系的观点是儒家家庭观念的一个显著特征。

在《论语》关于孝道的描述中，对感情、态度以及行动的重视也是构成道的其他美德的显著特征。如我们所见，礼是道的组成部分，孔子在《论语》3.26 中对作为礼节美德一部分的情态和风度作了如下评论："居上不宽，为礼不敬，临丧不哀，吾何以观之哉！"此外，当孔子被问及礼的根源时，他回答说："大哉问！礼，与其奢也，宁俭；丧，与其易也，宁戚。"（《论语》3.4）孔子在此指出礼之"本"，即最基本的要素，包括引导礼、激发礼的感情，部分构成礼的美德。在此我们要注意孔子关于孝是仁之"本"的说法。这两段话都可以看作孔子认为某些情感是美德的根源或基础的证据。换句话说，从一些重要意义上而言，我们的道德发展始于某些情感体验，这就是孝与礼等美德最初开始生长的地方。正如我们将在下一章看到的那样，父母做了很多工作来培养孩子们这些情感的生长，并塑造他们由此而生发的性格。

《论语》15.10 把修德比作一门手艺，认为要擅长一门手艺，必先寻贤者："工欲善其事，必先利其器。居是邦也，事其大夫之贤者，友其士之仁者。"孔子反复强调"就有道而正焉"（《论语》1.14）的重要性[1]。在《论语》中，人被认为有一种天然的被有德者吸引

---

[1]《论语》还主张"己欲立而立人，己欲达而达人"，"君子成人之美，不成人之恶"。

的倾向,并受其影响,这种观点与孔子之前的中国传统中对美德与道德力量的理解有关①。孔子在《论语》13.4 中说,如果有爱礼、崇义和守信的领导者,"夫如是,则四方之民襁负其子而至矣,焉用稼?"②从这个角度而言,我们被有德的领导者吸引,并且有强烈的善待他们美德的倾向。一些特别的个体的美德可以对社会产生转化作用的观点在有教养的人的讨论中表现得尤为明显:"君子笃于亲,则民兴于仁,故旧不遗,则民不偷。"(《论语》8.2)

这些段落有助于表明,尽管儒家传统非常强调家庭关系在道德发展和人类繁荣中的优先地位,但孔子认为个体家庭的繁荣与国家的质量之间存在密切的关系。孔子在《论语》1.6 中说:"弟子入则孝,出则弟,谨而信,泛爱众,而亲仁。行有余力,则以学文。"对他人有恰当的感情是道德发展的必要组成部分,在孝道关系的语境中培养道德感情自然会导致在更广泛情境中的推扩。根据这种观点,在与父母和长辈的关系中培养出孝顺和懂得尊敬的人,同样可能发展出对社会其他成员强烈的信任感和责任感。在《论语》中,道德培养有助于解释我们如何对他人产生某些态度,这些态度是通过一系列美德的生长而出现的。这些美德根本上都植根于家庭,因为儒家思想中与健康的亲子关系最为密切的美德——孝道——是儒家道德培养的基础。

---

① 关于这个观点的详细研究,参见 Ivanhoe 1999,2000a:ix - xvii;Nivision 1996:17 - 57。我遵从倪德卫和艾文贺将"Virtue"(德)大写,以区分"德"与一般性的术语"美德"(virtue)。
② 孔子还认为:"其身正,不令而行;其身不正,虽令不从。"(《论语》13.6)。

　　　　　　　　　　家庭美德:儒家与西方关于儿童成长的观念

我们已经了解到《论语》中道德培养、孝道与政治思想之间的密切关系,我们在下一节将转向《孟子》的论述,它更进一步具体地考察了人们如何以及为什么发展不同的美德和道德能力,以及这些美德和能力在人性中的起源。

孟子

> 为不顺于父母,如穷人无所归。
>
> ——《孟子》5A1

公元前 4 世纪后期哲学家孟子同意孔子的观点,即孝道和修身对于创造和维持一个美好社会至关重要,他试图发展一种有助于支持孔子观点的人性解释[1]。事实上,孟子是第一个明确讨论了人性与修身关系的儒家思想家,认为修身是发展我们向善的原初倾向的过程[2]。他关于这个主题的论著引发了儒家传统中关于人性的第一次重大争论,当时荀子反对孟子的说法,我们将在本章下一部分研究他的观点。尽管孟子和荀子都认为自己是对

---

[1] 关于孟子人性论的研究,参见 Graham 1990:7 66;Lau 2000。有关孟子道德哲学更多的一般性研究,参见 Nivison 1996;Shun 1997;Ivanhoe 2002a。另见 Liu and Ivanhoe 2002;Chan 2002。几乎所有发表过《孟子》的中国早期思想学者都同意孟子对人性的描述。值得注意的例外是 Ames (1991)和 Behuniak (2005);对于这些观点的批评,参见 Bloom 2002;Eno 2005。

[2] 孔子在《论语》中对人性的明确论述是有限的(5.13;17.2),但注释家一致认为孔子对人性有自己的看法。有关《论语》5.13 的研究,参见 Ivanhoe 2002b。孔子在 17.2(性相近,习相远)的言论表明,人性并不能完全决定人;它们的本性在某种意义上是可塑的。当然,这将孔子的人性观与他的修身观联系在一起。正如我们已经看到的,像 1.2 这样的段落也表达了对人性的看法。

孔子观点的解释和辩护,他们在人性论上相互竞争的观点都为孔子的人性观提供了新的基础。

在欣赏孟子对道德培养的一般性论述以及家庭在他观念中的特殊作用之时,从一开始就了解孟子是如何理解自己作为哲学家的使命是有帮助的。当他的一位学生问他为什么喜欢争论时,孟子否认他喜欢争论,并描述了他所处的社会的问题和自周朝以来社会堕落的方式。孟子针对与他对立的哲学家墨子和杨朱说:

> 杨、墨之道不息,孔子之道不著,是邪说诬民,充塞仁义也。仁义充塞,则率兽食人,人将相食。吾为此惧,闲先圣之道,距杨、墨,放淫辞,邪说者不得作。作于其心,害于其事;作于其事,害于其政。圣人复起,不易吾言矣。……我亦欲正人心,息邪说,距诐行,放淫辞,以承三圣者;岂好辩哉?予不得已也。(《孟子》3B9)

孟子对人性的描述旨在阐明他当时对于社会问题如何解决的思考,并在提出他的观点时解释了人们如何在这条道路上取得进步。根据孟子的说法,所有人都具有四种可观察的、活跃的道德感,或已经处于初始发展阶段的"端"。他用"端"的比喻来表达和强化这个观念,描述了这四种道德感官如果得到适当的滋养和保护,最终会成长为仁、义、礼、智这四种美德(《孟子》2A6、4A27、6A6)。《孟子》4B11 说:"大人者,言不必信,行不必果,惟义所在。"①在这段话中孟子清楚地表明,君子不再挣扎于行善,因为他们已经养成了诚实等美德,以至于他们在某些方面具有稳定的行为倾向②。

孟子将我们所有人都拥有的原初道德感称为"心",或"情":

> 恻隐之心,仁之端也;羞恶之心,义之端也;辞让之心,礼之端也;是非之心,智之端也。人之有是四端也,犹其有四体也。有是四端而自谓不能者,自贼者也;……凡有四端于我者,知皆扩而充之矣,若火之始然,泉之始达。(《孟子》2A6)③

孟子在这里所选择的比喻是想说明:"就像萌芽(端)一样,我们的道德意识是可见的、主动的,而不是隐藏或潜伏的,是自我的一部分。"④为了使孟子的修身计划发挥作用,人们必须已经具有可以发展的、积极的和可见的道德能力。

为了支持所有人都有良知四端的说法,孟子举了一些例子,说明我们的道德倾向如何在各种情况下能够被观察到并活跃在

---

① Legge(1970a)的翻译。"大人"常与"小人"相对。除了强调品德等"大"事与财富等"小"事之间的区别,这些术语还说明孔子和孟子等早期儒家思想家认为有修养的人具有多种美德,可以扩展和丰富他们作为人的生活,并使美德比以前更多,而那些与美德不符的人的生活则逐渐减少了。
② 这是孟子思想的几个方面之一,表明他的观点最好被理解为一种美德伦理学。有关这些问题讨论的仔细论证、有文字基础的说明,参见 Van Norden 2007。
③ 关于良知四端的进一步讨论,参见 Van Norden 2007:247-277。
④ 见 Ivanhoe 2000a:25n17。艾文贺指出,孟子在全书中使用了许多不同的术语来表示"芽",包括萌、蘗(芽)和苗(谷物的芽)。然而,他并没有使用"种子"这个词来表示一种潜在的趋势,因为"种子"与孟子所设想的积极、可见的道德感觉不同(Ivanhoe 2000a:18,25n16)。

我们的反应中："今人乍见孺子将入于井，皆有怵惕恻隐之心——非所以内交于孺子之父母也，非所以要誉于乡党朋友也，非恶其声而然也。"（《孟子》2A6）

孟子认为，这些自然道德能力植根于包含认知和情感功能的心（heart-mind），其包括良知四端和意志力。他以不同的方式将我们的自然道德倾向统称为"赤子之心""良心"和"本心"①。因为良知四端（道德萌芽）在人心中，所以人在思考和反省时应用他们的道德感："心之官则思，思则得之，不思则不得也。"（《孟子》6A15）②孟子认为，反思良好的行为会产生一种可以增强我们的道德感，并赋予我们道德勇气的特殊愉悦感。如果我们为自己的道德萌芽感到高兴，那么"乐之实，乐斯二者，乐则生矣；生则恶可已也？恶可已，则不知足之蹈之、手之舞之"。（《孟子》4A27）

如此看来，人人都同样具有积极的、看得见的道德感，使用它的人便是"从大体"③。孟子用麦芽的比喻进一步阐述了这一说法："今夫麰麦，播种而耰之，其地同，树之时又同，浡然而生，至于日至之时，皆熟矣。虽有不同，则地有肥硗、雨露之养、人事之不齐也。"（《孟子》6A7）。孟子强调，每个人（的道德培养）都是从道德萌芽（良知四端）开始的，但是萌芽所处的环境有些方面是一样的，有些则是不同的。在牛山的比喻中，我们了解到山上的树木虽然曾经一度很美丽，但却因为没有被保护而遭受各种伤害。同

---

① 参见《孟子》4B12；6A8；6A10。

② 对 Ivanhoe（2000a：20）的翻译稍作了改动。

③ 孟子在这里提出了一个通用但非普遍的主张，即关于大多数人（具有正常能力的人）如何的主张。见 Ivanhoe 2002c：222 - 223。

　　　　　　　　　家庭美德：儒家与西方关于儿童成长的观念

样，道德萌芽（良知四端）也需要一个安全和滋养的环境才能茁壮成长。以牛山为例："牛羊又从而牧之，是以若彼濯濯也。"（《孟子》6A8）。对孟子来说，牛山上的动物象征着人们有时会遇到的各种有害影响。在《孟子》6A9 中，他说："虽有天下易生之物也，一日暴之，十日寒之，未有能生者也。吾见亦罕矣，吾退而寒之者至矣，吾如有萌焉何哉？"孟子在这里表达了对于其他人对国君所造成的负面影响的失望，尽管他自己努力唤醒国君的自然道德倾向。孟子的忠告和例证就像是养育幼苗的阳光与温暖，而别人的不良影响则是摧残幼苗的一连串寒冷的天气。在宋人的寓言中，孟子也扩展了这个比喻，描述了一个人为了让自己的麦苗长得更快，不小心把它们连根拔起的故事。孟子在这里表明，人们既不能忽视自己的道德意识，也不能试图强迫它成长。此处引用的段落清楚地表明，孟子并不认为人天生就具有成熟完整的道德能力；相反，他们生来就有向善的倾向。孟子强调，我们可以通过观察人类的行为来看到这些道德能力在行动中的表现。但是，尽管一个人的道德"萌芽"（端）从一开始就是可见且活跃的，但要使个人成为有道德的人，他们需要相当多的鼓励和成长。

那么，对孟子来说，道德培养的任务就是要培养自然的道德倾向。这不是灌输新的内容或从根本上重塑一个人的问题，他在与告子的辩论中清楚地表明了这一点——而告子认为灌输仁义之德就像在柳树上雕刻杯盘。孟子对告子关于人性似柳树的论断进行了批判性的回应："子能顺杞柳之性而以为杯乎？将戕贼杞柳而后以为杯也？如将戕贼杞柳而以为杯，则亦将戕贼人以为仁义与?"(《孟子》6A1)。对孟子而言,人类已经有了可以扩充以发展出仁义等美德的善的倾向,所以当我们进行道德培养,却似乎认为这种道德潜力不存在时,那么将是没有意义的,甚至可能对人有害。这就是为什么他反复说那些没有修德的人是"失"了他们的本心——即他们的自然道德能力——而有德的人是那些没有"失"其本心的人。(《孟子》6A11,6A10)他还讨论了"养其大我"(《孟子》6A14,6A15),在《孟子》4B14 中他说君子在通过"自得"而取得进步:"自得之,则居之安;居之安,则资之深;资之深,则取之左右逢其原,故君子欲其自得之也。"孟子强调人的自然道德倾向本身是不够的,必须加以滋养和修炼:"五谷者,种之美者也;苟为不熟,不如荑稗。夫仁,亦在乎熟之而已矣。"(《孟子》6A19)

除了我们的道德培养需依靠他人在我们年轻时所提供的鼓励和呵护的观点之外——这将是下一章讨论的核心要点——孟子认为,道德培养也要求我们审视自己的内在并把握自己天生的道德情感,逐渐增加对它们的认识和信任。君子之所以不同于其他人,是因为他们保留并发展了他们天生的道德情感,当他们展现出从这些情感中成长出来的美德时,其他人则倾向于以同样的方式回应:"仁者爱人,有礼者敬人。爱人者,人恒爱之;敬人者,人恒敬之。"(《孟子》4B28)这段话有助于说明孟子相信社会是如何转变的,他的说法和孔子的美德论(德)是一致的。

孟子将仁德描述为"人之安宅也"。(《孟子》2A7)孟子认为,这样的说法表明,仁之端是我们本性的一部分,因此,当我们实现仁的时候,我们是"安宅"或实现我们最自然的倾向,但他也强调了美德与家庭重要性之间的联系，也就是我们成长和我们的良知四端最先培育的地方。对于孟子和孔子而言，家庭关系在道德发展中起着最关键的作用，他甚至比《论语》更明确地断言，为了实现社会的繁荣，必须在所有环境中适当培养这些关系："谨庠序之教，申之以孝悌之义，颁白者不负戴于道路矣。"(《孟子》1A3；参考 1A7)这段话将孝悌的培养与尊老直接联系起来——这是家庭的责任。

对孟子而言，政治问题往往源于人们不理解以及没有培养适当的家庭内部关系。这一问题也促使孟子声言孝敬父母是一个孝顺的孩子能做的最重要的事情："孝子之至，莫大乎尊亲；尊亲之至，莫大乎以天下养。"(《孟子》5A4)孟子将孝顺的责任与政治的责任联系在一起，并视其为相辅相成的。他在许多地方讨论了培养良好的家庭关系与社会其他人的福祉之间的联系："老吾老，以及人之老；幼吾幼，以及人之幼。天下可运于掌。……故推恩足以保四海，不推恩无以保妻子。"(《孟子》1A7)对于孟子来说，一个繁荣的社会取决于其成员间彼此同理，并根据这些理解采取行动的能力，这就是为什么他用这么多时间阐述在个人对家庭和对他人的感受之间的关系。对于孟子来说，这些感受已经以我们自然道德情感的形式存在于我们心中："道在迩而求诸远，事在易而求之难。人人亲其亲、长其长而天下平。"(《孟子》4A11)《孟子》7A15 加强了这一论点，他在此处详细说明了我们的自然道德倾向在家庭关系中究竟多早是可见的："孩提之童，无不知爱其亲者；及其长也，无不知敬其兄也。亲亲，仁也；敬长，义也；无他，达之天下也。"

孟子自始至终都援引新芽长出枝条的意象,这有助于表明他的人性论是如何与他的家庭关系观、道德培养观以及创造和维持一个良善社会的任务相联系的。孟子曰:"事,孰为大?事亲为大;守,孰为大?守身为大。"(《孟子》4A19)《孟子》5A1 明确表示,我们对父母的感情不仅代表我们最初的自然道德情感,而且当与生俱来的道德情感升华成孝道情操时,这些情感将难以撼动:

> 人少,则慕父母;知好色,则慕少艾;有妻子,则慕妻子;仕则慕君,不得于君则热中。大孝终身慕父母。五十而慕者,予于大舜见之矣。

对孟子而言,对家庭的感情和关怀与照护他人的能力之间存在着天然的联系,他声言有教养的人"亲亲而仁民,仁民而爱物"(《孟子》7A45)就是明证。孟子说,君子有三乐:

> 父母俱存,兄弟无故,一乐也;仰不愧于天,俯不怍于人,二乐也;得天下英才而教育之,三乐也。(《孟子》7A20)

有趣的是,孟子在结束这段话时指出,君子不以当统治者为乐("而王天下不与存焉"),这表明君子对权力不感兴趣,而是对教化民众感兴趣。在这段引言中,我们看到君子核心关切的三角关系:第一,孝与悌;第二,注重修身,包括持久的慎独;第三,促进社会其他成员的提升。在这里,我们看到了孟子在献身于家

　　　　　　　　　　家庭美德:儒家与西方关于儿童成长的观念

庭、对修身的投入以及对社会其他成员的承诺之间建立的联系。而这三个领域是紧密结合在一起的。

在《孟子》7A14 中，他还肯定了道德培养与政治关切之间的关系："仁言不如仁声之入人深也，善政不如善教之得民也。善政，民畏之；善教，民爱之。善政得民财，善教得民心。"在孟子看来，赢得民心就是帮助他们的自然道德情感茁壮成长和繁盛发展。《孟子》7A21 接着说，虽然君子有政治上的关切，包括对广大的疆土和人口的欲求，但这些都不是他所乐见的。相反，他陶醉于"君子所性，仁义礼智根于心，其生色也睟然，见于面，盎于背，施于四体，四体不言而喻"。(《孟子》7A21)[1]

在道德责任方面，在孟子看来，统治者的角色类似于父母。这个类比一方面是统治者在道德培养方面为人们提供的有力榜样，但也涉及统治者制定的政治政策和治理方式。孟子认为，统治者们的唯一目的是为人民带来福祉。他进一步认为，在人们的基本需求得到满足之前，道德培养的任务不可能成为现实。

> 是故明君制民之产，必使仰足以事父母，俯足以畜妻子，乐岁终身饱，凶年免于死亡；然后驱而之善，故民之从之也轻。(《孟子》1A7)

仰不足以事父母，俯不足以畜妻子；乐岁终身苦，凶年不免于

---

① Van Norden 2008：176.

死亡。此惟救死而恐不赡。孟子问："奚暇治礼义哉?"重要的是,孟子将人的基本需求与家庭责任联系起来:"事父母""畜妻子"是必须满足的首要需求。孟子还以家庭为模型,展示了好的统治者为人民提供保护的各种方式。《孟子》1A4 说:"兽兽相食,且人恶之;为民父母,行政,不免于率兽而食人,恶在其为民父母也?"孟子深知统治者对人民有类似于父母对子女的超凡权力,但在这两种情况下,违背自己所应负责的人的最大利益应该都是不可想象的。

育儿的比喻是传达孟子的政治领导观和美好社会愿景的有力工具:"乐民之乐者,民亦乐其乐;忧民之忧者,民亦忧其忧。"(《孟子》1B4)这些评论强调了道德心理学在孟子的人性论和道德培养论,以及他的政治哲学中一以贯之的整体作用。诸如此类的文本还清楚地表明,孟子设想了一个其成员能够展现出恕道(sympathetic understanding and reciprocity)的社会。在《孟子》4A9 中,他说过去的统治者失天下:

> 失其民者,失其心也。得天下有道:得其民,斯得天下矣。得其民有道:得其心,斯得民矣。得其心有道:所欲与之聚之,所恶勿施尔也。民之归仁也,犹水之就下、兽之走圹也。[1]

反复提及"得民心"与孟子对萌芽期(端)道德倾向发展的关注有关,而他对向下的水流类比的使用则让人想起他在《孟子》

---

① 另见《孟子》4B16。

家庭美德:儒家与西方关于儿童成长的观念

6A2 中与告子关于人性的争论。告子坚持人性是中性的——就像往东或西流的水,具体如何取决于被拦阻的方式——而孟子则指出,水信无分于东西,无分于上下乎?但"人性之善也,犹水之就下也。人无有不善,水无有不下"。(《孟子》6A2)《孟子》4A9中的评论也采用了统治者的美德吸引力的例子①。

《孟子》2A1 说,在乱世中,如果一个统治者实行仁政,没有什么能妨碍他成为君主。他接着引用孔子的话说:"德之流行,速于置邮而传命。"(《孟子》2A1)孟子此处提到的"德之流行"的说法有助于说明他所提出的美德如何刻画整个社会的特征的观点。显然,孟子不仅相信仁政的理想可以通过孝道等美德的修养来实现,而且仁政也确保了这些价值观在他的社群和周围社群中的存续和发展。《孟子》2A5 中说,如果一个统治者有公平的治国之策,尊重有道德的人,使用有能力的人,杰出的人物都有官位,那么天下的士子都会高兴,都愿意到这个朝廷来效力了;在市场,拨出房屋储藏货物,却不征税,"率其子弟,攻其父母,自生民以来,未有能济者也。如此,则无敌于天下"②。

在《孟子》1B5 中,齐宣王问孟子什么是真正的"王政",孟子以对文王治国的描述作为回应:

> 罪人不孥。老而无妻曰鳏,老而无夫曰寡,老而无子曰独,幼而无父曰孤。此四者,天下之穷民而无告者。文王发

---

① 与《道德经》中以水作为美德或德的隐喻相比(参见第 8、61、66 和 78 章)。
② 参见《孟子》7A12。

政施仁,必先斯四者。

　　此处特别重要的是孟子关于因配偶、父母去世或无法生育而被边缘化的社会成员的断言——这些人可能无法适应以家庭为基础的社会伦理和政治愿景——而这应该成为齐宣王关注的首要目标。文王之所以将这些群体作为他的首要关注对象,是因为他认识到这些人遭受了与其他任何人所不同的损失。孟子强调,文王不仅对鳏夫、寡妇、无子之人、孤儿有所供养,而且以他们为首要关注对象,这与儒家认为家庭在创造美好社会中具有高度独特作用的观点是一致的。可以预料,孟子会强调文王对无子之人的关心是因为"宗教"观念催生了生育后代的义务。但孟子更宏观地阐述了与家庭有关的益处,包括一无所有的孤儿——他们因没有父母来培养他们早期的道德发展而承受不幸,以及鳏夫和寡妇,他们因没有配偶与其分担生活的重担、欢乐和挑战而遭受痛苦。无家可归者应该是统治者的当务之急,因为在孟子看来,一个人在社会中最大的劣势就是没有家[1]。

---

[1] 有人可能会反对孟子的说法,理由是有一个坏家庭比没有家庭更糟糕。然而,即使在我们现代社会,我们也认真对待对没有家庭的孩子造成的潜在影响或伤害。政府机构往往对将儿童带离家门犹豫不决,即使在出现严重问题时也是如此,而这种做法只有在极端情况下才被认为是合理的。即便如此,被称为"家庭保护"的目标几乎总是通过努力恢复、引导和加强家庭来实现,以便重新团聚。(美国卫生与公众服务部报告称,每年约有 300 000 名儿童被暂时带离他们的家,但其中只有 65 000—70 000 名儿童最终由于父母权利的终止而被永久带走。)(Bergner 2006)当孩子被暂时或永久地从家中带走时,第一选择是将他们安置在亲戚那里,这样他们就可以留在自己的大家庭中,第二选择是将他们安置在新的家庭中(例如寄养家庭或收养家庭)。将孩子安置在孤儿院或集体之家通常被认为是最不理想的选择,正是因为那不是家庭环境。

在孝道和仁政的诸多具体案例中,孟子认为圣王舜是其中最著名的。在《孟子》中,包括 7A35 在内的多处,孟子称赞舜的孝顺,写道如果舜的父亲杀了人,舜"窃负而逃,遵海滨而处,终身欣然,乐而忘天下"。就像《论语》13.18 中孔子对儿子得知父亲偷羊后立马上报的不满,这段话并不一定削弱作为社会一员正义感或责任感的重要性(或舜作为统治者的例子)①。相反,它表明,根据孔子和孟子的观点,对父母的义务几乎优先于其他任何义务。至少在某些情况下,他们认为向政府举报自己的父亲是错误的。孔子和孟子都清楚地表明,使我们成为好的社会成员的美德和道德感是我们与家庭关系的自然产物。当孟子说:"亲亲,仁也;敬长,义也;无他,达之天下也。"(《孟子》7A15)他指出我们对父母和长辈的自然情感与尊重构成了成熟道德感的第一要点。因此,孝道一直被视为《孟子》的核心也就不足为奇了。

仔细考察这段引文中舜的行动并将它们置于语境中理解也很重要。首先,在孟子所描述的场景中,舜退位,这可以解释为表明他承认照护他的父亲并逃离国家的行为使他没有资格担任君王。当然,这同时表明他不愿滥用权力:他不会简单地赦免父亲并继续执政。此外,将父亲带到偏远地区并留在那里,舜是想保护人们免受父亲的伤害。因此,他的行为并不能成为他父亲不法行为的借口,例如,如果他只是放纵他的父亲,那将会成为借口。相反,根据孟子的说法,舜基本上将他的父亲永久软禁,并且自己

---

① 有关《论语》13.18 的详细讨论,参见 Cline 2013a:157-163。

担任他的狱卒①。在这些方面,他权衡了他的孝道和国家职责。不管我们是否同意这个平衡,舜的行为并没有表现出他对其他社会成员责任的漠视。

然而,《孟子》提供了一个相当广阔的背景故事,讲述了舜与其父亲的关系中发生的事件。这可以帮助我们理解这个被广泛引用的场景的重要性。舜不是一个普通人,他与父母的关系也很不寻常。孟子表明,舜被父母和多次企图谋杀他的弟弟所憎恨(《孟子》5A2),但舜只以爱和亲情回应他们(《孟子》5A3,5A4),他的方式是"孝弟而已矣"(《孟子》6B2)。但是,舜并没有在所有情况下都盲目地遵循传统的孝道。在《孟子》5A2 中,我们了解到舜结婚时没有通知他的父母,因为他们可能会阻止他的婚姻:"如告,则废人之大伦,以怼父母,是以不告也。"

《孟子》4A26 讨论了为什么舜偏离传统的做法是可以接受的,即让自己的孩子告诉父母他的计划:"不孝有三,无后为大。舜不告而娶,为无后也。君子以为犹告也。"②在这两段引文中,孟子都表明,在舜的情况下,履行儿子的传统义务——通知父母他结婚——从长远来看会导致孝道无法履行,因为这会迫使他"废人之大伦",做出最不孝的行为:不生孩子。这些评论特别重

---

① 感谢艾文贺对该点的贡献。
② 另外两件不孝的事情是"通过奉承同意鼓励父母行不义之事"和"不通过从事公务来扶助他们的贫困和年老体衰"(Legge 1970a:313)。孟子在 4B30 中列出了五种不孝,世俗所谓不孝者五:惰其四肢,不顾父母之养,一不孝也;博弈好饮酒,不顾父母之养,二不孝也;好货财,私妻子,不顾父母之养,三不孝也;从耳目之欲,以为父母戮,四不孝也;好勇斗狠,以危父母,五不孝也。

　　　　　　　家庭美德:儒家与西方关于儿童成长的观念

要,因为它们并不是简单地关心做出正确的行动或在不久的将来带来好的结果;相反,孝有时意味着只有以一种随着时间的推进才能被悦纳的方式行事。对于他的处境,舜似乎对此有着特别敏锐的感觉。纵观《孟子》全书,舜以"尽事亲之道"(《孟子》4A28)而著称,最后我们知道,其父为舜而感化改道。(《孟子》5A4)

尽管家庭状况糟糕,舜却是道德楷模,这一事实可能会让人们得出这样的结论:孟子认为即使没有养育之家,我们也有足够的天然的资源可以成为好人。然而,正如在本章考察的多处引文中所看到的,这似乎与孟子的观点并不一致。一种可能的解释是,舜早年的生活更接近正常的家庭,但一次创伤性事件促使他与父母和弟弟的关系发生了巨大变化。还必须记住的是,舜是圣人之一,他们是天生道德能力即异常强大的人。在孟子看来,舜可能只是天生比我们其他人的道德能力更强;我们可以说,他一开始的良知四端比大多数人更强大,也更充分,因此能够忍受可怕的环境,而不会破坏他的潜力或阻碍他的道德发展。《孟子》1A7中说这样的人是例外而不是常态:"无恒产而有恒心者,惟士为能。若民,则无恒产,因无恒心。"①《孟子》5A5中对舜的特殊能力提供了可以被视为"宗教"解释的说法,他写道,天选择了舜,并授予他王位,"以行与事示之而已矣"。孟子还说,天将降大任于他(《孟子》6B15),这似乎完全适用于舜的情况。

然而,尽管舜有非凡的道德能力和特殊的"宗教"使命,孟子

① 有关这些问题的有益讨论,参见 Ivanhoe 2002a：64－67。

仍然坚持认为舜"与人同耳"。(《孟子》4B32)对孟子来说,我们每个人都具有使我们走上美德之路的自然道德倾向,由于这些倾向及其非凡的潜力,我们都有成为圣人的能力。舜虽然在很多方面都很出众,但他仍然被其父母对他的排斥深深地伤害,而这是一种非常人性化的反应。《孟子》5A1思考了为什么舜有时会到田野里哭泣。他写道,舜因为父母不爱他而非常痛苦,并解释说:

> 天下之士多就之者,帝将胥天下而迁之焉。为不顺于父母,如穷人无所归。天下之士悦之,人之所欲也,而不足以解忧。

这段话以舜的故事为例强调亲子关系在一个人一生中所起的关键作用的消极一面,这是孟子论述如何创造和维持一个美好社会的核心。

荀子

> 靡而已矣。
>
> ——《荀子》12/118/1

尽管荀子和孟子在修身的许多方面都有共识,但荀子并不相信"人之初,性本善"。荀子认为,人一出生就有道德盲点,只受将其引向毁灭与带来伤害的肉体欲望的支配。相应地,人必须以道德来赋形,使得他们的欲望被重新导向以符合道。孟子修身的

"扩充模式"（developmental model），即扩充我们生而即有的善端，与荀子的"檃栝模式"（re-formation model）①，这是《荀子》文本中所使用的比喻，有着重要的区别。就像弯曲的木材一定要靠檃栝蒸热矫正，然后才能适应儒家的（理想人格）追求一样，人类有道德培养的能力——虽然这将是一个漫长而艰难的过程②。荀子写道："木直中绳，𫐓以为轮，其曲中规，虽有槁暴，不复挺者，𫐓使之然也。"（《荀子》1/1/3 - 4：1）③

荀子坚持礼义"是生于圣人之伪，非故生于人之性也。故陶人埏埴而为器，然则器生于陶人之伪，非故生于人之性也"。（《荀子》23/114/8 - 9：250）荀子的这些观点有助于解释为什么他如此强调努力在一个人的人格成长过程中的作用，并使用了一系列自然的隐喻来表达和加强他的论述。

> 兰槐之根是为芷，其渐之滫，君子不近，庶人不服。其质非不美也，所渐者然也。故君子居必择乡，游必就士，所以防邪辟而近中正也。（《荀子》1/1/20 - 1/2/1：2 - 3）

正如我们所看到的，荀子拒斥人类受先天道德感支配的观

---

① 译者此处以《孟子》与《荀子》原著中的人性论概念翻译作者所使用的"developmental"与"re-formation"这两个术语，我认为这与作者全书的意思相符合，同时也更符合中国哲学的原意。——译者注
② 有关这些模型的详细论据，参见 Ivanhoe 2000a：29 32。参见《荀子》第一章的开头。
③ 在本书中，所有对荀子的引用都遵循 Hong Kong Concordance Series（Lau and Chen 1996）中的编号（章/页/行），并附有 Hutton 2014 中的页码。除非另有说明，否则所有翻译都遵循 Hutton。

点。相反,正如他在这段引文中所坚称的那样,他们倾向于呈现出他们所处环境的特征。这使得老师和榜样的作用变得至关重要:"非师,是无师也。不是师法,而好自用,譬之是犹以盲辨色,以聋辨声也,舍乱妄无为也。"(《荀子》2/8/3-4:14)在荀子看来,我们生来便没有道德感,就像看不见,也听不见,他用视听的比喻有助于表明他把道德培养看作获得道德感的过程。通过漫长而艰巨的修身,我们能够获得道德能力和明辨的能力,但我们能够在多大程度上获得这些能力取决于我们从老师和道德榜样那里接受的德育质量以及我们对学习的努力和坚持。

以荀子的人性观来看,他强调改变行为的难度也就不足为奇了。他认为道德培养是一个长期的过程,他又回到雕刻木、金、石的比喻来表达和加强这种观点:"锲而舍之,朽木不折;锲而不舍,金石可镂。"(《荀子》1/2/11:4)他问学习应该从哪里开始,哪里结束:"学恶乎始?恶乎终?"他认为:"其数则始乎诵经,终乎读礼;其义则始乎为士,终乎为圣人。真积力久则入。学至乎没而后止也。故学数有终,若其义则不可须臾舍也。为之人也,舍之禽兽也。"(《荀子》1/3/7-9:5)这段引文的最后一句很重要,因为它表明,荀子认为,在我们发展道德能力时,他将此视作是在发展足以定义人性的能力。但是我们可以看出,当孟子和荀子在说人有道德能力时,他们所表达的意思是截然不同的。对荀子而言,这种能力是经过大量的磨炼和努力才能显现出来的,而对于孟子来说,这种能力从一开始就是可见的、活跃的,只是需要适当的环境和修养才能扩充。

家庭美德:儒家与西方关于儿童成长的观念

我们已经明白,对于孔子和孟子而言,家庭中自然的亲情和友爱为一个人道德品质的成长提供了基础。荀子认为,人类天生就关心自己的亲人;对于有意识的血亲(有知之属),"莫不爱其类"。荀子接着说:"故有血气之属莫知于人,故人之于其亲也,至死无穷。"(《荀子》19/96/10-13:213)因为这些感觉"是无穷也",荀子认为这种感觉会导致恶行,就像我们未开化状态的其他方面一样。正如万百安所说,在荀子的观点中,"我对自己亲人与生俱来的爱可能会导致我轻率和自私地伤害他人,以造福我自己的父母或孩子"。(Van Norden 2007:47)所以在荀子看来,我们对亲人与生俱来的关怀需要"纠正"(re-form),以体现孝德①。那么,就荀子的观点来看,他与孔子与孟子很不一样,因为他不认为人类植根于家庭内的自然情感是有待扩展或发展的东西。相反,就像我们的肉体欲望一样,子女对长辈的孝与爱是不守规矩和危险的,因此需要控制和驯服才能达到道德目的②。我们甚至可以从荀子的言论中推断出,荀子担心子女对长辈的孝与爱可能会通过裙带关系破坏政治和社会制度。

荀子把人的彻底改造描述为道德培养的结果。他写道:"君子之学也,入乎耳,著乎心,布乎四体,形乎动静。端而言,蝡而动,一可以为法则。"(《荀子》1/3/14-15:5)在与此类似的段落中,我们发现荀子关心的不仅是行为的改变,而是品格的变化:

---

① 参见 Xunzi 19/98/1:215-216。

② 军事训练员寻找具有"精神"的年轻男女以锻造士兵的方式有一个有趣的类比。这样的人在正常社会中通常是有问题的,因为他们的精神使他们陷入困境,但通过纪律,他们的能量可以被引导,使他们成为高效的士兵。

"君子之学也，以美其身。"(《荀子》1/3/17：5－6)荀子说，若没有老师与榜样，人们将会顺从其天性，只从有利于自己的角度看待事物。

值得注意的是，荀子认为君子不追求自己的物质利益，因为这种取向与我们的本性形成了鲜明的对比。正如我们所看到的，荀子相信，若无道德培养，人类天生地寻求满足自己的肉体欲望。那么，在荀子看来，人是天生的利己主义者，道德培养与教化的目标就是使人从利己的自利转向道德的利他。可以肯定的是，荀子所论述的不是**规范的**(normative)利己主义，即人类**应该**寻求他们认为是自己的利益或收益的观点，而是一种**描述性的**(descriptive)心理利己主义，即人类**确实**寻求他们认为是自己的东西成为他们自己的利益或收益。显然荀子指的是描述性利己主义的一种特殊形式：他的类型只涉及人类在道德培养之前的自然状态，这种状态不是，也不应该是永久的。他的描述性的利己主义也仅限于寻求满足肉体欲望，而不是其他类型的个人利益或收益。然而，在他对君子的描述中，我们可以清楚地看到，荀子相信人们可以通过关注他者的欲求和习得道德情感来摆脱这种天生的利己主义。

荀子在多处明确表示，他关注的并不仅仅是修身，而且也包括创造和维持美好社会的任务。他认为这两个领域是密切相关的："今以夫先王之道，仁义之统，以相群居，以相持养，以相藩饰，以相安固邪?"(《荀子》4/15/20：28)荀子写道，即使是兄弟，如果顺其天性，也会为了财产而互相争斗，"假之有弟兄资财而分者，

　　　　　家庭美德：儒家与西方关于儿童成长的观念

且顺情性,好利而欲得,若是,则兄弟相拂夺矣;且化礼义之文理,若是,则让乎国人矣"。(《荀子》23/114/17 - 18:251)正是通过道德培养,人们才能变得对社会其他成员慷慨大方,不仅为自己的利益而且为有需要的人作出牺牲。

荀子认为,当政治领袖培养美德时,他们对人民会产生巨大的推动力和影响力。荀子似乎也认同孔子和孟子的观点,即有德的领导者有能力吸引和影响他人。但是,对荀子来说,一个重要的区别是,人们必须**已经**走上修身之路,这样才能受统治者的影响。根据他对人性和修身的描述,我们只有在成功地开始学习过程**之后**,才会开始认识到道德榜样和传统的价值。当我们在思考荀子对有德的统治者的评论时,记住荀子的这个观点是很重要的:"忠信均辨,说乎庆赏矣;必先修正其在我者,然后徐责其在人者,威乎刑罚。"(《荀子》10/46/15 - 16:92)如果荀子考虑到了统治者的权力的话,当荀子认为一个有德的统治者能够比给予奖励或施予惩罚更有效地激励人们构建一个和谐的社会时,那么他一定是在描述统治者对已经遵循道的社会成员的影响。所以,如果荀子和孔子、孟子对道德力量果真有同样的理解,那么这似乎是一种较弱(也许更合理)的观点,因为在荀子对人性的叙述中,有这种美德的人的存在不足以促使人们承担起修身的任务,尽管这可能对那些已经在努力于此的人起到鼓舞作用。正如我们将在下一章看到的那样,在荀子的叙述中,这使得父母和其他家庭成员的早期影响在引导一个人走上道德培养的道路上变得更加重要。

然而,这并不是说荀子不重视法律和政策在美好社会中的作用。相反,荀子对法律和政策在美好社会中作用的重视比孔子或孟子更加强烈。他认为,君子不仅要修仁义,更要正法。(《荀子》9/41/5)"所以为布陈于国家刑法者,则举义法也;主之所极然帅群臣而首乡之者,则举义志也"。(《荀子》11/49/18:99)荀子认为,政府有绝对的义务来养育人民:

> 若夫兼而覆之,兼而爱之,兼而制之,岁虽凶败水旱,使百姓无冻馁之患,则是圣君贤相之事也。(《荀子》10/44/17-18:88)

在《荀子》中,家庭与这些社会问题之间的关系是什么?《论语》和《孟子》都描述了孝道与正直守法、忠于父母与效忠国家法律之间的明显张力。荀子也谈到了这个问题,他首先指出:"入孝出弟,人之小行也。上顺下笃,人之中行也;从道不从君,从义不从父,人之大行也。"(《荀子》29/141/19-20:325)乍一看,荀子似乎与孔子、孟子所说的正好相反,即孝顺父母不应优先于其他义务。

我们必须进一步阅读以了解荀子的观点。他接着讨论了孝子**不**应该听从命令的情况,其中包括:第一,"从命则亲危,不从命则亲安,孝子不从命乃衷";第二,"从命则亲辱,不从命则亲荣,孝子不从命乃义"①;"明于从不从之义,而能致恭敬、忠信、端悫

① 孝子不从命的第三种情况是"从命则禽兽,不从命则修饰"。(《荀子》29/141/20-29/142/1:325)

以慎行之,则可谓大孝矣。"(《荀子》29/142/2‐3：325)①荀子清楚地认识到,在一些特殊情况下,我们将被要求做一些不寻常的事情,并违反我们通常会遵守的命令或法律。在这种情况下,我们如果坚持通常的行为标准将是错误的——而且是不符合"道"的。然而,重要的是要认识到,对于荀子来说,这些都是例外情况。仔细考察荀子这段话中的每一句话,我们就可以领会到他所说的对父母兄妹尽孝是"小行"②,而在家庭以外的行为中遵道是"大行"③,因为它需要我们有更多的道德能力。然而,这些能力与孝道并没有脱节,孝将在我们能够行当行之事时继续发挥重要作用,无论是"从道不从君"还是"从义不从父"。我们发现荀子在此处的描述似乎与《论语》的主张一致,即孝是其他道德能力和美德之本,并且当我们将道德情感不仅扩展到我们的家庭,并且推扩到我们附近的社区,进而延伸至其他社会成员时,孝道能够随之成长。

纵观《荀子》全书,处理家庭关系和角色被视作极其重要,在孝道背景下培养对长辈的顺从和尊重也是如此。有君子遇到同乡,"遇乡则修长幼之义,遇长则修子弟之义……遇贱而少者,则修告导宽容之义。无不爱也,无不敬也"。(《荀子》6/23/15‐16：44)君子之道的一部分源于他能够将对自己父母和兄妹的风度推

---

① 荀子在这里的言论与我们现代社会的相关性有明显的例子,包括涉及必须选择是否服从非法命令的军人的案件。(Articles 91‐92 of *the U.S. Uniform Code of Military Justice address* 等案件)

② "小行"以及与此相对的"大行"见于《荀子·子道》,可参考本页。——译者注

③ 同上。

扩至他人的能力。了解儿子或女儿希望年迈的父母得到什么样的照护,可以增强理解和适当回应社区与整个社会年长者需求的能力。除了照护残疾人,荀子坚持认为,政府的政策应该考虑到孤儿、寡妇、鳏夫和膝下无子的老年人的特殊需求——这让人想起《孟子》中的建议①。正如我在对孟子的讨论中注意到的,这些群体都失去了配偶、孩子或父母,和孟子一样,荀子清楚地认识到这些损失对一个人的幸福尤其有害。然而,除了他对法律和政策的作用的强调之外,荀子认为君子在一个良善社会中的作用是不可替代的:"故有君子,则法虽省,足以遍矣;无君子,则法虽具,失先后之施,不能应事之变,足以乱矣。"(《荀子》12/57/5‑6:117)鉴于荀子对人性的论述和他对正确的政治领袖和社会可以帮助转变一个人的性格的断言,那么我们将不会对他在第 23 卷结束时发出的响亮宣言感到意外,"靡而已矣!靡而已矣!"(《荀子》12/118/1)

在本章中,我们考察了早期儒学对道德培养的高度重视和他们认为家庭在此过程中发挥的特殊作用的观点,以及他们认为道德培养有助于创造美好社会的主张。这些思想家坚持认为,当我们普遍认识到亲子关系,特别是孝道能够为一个人的道德发展奠定基础时,社会就有可能发生真正深远的变化。在下一章中,我们将研究早期儒学关于环境在童年早期成长中的作用的观点。

---

① 见《荀子》9/35/7‑8;11/54/12;11/55/26。荀子没有具体规定一项政策来满足后一类群体的需求。

正如我们将看到的,大量早期儒学的原始文献提供了相当多的细节加以说明,在婴儿期和童年期,父母与孩子之间关系的质量以何种特别和可观察的方式直接影响到社会。

第二章　婴儿、童年早期与早期儒学中的
　　　　道德培养

故曰选左右早谕教最急。夫教得而左右正，则太子正矣，太子正而天下定矣。《书》曰："一人有庆，兆民赖之。"此时务也。

——《治安策》

尽管诸多学者已经对孝道和家庭关系在早期儒学传统中的核心地位给予了相当多的关注，但是对早期儒学关于童年期的亲子关系或者儿童道德培养的观念的研究则很少[①]。在本章中，我探讨了早期儒家思想家关于童年期的道德培养的观点，特别是儿童生命最初几年，但也包括对青年期的讨论。我将关注三个主要

_____

① 关于宋明理学儿童道德教育的讨论（朱熹的著作），见 T. H. C. Lee 2000，esp. 456－459。

　　　　　　　　　　家庭美德：儒家与西方关于儿童成长的观念

的问题：第一，儿童期道德培养在多大程度上是孔子、孟子、荀子观点的重要组成部分？第二，在早期儒学中，儿童生命的初期阶段是否被视为一个独特的、不可替代的道德培养的机会？在这个问题背景下，我探讨了早期儒学如何理解父母和照护人的角色，以及礼和孝道在儿童道德培养中的作用。第三，也是最后一点，我讨论了早期儒学中童年期的道德培养是如何与创建一个美好社会的任务关联起来的。

早期儒学中的儿童和青年

在《早期中国哲学中的美德伦理与后果论》（*Virtue Ethics and Consequentialism in Early Chinese Philosophy*）中，万百安写道，与柏拉图、亚里士多德，以及朱熹不同，（他们）"对青年教育谈及甚多"，而早期儒学"在这个话题上则所说甚少"。（2007：50）他指出，"这可能反映了这样一种信念，即童年早期不是进行道德训练的重要时期"，但他同时补充说考普曼（Joel Kupperman，1936—2020）为此"就孔子为何似乎忽略了这个话题提出了几种可能的解释"。（2007：50n102）事实上，考普曼指出，《论语》相对较少明确地涉及早期道德教育的重要性，这与文本中对道德发展更晚阶段的广泛讨论形成了鲜明对比。（Kupperman 1999：37）考普曼对造成这种遗漏提出了三个可能的原因。首先，"老师和作家，包括哲学家在内，通常不说不需要说的话：可以假设受众中几乎每个人都已经知道了"。考普曼暗示，早期中国思想家确实认为儿童的早期教育在道德上很重要——事实上，它已经重要到根本不需要强调的程度。他写道，早教在孔子时期的中国可能没有问题，就像在亚里士多德的希腊一样，因此没有就此话题专门讨论的迫切需要；孔子确实在解决在他看来是社会问题的问题，这一事实至少部分支持了这一观点。然而，孔子在《论语》中所阐述的问题之一是不孝——例如在他的论述中我们可以看到："今之孝者，是谓能养。至于犬马，皆能有养。"（《论语》2.7）这些问题似乎与当时儿童与青年的道德培养问题并没有完全脱节，因为在孔子的时代，年轻人被期望履行对父母的各种孝道①。

考普曼认为《论语》中对早教缺乏关注的第二个可能的原因是："当他们来到（孔子身边）时，孔子的学生们都已不是小孩子了，对孔子而言，对于他在其中发挥主要作用的道德发展阶段，他自然会比更早阶段（的道德发展）有更多的话要说。"这种解释更有力，它考虑到了不同的文本有不同的目标受众这一事实，其中所记录的教导确实也是如此。例如，荀子的听众主要是王公大臣和立志为官的人，因此，他大部分时间都是在谈论与国家治理有关的话题。正如我们将在本章中看到的那样，儒家传统中的各种文本确实涉及儿童的早期教育，但其中一些是针对特定受众的——包括养育孩子的母亲和需要了解儿童的早期教育和创造与维持美好社会的工作两者之间联系的统治者。考普曼提供的第三个解释是，孔子可能将这一教育领域视为家庭的职责，因此，"最好

---

① 正如我们将在本章中看到的，《礼记》有助于证实，早期儒家认为儿童和青年应该以某种方式对待父母和长辈，他们必须履行各种孝道义务。因此，这些行为和态度并不是只有儿童才会有的。

　　　　　　　家庭美德：儒家与西方关于儿童成长的观念

交由父母判断"。(Kupperman 1999：37)就像他提供的第一个解释一样,这一解释说服力也不够;正如我们将在本章中看到的,并且在前一章中已经进行了一定程度的探讨,早期儒家——包括孔子——始终认为家庭和社会是密不可分的。一些早期儒家思想家进一步认为,童年早期道德培养是直接关系到一个美好社会的大事,这也是他们向统治者提出此论点的原因。据此,认为他们将其视为私事并不十分准确。

万百安认为孔子并不是早期儒家中唯一基本上没有触及这些问题的思想家。他说孟子也没有详细讨论儿童教育,并且再一次注意到与古希腊哲学家的比较,并提到了关于这个话题的现代心理学文献:"有趣的是,《孟子》中缺乏关于儿童教育与(道德)训练的讨论。柏拉图和亚里士多德以及现代发展心理学家都强调,童年经历是性格形成的关键因素。"(Van Norden 2007：229)万百安认可黄百锐(David Wong)的论点,即有儒家文本"表明家庭中的童年期的培养对于道德发展的重要性。然而,孟子本人似乎并没有强调童年本身是确保我们的良知四端及其持续存在的独特的、不可替代的时机的重要性"[1]。他补充说,"相较于环境对儿童的影响",孟子"似乎对环境之于成人的影响更感兴趣"。(Van Norden 2007：229)下面我将考察孔子、孟子和荀子关于儿童和青少年道德教育和培养这个话题的看法。我认为,虽然童年时期的道德培养肯定不是这些文本的主要焦点,但有许多文本表明作

_____

[1] 万百安引用了 Wong 1989。黄百锐提到了《论语》《孟子》《中庸》和《大学》。

者认为这件事很重要。

《论语》

或许《论语》中清楚说明早期道德培养重要性的最显而易见的一段话是《学而》篇1.2:

> 其为人也孝弟,而好犯上者,鲜矣;不好犯上,而好作乱者,未之有也。君子务本,本立而道生。孝弟也者,其为仁之本与!

对孝的绝对重要性及其作为伦理意义基础作用的承认,或许是早期儒家思想家认为儿童教育的重要性的最明确的指标。这段引文是指从人性中生长出而建立的"本"(根)。正如我们在前一章中看到的,仁是那些掌握了儒家美德的人所具备的品质。这使我们能够充分领会如下的主张:"孝弟"是其他美德的根源;它们为一个人的道德发展的整个过程提供了基础。《论语》1.2的主要观点之一是,成年期出现的诸多问题,如"好犯上"或"好作乱"的倾向,其最深层次的根源在于家庭关系。虽然这段引文没有具体说明我们应该何时开始培养"孝弟",但重要的是要注意"本(根)立而道生"的说法中表达的"扩充型"隐喻。"根"(本)的发育是植物生长最早阶段的一部分,随着"根"的继续生长,它们也使植物的其他部分能够成长和繁盛。这些"扩充型"隐喻表明,"孝弟"的成长始于个人道德教育的最早阶段。鉴于我们与父母和兄弟姐妹的关系开始得多么早，设想这些美德最初是在童年时期培养的就很合理了①。

《论语》中还有其他一些段落为我们提供了一些关于孔子如何看待童年教育的痕迹。《论语》7.29 记述了如下故事：

> 互乡难与言，童子见，门人惑。子曰："与其进也，不与其退也，唯何甚？人洁己以进，与其洁也，不保其往也。"

在这个案例中，孔子正在接受一个尚未接受冠礼的男童的面谈，男童已经学会了并正确地遵循了适当的沐浴礼，这表明他受到了相当程度的道德教育。冠礼传统上在 19 岁举行，所以我们可以推测男孩是一个少年或更年少②。

考虑到这段话可能是想告诉我们孔子对儿童道德培养的看法，我们可以推断，孔子会见男孩是因为他认为与村子里难以接近的其他人相比，年轻的孩子更具可塑性和容易接受指导。事实上，一些评论家将这段话理解为孔子对改变的可能性的乐观态

① 另一段强调这些主题的文章是《论语》14.43，在这段文章中，孔子观察到一个人在等待他，他伸开双腿坐着（原壤夷俟），而不是以合适的姿势接待贵宾。他的姿势意味着缺乏仪式礼仪和孝道，这在人类行为的许多方面都有体现，包括行为和言语，但正如我们在这里看到的，在举止上也有体现。孔子说："'幼而不孙弟，长而无述焉，老而不死，是为贼！'以杖叩其胫。"通过强调年轻人未能表现出孝顺和尊重，并注意到这种失败在早期道德修养中的长期影响，这段引文与《论语》1.2 产生了共鸣。两者都表达了这样一种观点，即不培养孝道美德的儿童和青年将无法培养对他人的责任感，并将成为社会的负担，或者更糟的是，将直接破坏社会。
② 关于冠礼的年龄（中国传统的成年仪式），参见 Kinney 1995：34。另见《礼记》10（《内则》），sec.2，v.34。这段话还说，在行冠礼的年龄，一个人"惇行孝弟，博学不教，内而不出"。我将在本章后面讨论这一主张的重要性。

度；如果这个解释是正确的，那么孔子可能会被这个孩子的真诚所吸引，也许还有他与村里成年人相比的独特潜能。至少有可能孔子会对这个男孩对于礼的理解和亲近留下深刻的印象；这种尊敬加上他尚年幼，是他潜能的一个标志。我们也可以结合《论语》9.23来看这段话，孔子说："后生可畏，焉知来者之不如今也？四十、五十而无闻焉，斯亦不足畏也已。"在这段引文中，孔子肯定了年轻人与年长者相比的潜能，暗示在一个人生命中的某个时刻，改变是不可能的，并且可以可靠地推断出这个人的性格。当然，这意味着个人的改变更有可能在生命的早期发生。这段话进一步证明了对年轻人进行道德教育的重要性。

在《论语》19.12中，我们找到了另一个相关的段落。此处，孔子的弟子子游说："子夏之门人小子，当洒扫、应对、进退，则可矣。"①本之则无。如之何？子夏闻之，曰："噫！言游过矣！君子之道，孰先传焉？孰后倦焉？譬诸草木，区以别矣。君子之道，焉可诬也？有始有卒者，其惟圣人乎！"虽然这段引文不是指年幼的儿童，但它确实谈及稍微年长一些的青年人。森舸澜（Edward Slingerland）指出，我们发现子游在此处：

> 批评子夏让他的年轻弟子练习一些次要的礼，而不是教他们"重要"的问题，但是他不明白的是，只有从君子之道开始（修炼）的人，才能真正实现他的目的。这意味着老师

---

① "洒"（Sprinkling）是指将水洒在地上，以便对其进行适当维护。

必须区分"草"（起点处的年轻学生）和"木"（能够完成高级工作的更成熟的学生），并相应地有针对性地进行教学——迫使学生学习他们还没有能力做的事情，只会导致精疲力竭。（Slingerland 2003：225）

森舸澜引用包咸（前6年—65年）对这段话的评注："孰先传焉，孰后倦焉，言先传业者必先厌倦，故我门人先教以小事，后将教以大道也。"①（Slingerland 2003：225）

因此，这段话强调了适龄道德培养的重要性，以及那些看似微不足道但实际上对道德品格成长有重要影响的任务的价值。这也印证了《论语》1.2中所表达的观点，"本立而道生"的"本"（根）已立定，方能成道。正如《论语》1.2告诉我们的，开始阶段包括"孝弟"的修养，也包括19.12中阐明的"洒扫、应对、进退"等工作。虽然《论语》1.2规定了一个人必须在生命早期培养进而才能遵道的美德，但《论语》19.12使我们了解到在年轻的时候一系列具体的有助于培养这些美德和其他美德与道德情感的活动。在这里，《论语》反对将儿童和青少年的道德培养和日常生活活动截然割裂开。道德培养不是发生在课堂上，也不主要是由正式课程组成，而是融入儿童日常生活中持续不断的活动和互动中。我们发现，这个过程的理论维度（即对儿童必须发展的美德和道德情感的描述）和其实践或应用维度（即塑造儿童性格的特定活动）都

---

① 程树德撰，程俊英、蒋见元点校：《论语集释》（下），北京：中华书局，2013年版，第1513页。

在文本中讨论到了。

《论语》18.7讲述了孔子的弟子子路与一位可能是亲道家的隐士的一次相遇,他通过隐居和逃避官职似乎是拒斥了传统社会和文化的某些方面。尽管如此,这位老人请子路进家的时候,还是以合礼的方式把自己的两个儿子引见给子路了。子路后来注意到这些行为之间的对比:"长幼之节,不可废也;君臣之义,如之何其废之?"子路对这位隐士在长幼关系之间礼节的洞悉与对官职冷淡之间的对比感到困惑。这段话强调了长幼之间关系的重要性:尤其在孔子时代,以适当的方式将孩子介绍给客人;它还表明,即使是故意拒斥其他传统习俗的人,也遵守恰当抚养儿童的有关习俗。这表明,育儿行为即使在政治分歧中也得到了广泛的认同和重视。这也有助于阐明,对于孔子和他的学生来说,儒家之道构成了一种全面的生活方式。子路很难理解隐士如何在长幼关系上接受某些标准,却拒斥君臣关系的标准;这种混乱源于这样一个事实,即正确养育孩子的习俗对孔子的追随者很重要,对他们而言,这是儒家思想不可或缺的一部分。正如我们研究过的其他段落,这一段表明《论语》肯定了青少年道德培养的重要性。

《论语》中关于父母在子女童年和青年时期道德培养中的作用着墨甚少,但有一段话对孔子与他的儿子的关系进行了评论。在《论语》16.13中,陈亢(子禽)问孔子的儿子伯鱼,子亦有异闻乎?

对曰:"未也。尝独立,鲤趋而过庭,曰:'学《诗》乎?'对曰:'未也。''不学《诗》,无以言。'鲤退而学《诗》。他日,又

　　　　　　　　　家庭美德:儒家与西方关于儿童成长的观念

独立,鲤趋而过庭,曰:'学《礼》乎?'对曰:'未也。''不学《礼》,无以立。'鲤退而学《礼》。闻斯二者。"陈亢退而喜曰:"问一得三,闻《诗》,闻《礼》,又闻君子之远其子也。"

当代的解释者很容易将注意力集中在这段引文的最后一行,并根据我们自己的价值观和实践来阅读它。从这个角度看,《论语》16.13 似乎呈现出冷漠而疏离的父子关系的画面。这可能是我们判断关系的方式(所得出的结论),但生活在孔子文化和时代的人会如何看待它?注疏传统在此处是一个有用的资源。宋代注释家司马光(1019—1086)注道:"远者,非疏远之谓也,谓其进见有时,接遇有礼,不朝夕嘻嘻相亵狎也。"[①]

《论语》中还有其他提到"远"的段落支持司马光的解读。在《论语》6.22 中,樊迟问知,子曰:"务民之义,敬鬼神而远之,可谓知矣。""敬鬼神而远之"是什么意思呢?正如有些当代解释者倾向于给《论语》16.13 消极的释义一样,一些当代解释者主张,《论语》6.22 是说孔子在与传统的"宗教"信仰和实践保持距离[②]。然而,这种解读与《论语》中描述孔子遵守传统祭祀习俗的部分(例

---

① 参见 Slingerland 2003:198。

② 例如,理雅各(James Legge,1815—1897)认为孔子对樊迟的回应"可能使他怀疑神灵的存在,或者至少使他轻视他们的崇拜。……事实上,祭祀祖先和已故的伟人是一种可疑的礼,而且很容易被滥用,我很高兴认为孔子希望保护他的弟子和其他人免受迷信和其他可能导致的邪恶"。(Legge 1880:140–141)安乐哲引用这段话作为证据证明,在古典儒家思想中,"'宗教'的焦点是对通过家庭感情(孝)表达的对一个人的血统及其社区的连续性的崇敬,而不是对死者的任何'崇拜'"。(Ames 2009:265)安乐哲在此暗示,"敬鬼神而远之"意味着拒绝传统的祖先崇拜习俗。

如 10.8)相冲突,也无法解释为什么要给予"远之"的解释权重要多于"敬鬼神"。森舸澜指出,"'敬鬼神而远之'被大多数(注释家)理解为真诚地按照仪式(《论语》3.12)履行祭祀职责,而不是试图奉承鬼神或讨好他们(《论语》2.24)"。(Slingerland 2003:60)正如普鸣所言,在《论语》6.22 中,孔子"并没有声称鬼神不存在。事实上,他明确呼吁人们要敬畏他们"。(Puett 2002:97)

《论语》6.22 和 16.13 中的"远"(distancing)是指按照礼的规定保持适当的距离以体现孝道,这一观点有重要的证据支持。一般来说,父亲通过担当他作为老师、指导者和管教者的角色来与儿子保持距离。在特定的层面上,他(父亲)遵循礼所规定的适当行为。这种观点认真对待父母与子女之间的权力差异;好的父母不会因为表现得像是孩子的朋友而试图制造这种距离并不存在的错觉。同样,孩子们通过向父母表示尊重并遵循他们的指导来承认这种距离。与此相类似,为了表示尊重,人们与神灵保持距离,这种做法在孔子看来也是可取的,因为他不赞成为了达到自己的私欲而谄媚神灵。把保持适当的距离以表达尊重包括在内的行为模式是礼中规定了的。

我们现在明白,孔子对儿子的行为有多种理由可能会让我们觉得没有吸引力。首先,当我们说"与某人保持距离"时,它对于任何关系都不是一个积极的表达,更不用说与孩子的关系了。事实上,与儒家不同的是,我们很少用这个词来描述人际关系中的适当行为。此外,这些行为模式显然不符合西方当代自由主义的亲子关系观点,后者鼓励孩子和父母更多地表达情感与亲密。同

家庭美德:儒家与西方关于儿童成长的观念

样，今天许多福音派基督徒鼓励以开放的眼光看待自己与神的关系，在此背景下，一个人不会以敬畏或尊重的精神与神保持"距离"，而是与神建立一种亲近的友爱，特别是在耶稣（Jesus）身上。这里有一个重要的相似之处，它提醒我们，父母与孩子之间的关系在古代中国某种程度上类似于"宗教"关系。

考虑到早期中国的"宗教"背景——孝是祭祀祖先魂灵的礼的一部分，对死者和生者都同样负有孝道的义务——这可以帮助我们更好地理解《论语》中的这些引文。我认为，对这段话最合理的解读并不是将其视作是对冷漠、疏忽和疏远儿子的父亲的尊重，而是对体现孝道的适当的距离的描述。我们有充分的理由论断，在古代中国和整个人类历史的大部分时间，包括我们自己的文化中，直到最近都缺乏父亲的参与——这包括父子之间缺乏亲近。但是，我们应该将规范性任务与历史性地描述和理解儒家实践的总体目标和意图的任务区分开来。同样重要的是，要避免假定某个特定的做法或短语在中国古代与我们的含义相同；"远其子"在古代中国的意义与今天对父母的意义不同。此外，我们可能会发现即使我们同意儒家观念的某些方面，但我们不同意他们在具体实践中应用这些观念。

《孟子》

《孟子》中也有多处涉及社会中的青年人及其道德教育和修养。《孟子》3A4.8 中提到的"五伦"（five relationships）中的第一伦便是亲子关系，即孟子所谓的"父子有亲"。这里有几件事特别值得注意。首先，我们没有任何理由认为孟子提到的"孩子"或"儿子"是对成人亲子关系的排他性引用。相反，正如我们将要看到的，孟子明确地说，婴儿自然会用爱来回应父母。其次，这段话描述了恰当的亲子关系的特征，在评论这种关系应该以爱为**特征**（Character）的事实时，孟子展现出一种意识，即孩子们受到他们与父母的独特关系的强有力的塑造。在这段话中，孟子还通过描述足以定义最重要的关系的特征来说明最基本的人际关系的特征。这一点很重要，因为它表明这段话至少可以合理地解释为与儿童的道德培养有关。

通过这样的解读，我们理解到，对孟子来说，道德培养不是简单的学礼或掌握孝道；道德培养在一定程度上是父母与孩子对彼此感情的自然结果。孩子的性格不仅受到父母教给他的东西的深刻塑造，还受到他们日常互动过程中发展起来的关系的影响，尤其是定义这种关系的爱和感情。这种观点与孟子对人性的讨论以及他对家庭和社区关系在道德培养进程中的重要作用的论述是一致的。

孟子还提到了非常年幼的儿童以及他们受到与父母有爱的关系所塑造的方式。《孟子》7A15 说："孩提之童，无不知爱其亲者；及其长也，无不知敬其兄也。亲亲，仁也；敬长，义也。无他，达之天下也。"在这段话中，孟子表明道德培养既包括婴儿将自发的情感回应推扩至父母亲，也包括随着他们的成长将自发的尊重推扩至兄长。更重要的是，孟子声称，推扩这些基本的道德意欲（moral impulses）是构成仁等成熟的道德情感的核心。这段话很清楚地说明了孟子看待早期道德教育的重要性;他并不认为成熟的道德情感是在与人类最早的道德意欲分开的(和较晚的)阶段独立发展起来的。相反,我们成熟的道德情感的核心最先是在家庭环境中萌芽的,即在我们最初表现在与父母和兄弟姐妹有关的道德意欲中。

我们再一次看到,对于孟子来说,童年期的道德教育很大程度上是被我们与父母和兄弟姐妹的关系塑造的方式所定义的,他将这一主张与他的人性论联系起来,并告诉我们这些关系源于我们的自然倾向。孟子的这段引文从讨论婴儿开始,我们可以合理地推断出他认为道德发展的过程始于童年早期。他并不是说我们的自然道德倾向在修养进程开始前几年维持不变;的确,如果孟子持这样的立场,人们会期望他就此展开讨论,尤其是因为这样的观点与他关于我们初期道德倾向发展的农业比喻是相矛盾的。今夫麰麦,播种而耰之,"浡然而生"(《孟子》6A7)——这表明道德发展开始于孩子生命的最初阶段。

孟子还讨论了青年人的道德教育。《孟子》6A7 说:"富岁,子弟多赖;凶岁,子弟多暴,非天之降才尔殊也,其所以陷溺其心者然也。"孟子在此处描述了一个年轻人所处的环境在塑造他的性格和培养或损害他的自然道德倾向方面的关键作用。我们应该注意到,在这段引文中,孟子明确地指的是由于环境的影响而业已变得温和或残忍的**青年人**(young men)。根据这段话,道德发展的过程——特别是内在道德倾向的修养或破坏——已经发生在年轻人身上。显然,孟子不是在讨论成年期的道德培养;此外,他强调道德发展过程在生命中开始得**多么早**,以及我们的自然道德倾向可以**多么快地**得到显而易见的蓬勃发展或受到无法修复的破坏。这种观点与迄今为止我们在孟子著作中所看到的是高度一致的。

孟子在一些地方对更早阶段的道德教育与修养提出了更细致的建议。在《孟子》7A24 中,他强调学生按恰当的顺序完成训练的重要性,这与我们在《论语》中所看到的若合符节,其中提到学生在学习更具挑战性的任务之前应该掌握一些前提技能。孟子还指出了一个人除了父母之外还需要有老师的重要性。当被问到"君子之不教子,何也?"时,孟子答曰:

> 教者必以正;以正不行,继之以怒;继之以怒,则反夷矣。"夫子教我以正,夫子未出于正也。"则是父子相夷也。(《孟子》4A18)

孟子说这种情况导致父母和孩子彼此疏远。他意识到应该小心避免不必要地刺激或破坏亲子关系,并且他明白孩子们学会与父母以外的成年人建立健康的关系很重要。这段引文的另一个维度是孟子对孩子学会接受他人批评的重要性的强调,这对修身至关重要。这些都是重要的洞见;儿童确实受益于与父母以外的成年人互动并向他们学习的机会,而且正如他所指出的,儿童通常不太可能以挑战自己父母的方式去质疑其他不太熟悉的成年人。儿童与父母一起挑战或"挑战极限"的倾向——甚至非常

家庭美德:儒家与西方关于儿童成长的观念

年幼的孩子——部分源于他们对亲子关系的信心以及他们对父母的舒适度和熟悉度。

孟子在许多其他章节中强调了一个人所处的道德环境及其影响——就像他所处环境的其他方面一样——在他的（道德）成长中发挥的关键作用。《孟子》7A36 记述了这样一个情景，孟子观察齐王之子后说："居移气，养移体，大哉居乎！夫非尽人之子与？"又说："王子宫室、车马、衣服多与人同，而王子若彼者，其居使之然也；况居天下之广居者乎？"孟子在这里区分了道德教育与身体的滋养或物质的享受的不同，并指出他观察到王子道德品格的不同是由于他的道德环境所致，而非他的财富和特权。"夫非尽人之子与？"孟子的这句评论提醒我们，父母深刻地塑造了我们的性格，在创造我们的环境方面起着最关键的作用——这不仅包括我们的身体需求，还包括我们接受的道德教育。事实上，最后一句"居天下之广居者"，是品格卓越的比喻，《孟子》3B2 中对这个比喻进行了详细阐述：

> 居天下之广居，立天下之正位，行天下之大道。得志与民由之，不得志独行其道。富贵不能淫，贫贱不能移，威武不能屈。此之谓大丈夫。[1]

我们可以从这段引文中看出，孟子不仅关注道德培养，而且

---

[1] Legge 1970a：265。

关注一个有道德修养的统治者对社会的影响。《孟子》4A20 说：
"君仁莫不仁，君义莫不义，君正莫不正。一正君而国定矣。"此
处，我们再次看到早期儒家思想中道德培养与政治哲学之间紧密
的联系。最重要的是，所有这些章节都有助于表明孟子肯定了童
年早期道德培养的重要性，即使他没有系统地说明童年早期道德
培养所涉及的内容。

《荀子》

鉴于孔子和孟子都讨论了早期道德培养的重要性，荀子同样
谈到这个话题也就不足为奇了。这三位思想家都是修身主义者，
因此对道德发展有着共同的兴趣。正如孟子的农耕比喻表明他
对早期道德培养的重视一样，荀子所讨论的某些特征表明了他思
想中早期培养的重要性。荀子在第二篇中说：

> 端悫顺弟，则可谓善少者矣；加好学逊敏焉，则有钧无
> 上，可以为君子者矣。偷儒惮事，无廉耻而嗜乎饮食，则可谓
> 恶少者矣；加惕悍而不顺，险贼而不弟焉，则可谓不详少者
> 矣，虽陷刑戮可也。（《荀子》2/8/7 - 9：14 - 15）

我们可以合理地论定，荀子在这段引文中称为"少"的人，在其
生命的这个阶段，他们的人生应该已经接受了相当多的道德教育
和培养，因为荀子认为，若是没有相当的修养和性格重塑，一个人不
可能做到勤劳、顺服、尊老。既然他在这里认为确实有"善少"——虽

家庭美德：儒家与西方关于儿童成长的观念

然他们还很年轻，但他们的道德培养已经颇有气象了——荀子一定是把儿童的早期道德教育看得很重要，也很严格。荀子所说的"善少"和"恶少"，与他描述人性的语言是一样的：人是通过全面的修养才能变善，而我们未经修养的本性则为恶。这段话的最后一行进一步表明，一个人"少"时若是没有经过深入的道德培养，康复（rehabilitation）①的希望就很小或是没有，因为荀子认为这样的人可能会被处以死刑。考虑到荀子所说的这些"不祥少者"的说法，不妨回想一下《论语》1.2 中所说的孝子是"不好犯上作乱"的说法。相比之下，荀子的"不祥少者"从事的活动（包括对长辈的恶意不敬）表明他们的未来无法挽救。这段话表明荀子认为儿童在最早期的道德培养是绝对关键的，因为如果年幼的儿童没有进行适当的修养，他们年轻时的性格重塑的希望则很小。

《荀子》中的其他章节明确指出，年轻人必须早日学习才能在修身的道路上取得成功。在这些章节中，荀子引用了孔子的话，这表明在荀子时代，孔子被认为是重视早期道德教育的："幼不能强学，老无以教之，吾耻之。"（《荀子》28/140/11：322）这段话强调了孩提时代勤奋学习和自律与成年后为社会作贡献能力之间的联系。在相关的一段中，引用孔子的话说，君子会自我反思，如果他年轻而不学习，那么他老了就没有能力。"是故君子少思长，则学"。（《荀子》30/144/22－23）这段话再次强调荀子的修身之

---

① 此处"康复"在荀子的人性论语境中指的是，人性由恶变善。作者采用的是康复论（rehabilitationism）的术语，原意是指罪犯经过一系列纠正，人性得以恢复，重新回到正常社会。

道需及早开始。那些将成为君子之人，在他们年轻的时候便会预见并反思他们年轻时行为的后果，明白他们成年后的生活会受到他们眼下选择的影响。此外，他们从很小的时候就理解并遵守年龄之间的区别以及与年龄相符的角色，例如学习和指导。

的确，荀子在很多地方讨论了"长""幼"的恰当秩序，这些段落有助于表明荀子认为年轻人的道德培养是重要的。他援引先王制礼义以分之（《荀子》4/17/1），并相应地修饰长幼，以使得他们之间的区别能够清晰可见。（《荀子》12/60/5）"分亲疏，序长幼，此先王之道也。"（《荀子》24/119/12：260）他考虑了君臣上下，贵贱长幼，至于庶人的区别（《荀子》11/54/12），并指出君子会仔细领会所有这些区别。（《荀子》19/90/10）荀子指出，长幼之间的关系是有原则或规律的（《荀子》22/110/14），他还把长幼的适当顺序与正义的标准联系起来。荀子认为，君臣上下，贵贱长少，至于庶人，莫不为义，则天下孰不欲合义矣。（《荀子》16/76/18）"礼乐则修，分义则明，举错则时，爱利则形"，荀子说，然后一个统治者被人们"亲之如父母，畏之如神明"。（《荀子》16/75/13 - 14）荀子还强调了"幼而不肯事长"的问题。（《荀子》5/18/7）并说，当人们追求无节制的欲望时，这是他们作为人类缺乏修养的天性的一部分，"少陵长"，以及其他灾难。（《荀子》10/42/18）

这些关于长幼适当秩序的章节根据荀子的说法很有趣："干、越、夷、貉之子，生而同声，长而异俗，教使之然也。"（《荀子》1/1/8：1）荀子清楚地知道，孩子从出生就需要道德培养，并在这个过程中被深刻地塑造。当荀子斥责年轻人羞辱长辈或不愿侍奉他

家庭美德：儒家与西方关于儿童成长的观念

们时,显然他认为他们应该已经学会了对长辈表现出应有的尊重。荀子并不是说青年人还没有经历过修养的过程,或者说他们还太年幼,因此不懂长幼之分。相反,他给出了多个关于长幼之间恰当秩序的例子,好让彼此都能够理解领会。尽管这些章节没有明确地描述教育和培养年轻人的过程,但由于荀子不相信人会自然而然地以正确的方式行事,因此对年轻人进行道德培养的想法是隐含在内的①。

早期儒学论童年早期的独特性

早期儒学是否认可童年——尤其是其最初阶段——在道德培养过程中的独特作用,这一问题尤为重要。因为即使经典儒家文本中提到了儿童和青年及其修养,但这并不一定意味着早期儒学认为最早的发展阶段在一个人的道德形成过程中具有**独特和不可替代**(unique and irreplaceable)的重要性。这里的问题不在于修养的难易;相反,道德培养某些形式的可能性和多个方面都岌岌可危。捍卫童年早期道德教育的独特和不可替代作用的人可能会争辩说,成年人有可能减轻和管控由于童年缺乏某些学习经历而导致的许多问题,同时仍然认为这些经历永远不会被取代,因此,成年人解决这些问题的过程以及尝试的结果将在很大程度上不同于童年时实实在在有过这些训练的人处理问题的方式。

在考察早期儒学对这个问题的看法时,我重点分析了《诗经》

---

① 非常感谢何艾克指出了这一点。

（*Book of Odes*）中的一些诗句，这些诗歌可以追溯到公元前 1000
年到公元前 600 年之间；《礼记》（*Book of Rites*），这部编纂于汉
代（前 206—220）①的典籍全面记载了战国（前 403—前 221）和汉
初的礼制；以及公元前 4 世纪后期的文本——《国语》（*Discourse
on the States*）。我还收录了另外两部汉代的经典作品——《列
女传》（*Collected Biographies of Women*）和《大戴礼记·保傅》
（*Protecting and Tutoring*）中的一些章节，我认为这些内容对于理
解早期儒家对童年道德培养的看法具有重要意义。和上一章一样，
通过考察这些"早期儒家思想"的代表性文本和思想家，当然，我并
不是说他们代表了一个单一的、统一的伦理观，相反，就像他们论
述的许多其他方面一样，我认为他们对童年期道德培养的理解有
助于表明他们认同相同的家族伦理观念（family of ethical views）。

《礼记》

《礼记》是在礼方面帮助我们定义早期儒家文化最重要的资
源之一。就像其他关于礼的文本，如《仪礼》（*Book of Etiquette
and Ritual*）或《论语·乡党篇》所依据的礼文一样，它由一系列
指令和轶事组成，提供有关礼节表现的具体细节，而这些同样是
《论语》和《荀子》等文本的核心内容。早期儒家与礼有关的文本
涵盖了极其多样化的领域，包括构成中国古代生活一部分的涵盖

---

① 柯爱莲教授在本书中所采用的汉代元年是以《史记·高祖本纪》《汉书·高帝纪》
　刘邦称汉王起为准，即公元前 206 年。另有一说，汉代元年为公元前 202 年，这是
　以刘邦称帝作标准。——译者注

面广泛的经验，以及对于早期儒家而言，赋予这些经验以意义的特殊实践。在《礼记》中详述的礼中，有一些作为养育孩子一部分的具体实践方法。第十章——因涉及指导家庭内部行为的礼而名为"内则"（*Inner Pattern*；*The Pattern of the Family*）——对儿童的道德培养提供了明确而详细的说明。它阐述了与分娩有关的儒家礼节，以及儿童生命中最初的几天、几个月和几年，包括对儿童成长过程中的教育和期望。它甚至指定了不同的年龄和他们各自的教育目标。

与《礼记》中的大部分内容一样，有关孩子出生的一系列实践是国家统治者及其家庭所遵循的礼。《内则》对婴儿（太子）的第一个照护人作了如下规定："异为孺子室于宫中，择于诸母与可者，必求其宽裕慈惠、温良恭敬、慎而寡言者，使为子师。"（《礼记》10：472－473）①值得注意的是，这段引文明确指出太子的第一位老师是一位女性。老师们很受尊敬，虽然她是宫内的老师［正如高彦颐（Dorothy Y. Ko）所指出的］，但这仍然值得注意。许多其他的事情也是颇有趣的。首先，选定老师是因为她的美德（而不是她的经验、身体素质、教育背景或智力），这表明重点在于她将对皇子发挥的道德影响和她将负责的道德教育。此外，更重要的是，《内则》的文本表明，指定老师应在儿童还是新生儿时，即在三个月末传统剪发和取名仪式之前。这表明核心关切是：老师在儿童生命的最初几周会产生的道德影响。最后，储君遵循这种

---

① 《礼记》的所有译文均出自 Legge 1885（除非另有说明），卷数（有时是章句）后跟页码。

做法很重要,因为它特别关注从(国君)生命最初几个月开始培养成为有德的统治者。正如我们在前一章中所看到的,早期儒家相信,由于他们的美德,明君因其德行会对人民产生非同寻常的影响。这表明,统治者的美德可以从他们生命的一开始就被培养,而这个过程部分是通过有德的照护人而发生的。

正如我们将要看到的,《礼记》并不是唯一一部证明在儿童和婴儿时,照护人就对他们有直接的道德影响的早期儒家文本。

《保傅》

汉代早期的古典学家、哲学家和诗人贾谊(前 200—前 168)题为《保傅》的文本出自《汉书》(*History of the Han*)第 48 章,它更加详细地阐述了对童年早期道德培养的关注。贾谊开篇就问,为什么三代的统治者"何殷周有道之长,而秦无道之暴?"他接着写道,"古之王者,太子乃生,固举之礼,使士负之",并详细说明了这些礼的例子。(《保傅》,11)这段引文肯定了礼在儿童道德培养中的重要性,此外,储君从婴儿时期即开始的道德培养也被视为这些朝代在道德和政治上取得成功的原因。需要说明的是:未来的国君在幼年时期的道德培养不是该文本对他后来执政成功的诸多解释之一,而是唯一的解释(the explanation)。贾谊将太子**从出生之日起**就依礼养大的做法,作为统治者展现"有道之长"的关键因素。这种说法清楚地表明这样的信念,婴儿从出生开始就可以在道德上得到培养,而这种早期的培养——不仅仅是贯穿一生的道德培养——也被视为统治者德行和成功的原因,这一事

　　　　　家庭美德:儒家与西方关于儿童成长的观念

实有助于表明贾谊将童年早期视为独特的、不可替代的道德培养的机会。

《保傅》接着给出了具体的传记来说明这个过程："昔者，周成王幼，在襁褓之中……保，保其身体；傅，傅其德义；师，导之教顺。"（《保傅》，12）由于早年的教诲，"故孩提固明"，因为他的老师们（三公三少）"孝仁礼义以导习之也。逐去邪人，不使见恶行。于是比选天下端士孝悌闲博有道术者，以辅翼之，使之与太子居处出入"。这些人与太子住在一起，是他的长期照护人，因此，"故太子乃目见正事，闻正言，行正道，左视右视，前后皆正人"。

文本总结道："夫习与正人居，不能不正也；犹生长于楚，不能不楚言也"。（《保傅》，12）这样的思考进路让人想起《孟子》和《荀子》中的说法。正如此前所见，荀子说："汉干、越、夷、貉之子，生而同声，长而异俗，教使之然也。"《孟子》3B6 提出了类似的主张，更明确地将语言习得与道德培养联系起来：

> 孟子谓戴不胜曰："子欲子之王之善与？我明告子。有楚大夫于此，欲其子之齐语也，则使齐人傅诸？使楚人傅诸？"
>
> 曰："使齐人傅之。"
>
> 曰："一齐人傅之，众楚人咻之，虽日挞而求其齐也，不可得矣；引而置之庄岳之间数年，虽日挞而求其楚，亦不可得矣。子谓薛居州，善士也。使之居于王所。在于王所者，长幼卑尊，皆薛居州也，王谁与为不善？在王所者，长幼卑尊，皆非薛居州也，王谁与为善？一薛居州，独如宋王何？"

所有这些引文都强调了一个人所处的环境对道德培养的重要性,并引用了语言习得的类比。这点并非微不足道,因为早期儒家在这里展现了他们认为童年期是道德培养和语言习得的独特机会的认识。当然,我们现在知道这是正确的。随着年龄的增长,习得第二语言要困难得多,该点证据甚至表明,如果我们不在关键的年龄排练某些音素,我们将来很可能失去正确发出这些声音的能力。此外,如果一个人年轻时没有被教授任何人类语言,就很难精通任何一种语言。因此,这里存在复杂、平行的发展过程①。

　　贾谊还解释了为什么童年早期是一个独特的道德培养时机,他写道:"天子之善在于早谕教与选左右;心未疑而先教谕,则化易成也。"(《保傅》,15)贾谊在这里表示,在儿童的头脑被其他想法、信息和经验"疑"之前,学习对他来说更容易。贾谊提供的详细分析尤其引人注目。在《重思早期中国思想史中的童年和青年》(*Representations of Childhood and Youth in Early China*)中,司马安写道:"汉代(前206—220年)②的中国思想家是第一批在哲学讨论、历史写作和教育理论中广泛关注童年的。"(Kinney 2004:9)司马安认为荀子的作品影响了研究童年的汉代思想家,这在超出皇室而涵盖所有家庭儿童的讨论中尤为明显。这种兴趣在汉代:

---

① 关于语言习得和道德发展之间的类比,以及这种类比如何具有指导意义,还有很多要说。关于语言习得的经验主义观点如何说明荀子对道德教育的论述,参见 Ivanhoe 2000a:34。

② 司马安在其著作中所采用的汉代元年与柯爱莲教授相同。——译者注

　　　　　　　家庭美德:儒家与西方关于儿童成长的观念

是荀子认为儿童来到这个世界便带有许多需要通过教育发展的潜能的理论被广泛接受的产物(fl.298 – 238 B.C.)。汉代之前的唯心主义儒家在理论上更进一步,他们认为一旦教育被普及,广大人民将被带入一个和平与高度文明的时代。(Kinney 2004:10)

我们在此处可以看到古典儒学对人性的理解对于后来道德培养的论述影响有多深,而这也被视为一个繁荣社会的关键。齐思敏(Mark Csikszentmihalyi)指出儒家对道德教育和修养的重视随着时间的推移而增长:"汉代许多关于修身的著作不同于战国时期的先贤对教育的强调胜过对人性本源的沉思。"(Csikszentmihalyi 2006:1)尽管人性这一范畴仍然很重要,"对于许多作家来说,讨论的重点从先天转向后天,特别是教育和教学在塑造道德行为和培养优秀统治者方面的关键作用"。正如齐思敏指出的那样,在汉代,许多最有影响力的哲学家的关注重点都从理论转向了实践。这似乎意味着他们在很大程度上接受了某些理论假设并转向实践应用这些理论,而不是继续辩论作为他们实践基础的理论。正如我们稍后将在本书中看到的那样,这标志着它与西方哲学史之间的一个有趣的不同点。

《国语》和"胎教"

正如司马安所观察到的那样,"对一个人究竟何时开始养成习惯性好或坏的行为的探寻,自然而然地引导思想家们越来越远

地追溯到童年，并以此作为道德教育的适当起点"。（Kinney
2004：9）但司马安还指出，认为道德教育需要从童年早期开始的
主张在汉代之前就已被提出。现在能够找到的最早提及专注于
王公贵族童年早期教育计划的文本是公元前 4 世纪后期的《国
语》。的确，这部文本特别耐人寻味之处，不仅是它写作年代之早
以及强调童年早期道德培养的事实，而且它似乎是最早主张道德
培养始于胎教（prenatal cultivation）的儒家经典文本①。正如我
们将在本节中看到的，其他儒家思想家对这种实践的理解相当
广泛。

在《国语》中，我们找到了一个关于通过老师的指导培养储君
美德的对话，这在许多方面类似于我们在贾谊的作品中所研究的
内容。然而，《国语》接着说，文王的美德"非专教诲之力也"，也因
为"昔者大任娠文王不变，少溲于豕牢，而得文王不加疾焉。文王
在母不忧，在傅弗勤，处师弗烦，事王不怒"。（《国语》1988：386 -
387）②《诗经》也颂扬文王的母亲太任，称她"惟德之行"和"昭事
天主，聿怀多福"。（《诗经》236，240；Legge 1970b）《诗经》还提
到"太任有身，生此文王"，并继续描述他是一位多么杰出的统治
者。（《诗经》236）《列女传》对太任的性格进行了最详尽的描述，
形容她"端一诚庄"。最重要的是，与《国语》一样，太任怀孕时进

① 这个词直译为"胎育"（prenatal education）或"怀胎指导"（fetal instruction），但在
　本书中，我将其称为"胎教"，因为这样更准确地抓住了这个词的意思。我稍后讨
　论的段落描述了作为胎教一部分的活动，表明胎教不包括"指导"胎儿。教的内涵
　不仅包括字面意义上的"教"和"导"，还包括"培养"。
② 参见《国语·晋语》4, sec.24。另见 Kinney 2004：10 - 11。

　　　　　　　　　　　　家庭美德：儒家与西方关于儿童成长的观念

行了胎教:"及其有娠,目不视恶色,耳不听淫声,口不出敖言,能以胎教。"文中还解释说,在古代,孕妇的胎教方法是多种多样的:

> 古者妇人妊子,寝不侧,坐不边,立不跸,不食邪味,割不正不食,席不正不坐,目不视于邪色,耳不听于淫声。夜则令瞽诵诗,道正事。如此,则生子形容端正,才德必过人矣。故妊子之时,必慎所感。感于善则善,感于恶则恶。人生而肖万物者,皆其母感于物,故形音肖之。文王母可谓知肖化矣。(《列女传》1.6:7)[1]

文王母亲的故事最引人注目的是,它强调了太任在怀孕期间的行为对文王成为什么样的人所起的作用。因此,它引入了道德培养不是从出生开始,而是在怀孕期间即已开始的观点。胎教旨在尽早影响儿童的道德发展。怀孕的母亲被建议谨慎注意她们所看到的、所吃的、所听到的和所说的一切,并确保她们的举止是合礼的。司马安写道,这些指示通常基于"肖化"的原则,即影响孕妇的同时也影响胎儿的原则。(Kinney 1995:27)

我们已经遇到过这样的想法,即童年早期会受到他们所接触的事物的影响,更具体地说,他们会与那些事物变得相似。例如,贾谊所说的太子应当"目见正事,闻正言,行正道"就是这种观点下的一个例子。我们在《国语》和《列女传》中发现的关于文王母

---

[1]《列女传》的所有译文均参照 Kinney 2014,包括章、篇和页码。

亲的说法将此想法更进一步,并将其应用于孕期(道德教育)。刘向在《列女传》中解释说,如果孕妇受到善事的感动或受到善事的影响,会对她的孩子产生积极的影响,并且相信同样的基本原则也适用于坏事。

根据司马安的说法,我们在汉代找到了"传播和接受广泛的童年早期道德教育理论"的明确证据,包括培养胎儿,并且汉初三位最著名的儒家——贾谊、董仲舒和刘向——都主张尽早开始道德培养。(Kinney 2004:11)[①]贾谊和刘向也谈到了胎教,司马安写道,这些教育理论"随着汉代罢黜百家以及儒家思想的影响逐渐被接受"。(Kinney 2004:11)关于这个主题的文献逐渐增多。公元前 2 世纪早期的马王堆手稿中发现的妇女"养胎"手册提供了胎儿成长和养育的逐月指导,并针对怀孕母亲的所吃、所行、所见、所说和所感给出禁令与建议。(Wilms 2005:276)[②]碧悦华(Sabine Wilms)写道,这些指示显然旨在培养不仅身体健康而且情感和道德品行也良好的后代。尽管马王堆手稿和后来的一些关于这个主题的文本都集中在更多关于身体的变化(physical transformation),碧悦华强调,这些文本:

> 不仅用于具体的治疗目的,而且具有更大的社会的、宇

---

① 董仲舒的观点见《汉书》56。贾谊在《新书》("胎教杂事")中提到了胎教,而他在《汉书》(我们一直在研究)中的著作则强调幼儿教育。刘向的观点见于《列女传》,我将在下一节讨论。
② 马王堆的一篇关于胎儿发育和分娩的帛书被称为《胎产书》。本书的翻译参见 Harper 1998:372-384。

　　　　　　家庭美德:儒家与西方关于儿童成长的观念

宙论的和哲学的影响。这些文本……将宇宙生成和胎儿发育的哲学与宗教论述和妊娠与分娩药物治疗的文学传统以及怀孕期间母亲的行为和饮食禁忌结合了起来。（Wilms 2005：278）

因此，伴随着对身体健康的关注，培养良好品德的兴趣继续出现在概述胎儿适当养育和培养的文本中。

尽管早期儒家典籍中关于母亲的经历和所处的环境对胎儿影响的一些主张在今天可能会让我们觉得难以置信或过于简单化——例如，如果母亲受到善事的影响，孩子就会变善，如果她受到恶行的影响，孩子就会变恶——这种观点的某些方面我们应该努力去理解。例如，虽然我们知道胎儿不会受到母亲听到的低沉声音的影响。但就像胎儿可以理解和受母亲听到的事情影响一样，果真如此，如果母亲处于压力之下，胎儿的健康就会受到影响，因此在怀孕期间会间接受到母亲身处的环境一部分的人和事物的影响，包括她所听到和看到的。更重要的是，我们知道人们听某些音乐或观看某些场景或多或少会感觉到放松、自信和振奋。这些可以产生广泛的影响。一个乐观、充满活力和快乐的人更有可能在怀孕期间和之后的任何成长阶段思考和做对孩子有益的事情。

孩子一旦出生来到世间，父母提供的榜样，甚至他们的面部表情，都会以多种方式影响到他。父母的行为和决定受他们的思维模式指导，而这在一定程度上受到他们所处环境的影响。此外，我们当然知道，一旦怀孕，准妈妈就应该改变她的生活、健康习惯，以便为她的孩子做好最好的准备；孩子出生后的成长和行为常常受到准父母在这方面决定的巨大影响。因此，父母的责任始于产前时期的观念——可以显著影响孩子将成为什么样的人的责任，我们可以合理地称之为"道德责任"（moral responsibilities）——今天我们知道这是准确的，尽管我们的理由主要是基于科学证据①。我们也明白，正如早期儒家所说的那样，这不是一个简单的因果关系。尽管这些确实是相互关联的，但它们并非简单的联系，通常也不那么直接。

然而，怀孕与母亲的修身之间确实存在明确而直接的联系。正如我们稍后将在本书中看到的那样，反思身处的环境对未出生婴儿的影响方式的准妈妈更有可能进行修身，这正是因为她们相信自己的孩子会因此而受益，而且她们也更有可能成功变化气质②。因此，胎教的过程不仅仅对成长中的孩子有益；它还能够以重要的方式促进母亲的道德培养过程。这对于一个认可家庭与创造美好社会之间存在联系的社会来说尤为重要，因为这不仅必须支持童年早期道德培养，而且还要支持成年人持续不断的道德培养，以及产前期是父母道德培养的独特机会。虽然提倡胎教

---

① 关于产前时期对儿童成长的独特重要性的证据将在后面的章节中讨论。
② 根据生态理论，人们在经历重大角色转变时更有可能改变自己的行为，称为生态转变。第一次做母亲的人比有第二个或第三个孩子的女性更有可能改变自己的行为，而产前时期以及生命头两年是新父母最重要的过渡时期。生态理论有助于解释为什么父母的行为对成长中的孩子产生最可能改变的影响，因为它基于潜在的人类必须改变他们的态度和行为以及有助于促进成功改变的条件和过程的证据。见本书第五章的进一步讨论。

家庭美德：儒家与西方关于儿童成长的观念

的早期儒家可能没有意识到这一点，但这与他们对道德培养过程的兴趣和重视，以及道德心理学和两者之间的关系肯定是一致的。

《列女传》

早期儒家典籍中对胎教的关注突出了怀孕的经历——这是女性独有的经历。文王母亲的故事等也肯定了女性在怀孕后抚养孩子的独特作用。事实上，刘向编纂的《列女传》不仅是中国现存的第一部专门关注女性的著作，也是世界上第一部此类著作。它告诉我们很多母亲在童年早期教育中所扮演的重要角色[1]。该文献收录了 125 部早期中国女性的传记，特别详细地描述了这些女性的美德和恶习，其中最古老的故事描述了据称生活在公元前 8 世纪的妇女的生活，而最近的故事则是关于汉代妇女的；有许多故事则是发生在这两个年代之间。

由于这些传记详述了塑造女性一生经历的广泛角色和关系，因此该文本是早期儒家关于女性在子女道德培养中的角色的观点的重要出处。司马安写道，该文本对早期儒家道德教育的论述尤其具有启发性，因为它在"童年早期道德训练的一些零散评论中提出了一些方法"，同时也肯定了母亲在子女道德教育中的变革作用。（Kinney 2004：20－21）正如我们将看到的，《列女传》特别值得注意的方面包括它对母亲们和她们的孩子在怀孕期间

---

[1] 有关《列女传》的翻译，参见 Kinney 2014。关于《列女传》的文本历史、作者和解释，另见 Raphals 1998：87－138。正如瑞丽所指出的，有相当一部分《列女传》智德的故事得到了汉以前文本的证实。

和整个生命历程中发展的关系的论述,对母亲在对孩子的道德培养中使用的方法的刻画,并认可了儿童生命初期是道德培养的独特和关键时期的观点。像贾谊一样,"刘向认识到道德发展是一个缓慢而渐进的过程,在坏习惯和不好的行为变得根深蒂固之前改变孩子的可塑性要容易得多"。(Kinney 2004:25)

第一章"母仪"对童年早期道德培养的过程作出了许多重要的评论,瑞丽(Lisa Raphals)指出这一章"明确地将童年早期作为道德发展的开端,并明确地认识到女性的重要性"。(Raphals 1998:22)该章对儒家传统产生了持久的影响。瑞丽指出,它"在后期被广泛引用,作为母亲对儿子进行有效教育的范例;尤其朱熹(1130—1200)在他的《小学》(*Instructions for Learning*)中对此广泛引用,包括对胎教的强调"。(Raphals 1998:22)一个明确强调孩子道德培养的例子是契的故事,他成长为圣王舜时期的司徒,同时也是商朝开国之君成汤的始祖。我们从书中知道,随着契的长大,他的母亲简狄"及契长,而教之理顺之序。契之性聪明而仁,能育其教,卒致其名"。(《列女传》1.3:4)其母"敦仁励翼……教以事理,推恩有德,契为帝辅,盖母有力"。(《列女传》1.3:5)此处文字直白地勾勒出契母的品德,以及她如何依礼教子、以礼相待,既仁慈又不失稳重。一位典范母亲和照护人所需的品质在文本对她的描述中可以清楚地了解到。此外,契的成功也归功于母亲对他进行良好的道德教育,类似于贾谊将三代的成功归因于太子从小受到的关怀和道德培养。当然,重要的区别在于契的母亲被认为是他早期道德培养和教养的功臣。

《列女传》甚至指出,在某些情况下,只有孩子的母亲才能培养儿子的卓越品格。著名的夏朝开国圣王禹之妻涂山的故事就是一个例子。这本文献告诉我们,涂山独自抚养儿子启,而她的丈夫则在治理洪水:"涂山独明教训,而致其化焉。"(《列女传》1.4:5)①文本强调:"禹往敷土,启呱呱泣,母独论序,教训以善,卒继其父。"(《列女传》1.4:5-6)在这里,我们再次发现早期儒家的美德或德的观念在实践中所起的作用,因为文本指出启是受母亲的美德感化;不仅是她的教诲,更是她的美德,成就了她儿子早期的道德培养。

　　被尊为"文母"的武王母亲太姒的故事指出,她"仁而明道"。她"教诲十子,自少及长,未尝见邪僻之事"。(《列女传》1.6:7)因为几个原因让我们发现这段文字特别有趣。首先,它强调太姒防止她的儿子接触有害影响,正如我们所看到的,这是早期儒学文本中讨论早期道德培养时一贯关注的问题。其次,文本明确指出,从她儿子生命初期一直到他们成年,她都保护和指导了他们,并指出道德培养在孩子的整个成长过程中持续进行的必要性。这是刘向在《列女传》中强调的内容。司马安写道,虽然我们在文本中发现了一些关于道德教育的共同观念和术语,包括"教化"(to teach and transform)和"化训"(to transform and instruct),但"渐化"(gradual transformation)的观念尤为突出,因为刘向是第一个明确将这一观念与儿童道德培养联系起来的思想家。(Kinney

---

① 大禹治水的传说出现在许多早期儒家文献中,包括《孟子》(3A4;3B9)。

2004：22－23）"渐化"是指德性是通过缓慢而稳定的、循序渐进的道德培养过程而形成的,在《列女传》中,这种观念体现在家庭的价值观和行为方式逐渐渗透给孩子的方式上。我们已经在文母(太姒)对儿子持续不断教导的实践中看到了这种想法。司马安指出,"渐化"也在孟子母亲的故事中得到体现,刘向称赞她理解"善以渐化"。(Kinney 2004：23)

孟子的母亲和她在孟子童年时期对儿子非凡奉献的故事是该本文献中最广为人知的故事。的确,在中日两国都流传着一个成语,提醒着父母为孩子的幸福作出牺牲的重要性——"孟母三迁"。值得注意的是,虽然孟母三迁的故事尤为人知,但《列女传》中还记述了她对孟子的道德教育和影响,无论是在孟子的童年期还是业已成人。不仅这个故事,而且从孟子母亲对其终身影响的故事中,我们就不难理解为什么刘向赞扬她"善以渐化"。

其舍近墓。孟子之少也,嬉游为墓间之事,踊跃筑埋。孟母曰:"此非吾所以居处子也。"乃去舍市傍。其嬉戏为贾人衒卖之事。孟母又曰:"此非吾所以居处子也。"复徙舍学宫之傍。其嬉游乃设俎豆揖让进退。孟母曰:"真可以居吾子矣。"遂居之。及孟子长,学六艺,卒成大儒之名。君子谓孟母善以渐化。(《列女传》1.11：18)

毫无疑问,像这样的文字肯定了良母通过道德培养对孩子转变的影响。孟子母亲的寡妇身份也很重要;她的故事似乎是人类历史上记录的第一个关于单身母亲如何抚养孩子的故事。段末引述的《诗经》中的诗句强调了,那些成就非凡的人被赋予了什么,以至于他们能够成为如此令人钦佩的人("彼姝者子、何以予之"),而在《列女传》中,我们反复看到,以德闻名的早期儒者和圣人被提供了一个他们从一开始就被鼓励成为有德之人的生长环境。孟子的母亲并没有仅仅无奈地自言自语道,早年的这些时间真的无足轻重,等孟子做好修身的准备时,情况就会好转。相反,她明白他的道德培养已经开始,并且会贯穿他的垂髫和志学之年,甚至到其弱冠之岁①。这样的故事有助于证实我们在一定范围内看到的早期儒家典籍的证据:作者们相信,儿童生命的最初几年是道德培养极其重要的时机,因为生命早期的独特性,父母必须对儿童环境的所有影响保持警惕。

《列女传》让我们对童年早期道德教育中的各个方面有了更坚定的认识,包括灌输两种尤为重要的美德:礼和孝。《礼记》清楚地表明,要教育孩子从小就守礼。一些礼专门适用于儿童,文本规定了儿童应该掌握这些礼的年龄。这意味着,在早期儒家思想中,礼在一个人年幼之时就塑造了他的性格。例如,《礼记》规定:"七年男女不同席,不共食。八年出入门户及即席饮食,必后长者,始教之让。"(《礼记》10.33:478)(前文引用的)后一种礼显然与教童年早期孝道有关,这有助于表明孝道不是仅在稍长一些的儿童或年轻人中培养的。《礼记·内则》明确规定,男童"十有

---

① 《列女传》中有一个故事,其中孟子的母亲在儿子年轻时(在他结婚后)对他进行纠正,本章的最后一节将对此进行讨论。

三年学乐，诵《诗》，舞《勺》，成童舞《象》"。（《礼记》10.34：478）我们在此处发现年轻时学习的舞与成年时的舞之间的区别，这再次表明这些礼是儿童终身道德培养的一部分。

19岁行冠礼（being capped）之后，一个男童"始学礼，可以衣裘帛，舞《大夏》，惇行孝弟，博学不教，内而不出"。（《礼记》10.34：478）这段文字说明冠礼并不代表一个人道德教育的完成，因为这个年龄的男童还不能教导别人；学习仍被视为他们的首要任务。然而，我们知道，这个年龄的男孩"惇行孝弟"，说明他们在人生的这一阶段受过良好的教育，并践行孝悌，因此会被期望非常认真地履行这些义务。为了让男童在19岁之前把孝道掌握到这个地步，孝道必须是儿童自小道德培养计划的一部分。敬（deference）与孝在男童和女童（道德培养）中受到重视是很重要的，因为这有助于表明，无论性别，孝道都是一个人道德发展的重要基础。

尽管女童和男童接受了针对特定性别活动的教育，但与许多其他古代文化不同，女童的经验和训练并未被排除在古典文本之外。《礼记》规定，女童10岁应当学会：

> 姆教婉娩听从，执麻枲，治丝茧，织纴组纫，学女事以共衣服，观于祭祀，纳酒浆、笾豆、菹醢，礼相助奠。（《礼记》10.36：479）

虽然女童的教育主要由家务活动构成，这与其他大多数传统文化有明显的相似之处，但这些活动被认为重要到值得载入《礼

　　　　　　家庭美德：儒家与西方关于儿童成长的观念

记》这一事实彰显出与其他大多数古代文化的截然不同。还有一点值得注意,该文献明确规定,早期中国女性"二十而嫁;有故,二十三年而嫁",(《礼记》10.37)这与其后的中国以及世界大部分地区的童婚(childhood marriage)习俗相反,童婚习俗助长了对女性的压迫。《礼记》中规定的较长的婚龄有助于表明,(除其他外)女性被视为是有完全修养能力的道德主体,早期儒家认为她们应该在婚前接受教育;事实上,这些年龄的规定说明,女性的道德教育和修养——包括她们对礼的掌握——以及她们的家务能力,在她们结婚时都已很成熟了[①]。由于我们已经看到了早期中国的女性在她们的孩子的培养中的重要作用,我们可以进一步体会到女性接受适当教育的必要性。

虽然本书的焦点是汉儒及更早期儒家的相关论述,但是朱熹对童年早期教育有很多直白而有趣的论述,他的观点可以增进我们对儒家童年早期教育所涉及的具体方面的理解。朱熹告诉我们,在古代,男孩8岁入小学,"礼乐射御书数及孝弟忠信之事"[②]。他说,"古者小学已自养得小儿子诚敬善端发见了。然而大学等事,小儿子不会推将去,所以又入大学教之。"不过,朱熹强调,孩子的教育开始得更早:"古人自入小学时,已自知许多事了。"(Gardner 1990:89)他接着报告说:"古者教小子弟,自能言能食,即有教,以至洒扫应对之类,皆有所习,故长大则易语。"

---

① Pauline Lee（2000）认为女性被认为能够培养与男性相同的美德,即使她们的角色不同。

② 朱熹关于这个话题的许多注解都可以在《朱子语类》按主题排列的第一章中——"小学"中找到(Gardner 1990:88)。

(Gardner 1990：94)

在本章最后一节，我讨论了早期儒家对父母角色的描述以及父母与政治领导之间的类比，根据这种类比，一个好的统治者被理解为"民之父母"。如果人们对儿童的道德发展以及在特定文化或哲学视域下理解道德教育的方式感兴趣，那么探索父母和照护人的角色是一个很好的起点。一个儿童最早期的经验与他的主要照护人相关，这通常是他的父母，因此我们可以从好的父母和主要照护人的观念来了解很多儿童的道德培养是怎样展开的。正如我们所看到的，虽然《论语》《孟子》和《荀子》就这些关系的性质及其对儿童的影响方式表达了一般性的看法，但这些文本并没有详细说明日常互动的影响类型。儿童及其父母或照护人可能对儿童的道德品格产生影响。然而，其他几部早期儒家经典解决了这些问题，详细说明了儿童应该接受的道德教育以及儿童在早期需要以某种方式接受教导和培养的原因。

"民之父母"

为了将早期儒家关于母亲和父亲角色的观点以及丈夫与妻子如何以独立且互补的方式促进子女道德培养的语境联系起来，考察这些文本中传统性别角色的呈现方式将有助于我们的理解。

早期儒家为男性和女性勾画出不同的社会角色，对他们（性别角色）的期望，以及连同支配他们的礼，都给男性和女性施加了很大的限制，但对女性的限制尤其严重。尽管至少有一些男性通过谋得政府职位和成为孔子等大师们的学生的机会掌握了政治权力,但却没有女性拥有这些机会。女性被期望要顺服她们的丈夫(包括她们的父母),但并没有早期儒家文本建议男性应该顺服她们的妻子①。然而,重要的是不要将后子学时代的中国思想和实践与早期中国的思想和实践相混淆。正如我在本章中一直强调的那样,这一时期的许多故事和轶事中的女性都是自信而有力的行动主体,以她们对丈夫、儿子和儿媳以及社会的显著影响而闻名②。这些妇女中的许多人接受过礼教,并因其聪慧和美德而受到认可③。她们故事的这些方面与晚明清初新儒学对妇女的虐待形成了深刻而重要的对比,然而早期儒家的诸多观点和实践仍然限制了女性的潜力并使她们处于不利地位。

　　我想特别清楚地说明此点,因为我的目的是强调早期儒学关于父母的观点中的一些核心特征,这些特征能够以积极的方式促进儿童的道德培养,但我不想将其有害之处最小化,或者暗示这些关于家庭角色和关系的任何概念——无论男性或女性——都应该被恢复或接受。在后面的章节中,我将讨论这些观点的特定方面可能在当代背景下建设性地应用的一些方式,但是,正如我将要论证的那样,女性主义观点必须借鉴这些努力。

---

① 女性应该服从丈夫的观点在儒家传统中很早就出现了。参见,如《孟子》3B2。
② 对宋、明、清时期女性生活的研究有很多;参见,例如,Ebrey 1993;Ko 1994、2001、2005;Mann 1997。关于中国历史早期和后期对女性的看法如何变化的生动说明,请参见瑞丽对明代《列女传》的评论(Raphals 1998:113 - 138)颇具洞见的讨论。
③ 有关该主题的优秀文章,请参阅 Raphals 2002;她谈到了两个被孔子称赞的女人,其中一个是鲁季敬姜,她是文伯之母,《国语》和《列女传》都有所称颂。

如果不先讨论婚姻与夫妻在这种伙伴关系中的角色，就难以清晰呈现出早期儒家关于父母角色的观点。早期儒家文本倾向于将夫妻的角色视为是密切相关的，婚姻尤其是亲子关系的基础，正如《礼记》中的以下段落所示：

> 敬慎重正而后亲之，礼之大体，而所以成男女之别，而立夫妇之义也。男女有别，而后夫妇有义；夫妇有义，而后父子有亲；父子有亲，而后君臣有正。故曰："昏礼者，礼之本也。"（《礼记》41.3）

这段引文强调了早期儒家关于丈夫与妻子角色的观点的一个特征，那就是拥有和了解自己独特的角色的重要性，以及支配这些事务的礼的重要性。正如瑞丽所指出的，《礼记》"通过在礼上为每个人规定相同或相似，但却又不同的活动区分男女①。如伊沛霞（Patricia Ebrey）所言，'男人和女人应该做不同的事情，或者以不同的方式做同样的事情'"。（Raphals 1998：215）《礼记》指出："礼始于谨夫妇"，并指出至少在一定程度上，礼需要夫妻各自有独立的空间；例如："男女不同椸枷，不敢悬于夫之楎椸，不敢藏于夫之箧笥，不敢共湢浴。夫不在，敛枕箧簟席、襡器而藏之。"（《礼记》10.2）此外，"男不入，女不出"。（《礼记》10.1）后一段提到了"内"（inside）和"外"（outside），这一区分影响了许多早

---

① 此处引用的原意应当是"相同的事情，但做的方式不同"，所以此处出现了"相同或相似，但却又不同"这样让人感到困惑的表述。——译者注

　　　　　　　　家庭美德：儒家与西方关于儿童成长的观念

期中国关于男性和女性的讨论,并且在早期汉语文本中以各种不同的方式使用。这些术语有时指的是个人的内在生活和外在行为,或者是指家庭与国家内部或外部的活动和事务。很多时候,"内"指的是"内在"于家庭领域中的行为和事件,与我们生活的"外部"公共场所的行为和事件息息相关。正如瑞丽所说,在这些情况下,"内"和"外"指的是"仅次于实际的物理位置的两种截然不同的'内部'和'外部'活动模式"。(Raphals 1998:213)现在,《礼记》不一定能准确地描述历史中女性的实际生活或习俗。例如,在汉代,男女在空间上可能没有如此严格的物理分隔,女性也没有被严格限制在家庭"内室"中①。然而,在本书中,我的目的不是要对早期中国的家庭实际上是如何培养他们的孩子或呈现关于早期儒家历史主张准确性的证据,而是提出早期儒家关于这些问题的规范性观点的论据。

虽然在引用的段落中所描述的礼仪限制男人和女人的方式使我们有充分的理由认为其限制太多,且没有吸引力,但这种做法的一个可取之处是它们可以帮助防止因丈夫和妻子没有足够空间而引起的小争执和紧张,对他们而言——这对古代中国几世同堂的大家庭来说会是一个更紧迫的问题。这样的实践也确保了男性和女性能够作出各自的贡献,它们似乎旨在防止夫妻无知地批评彼此的贡献,从而(以这种方式)促进尊重,当然也增进和谐。虽然现代西方人没有完全类似的做法,但我们也习惯于拥有

---

① 参见 Raphals(1998:224-227)。

单独的抽屉柜、壁橱和我们负责的一系列家务,所有这些都(如果得到适当的尊重)有助于促进夫妻关系更加和谐。当这种做法公平地分工时,可以带来额外的好处,即确保夫妻任何一方都不至于过度分担工作。

现在,一位当代评论家可能会指出,与其在礼上规定丈夫和妻子应当承担不同的任务,倒不如让他们至少在某种程度上参与相同的任务,这样他们就可以对彼此的贡献获得亲身的理解。这种观点当然有其优胜之处,但即使在当代的环境中,由于一些现实的原因,夫妻双方也并非总是能够参与所有任务,我们可以从儒家关于夫妻的礼仪实践中获得的一个洞见是,他们应该避免在他们没有作出贡献的领域批评彼此为之付出的努力。根据早期儒家的观点,婚姻的这个维度与亲子关系之间有着重要的联系,这至少部分是因为,礼部分地规定了丈夫和妻子如何为了孩子的好以互补的方式共同合作。早期儒家思想的一个真正显著的特征是,传统在一定程度上明确了管理日常社会关系、习俗和实践的规范,而不是像许多其他传统和文化那样,大多将其隐藏起来。

丈夫与妻子的角色应该互补的想法在许多早期中国文本中是与阴阳概念相关联的,但正如瑞丽所表明的,在公元前 3 世纪之前,"阴阳两极大多是循环交互的,并且相对而言没有等级性。总体来说,阴阳不能与早期的天地或基于性别的两极相提并论"。(Raphals 1998:142)①在公元前 2 世纪和 3 世纪,阴阳与男女之

---

① 参见 Raphals (1998:139 - 193)关于阴阳观点历史的讨论,特别是与中国早期性别角色有关的观点。

家庭美德:儒家与西方关于儿童成长的观念

间的类比使用得较为随意，但"他们没有以牺牲男性为代价贬低女性，事实上，在某些情况下，他们明确倾向于女性模式"（142）。在这些观点中，我们看到了一种建设性的互补观点，这种观点影响了儒家的婚姻观。正如瑞丽写道，这些文本中有许多"呈现出能够完成不同的事情，并以不同的方式作出贡献的两种行动模式之间的两极互补性"。（Raphals 1998：156）然而，在公元前 1 世纪，阴阳与男女之间的类比"成为植根于汉代相关宇宙论中性别等级的一部分的阴阳语言的共同方面"，最引人注目的是董仲舒的《春秋繁露》（*Luxuriant Gems of the Spring and Autumn*）。（Raphals 1998：142）①这部作品中的阴阳有关章节结合了对阳的偏爱和对阴的明确贬低，例如第 43 章，标题为"阳尊阴卑"（*The Exaltation of Yang and the Abasement of Yin*）即可见一斑。齐思敏指出，在这部作品中，"阴阳既不是平等互补的，也不是对立的，而是彰显出截然不同的价值"；董仲舒认为，阴阳之间的等级关系和相互依存是夫妻关系的规范标准。（Csikzentmihalyi 2003：163）董仲舒写道：

> 凡物必有合。合，必有上，必有下，必有左，必有右，必有前，必有后，必有表，必有里。……阴者阳之合，妻者夫之合，子者父之合，臣者君之合。物莫无合，而合各相阴阳。阳兼于阴，阴兼于阳，夫兼于妻，妻兼于夫，父兼于子，子兼于父，君兼于

---

① 有关中国早期宇宙论的杰出研究，参见 Puett 2002。

臣,臣兼于君。君臣、父子、夫妇之义,皆取诸阴阳之道。君为阳,臣为阴;父为阳,子为阴;夫为阳,妻为阴。(《春秋繁露》53)

正如齐思敏所说,"这意味着尽管社会需要阳作出成就,但阳需要阴的在场,所以真正意义上的任何成就都是两者相互依存的结果"。(2003:163)

不幸的是,董仲舒对互补性和相互依存的论述受到了丈夫为阳、妻子为阴以及阳主宰阴的模式的严格限制,而且,正如瑞丽所指出的,这种观点开始主导儒家传统,"以至于早期的阴阳性别类比几乎都被忽略了"。(Raphals 1998:168)更适用于当代对夫妻关系理解的修正后的互补性配偶观可以借鉴早期中国的一些文献,这些文献将阴阳描述为互补的,但只是将阴阳与男女的活动领域松散地联系在一起,并且不把阳置于阴之上。此外,这种更新过的观点可能有助于将儒家观点应用于这些更早时期对互补性的理解,即强调每个个体都有许多面向和性格特征,无论男性还是女性,这些特征可能以不同程度及不同方式表达与阴阳相关的品质。这意味着夫妻能够以独特和互补的方式为他们的共同目标作出贡献。例如,已婚夫妇可能会努力安排他们的生活——包括家庭内外的分工,以及育儿责任——以利用每个人的优势的方式,以使一方的角色与另一方的角色相辅相成。同时,为了忠于儒家的修身情感,夫妻可以承担更多能够进一步培养他们的美德和能力的任务,以及他们对彼此的情感和欣赏。这种进路将忠实于强调互补性,这是早期儒家婚姻观的核心,同时拒绝定义董

家庭美德:儒家与西方关于儿童成长的观念

仲舒对阴阳性别类比理解中的性别歧视①。

　　董仲舒的记述虽然出现在汉代,但也有不少更早时期的故事和轶事介绍了丈夫和妻子如何协同行动以履行他们作为父母的职责。正如我们在本章前面所看到的,《诗经》提到了文王的母亲太任这位典范人物,并且文中明确指出,她"及"她的丈夫(文王的父亲——王季)"维德之行"。(《诗经》,毛诗236)这段诗强调了她的美德或道德力量对她丈夫成功的贡献,以及他们作为父母如何共同为儿子的美德作出贡献。《诗经》还说,太任爱戴自己的婆婆,儿媳(文王夫人)"大姒嗣徽音,则百斯男"。(《诗经》,毛诗240)这段话强调了早期中国观点的核心主题:好母亲和好妻子知道如何依靠、合作和支持她们的丈夫和孩子,以及她们作为其中一部分的更大的家庭。换言之,好母亲和好妻子会意识到并努力利用与加强家庭内部的关怀和支持关系。他们不会事必躬亲,也不会回避紧张或困难的关系,他们的目标是寻找与其他家庭成员合作的方式,以造福所有人;事实上,他们认识到每个家庭成员的福祉与其他人的福祉不是割裂的,而是与其他人的福祉密切相关的。尽管家庭成员有独特的需求和独特的贡献,但他们的需求和贡献却是相互关联的。早期儒家认为,如果家庭成员的需求和贡献得到正确应对,它们就可以在促进家庭内部、社区内部和整个社会内部和谐的方式上相互补充。

　　然而,虽然婚姻受到了广泛的重视和赞美——孟子将"男女

---

① 我在第四章对该问题进行了更细致的讨论。

居室"称为"人之大伦也"——早期儒学的文本却也承认"夫婚姻，祸福之阶也。由之利内则福，利外则取祸"。(《国语》1988：2.1，周语 2)①《国语》列出了像太任这样为所在国的政治成功作出了贡献的女性，并且"是皆能内利亲亲者也"，但该文献也列举了一些造成国家内部不和，促成了她们所在国失败的女性，声称她们"是皆外利离亲者也"。(《国语》1988：2.1，周语 2)②重要的是，该文献提醒人们注意这样一个事实，即与家庭关系密切的女性对社会的成功作出了贡献，而与家庭关系疏远的女性则恰恰相反。这种家庭贡献和政治贡献之间的对应关系不仅反映了每个社会都是由家庭组成的观点——这意味着家庭的生活质量决定了一个社会的质量——而且它还断言，当女性献身于家庭并与家庭保持良好关系时，她们的美德为她们的孩子、丈夫和其他家庭成员，并通过他们为更大范围的社会提供了巨大的利益。正如我们在本章中已经看到的那样，因为母亲主要负责她们后代的道德培养，所以通过她们的孩子对社会的影响是最大的。

意识到家庭关系可能对社会产生的巨大影响，有助于激励早期儒家思想家倡导旨在培养能够加强家庭关系的品格美德特定的文化实践。《礼记》对新婚夫妇的礼作了如下描述：

> 嫁女之家，三夜不息烛，思相离也。取妇之家，三日不举

---

① 关于孟子的观点，参见《孟子》3B3："丈夫生而愿为之有室，女子生而愿为之有家。父母之心，人皆有之。"
② 参见 Raphals 1998：15 - 16 的讨论。

　　　　　　　　　　家庭美德：儒家与西方关于儿童成长的观念

乐,思嗣亲也。三月而庙见,称来妇也。择日而祭于祢,成妇之义也。(《礼记》5.1)

　　这段引文强调了鼓励夫妻和他们的家人反思和处理在不同角色中情感变化的礼仪实践与新婚带来的角色和环境,以及家庭所有成员受这些变化影响的方式。这段引文中讨论的礼仪鼓励家庭成员为他人着想,而不是只为自己。新郎的家人反思儿子是如何"思嗣亲也",承担继承家族血统并与配偶(也许很快还有孩子)一起扛起家庭的责任,同时还要照顾父母变老后的需求。在祭祀岳父的祖先时,新娘认识到她现在是另一个血统的一部分——这通过引入一系列将在她的生活和孩子的生活中发挥关键作用的新关系和个人,从而在很大程度上扩展她的身份。

　　早期儒家文本中还有其他大量进一步支持夫妻并非一个独立的单位,而是与他们所属的更大的家庭从根本上相互联系的观点的故事、轶事与讨论。《列女传》中的一个故事描述了孟子的母亲在孟子妻子违礼后如何使孟子与他的妻子和谐相处的方式。和上面的故事一样,这个故事把母亲和婆婆的角色描述为对促进家庭内部和谐特别重要的因素:"孟子既娶,将入私室,其妇袒而在内,孟子不悦,遂去不入。"(《列女传》1.11: 19)妇辞孟母而求去,于是孟母召孟子而谓之曰:

　　　　夫礼,将入门,问孰存,所以致敬也。将上堂,声必扬,所以戒人也。将入户,视必下,恐见人过也。今子不察于礼,而责礼于人,不亦远乎!

孟子谢,遂留其妇。君子谓孟母知礼,而明于姑母之道。

(《列女传》1.11：19)

这个故事有许多有趣之处。除了强调拥有和了解自己独特的角色、居住在不同的空间以及了解管理这些事务的礼的重要性之外,这个故事还说明了,不同的家庭成员以他们彼此特殊的关系在促进整个家庭福祉中的独特作用。这段话也表明,早期儒家并不把夫妻看作有别于其他家庭成员的一个独立单位。他们并不指望他们(夫妻)能独立于其他家庭成员解决所有困难,也不认为其他家庭成员的帮助和指导必然会造成干扰。孟子的妻子很乐意将事情的经过告诉孟母,也明白这样做是恰当的,孟子和他的母亲都认为母亲的干预和纠正是恰当的。我们在这里看到了依靠他人的意愿,并利用家庭内部的关怀、信任和支持关系来解决困难。

太任(文王的母亲)和孟母的故事,就像本章中讨论的许多引文一样,主要关注母亲的角色,而不是父亲的角色。早期儒学传统中的母亲通常是以聪明伶俐、通情达理、能力全面和具有献身精神的形象呈现的。她们不是软弱、过于情绪化、只能提供养育和爱护的行动主体。虽然她们提供了这些,但她们也是坚定的纪律主义者,知道如何与孩子有效地沟通。一个很好的例子是,孟子放学回家后回答孟母关于学习进展的询问时说:"自若也。"这

家庭美德：儒家与西方关于儿童成长的观念

段文献告诉我们：

> 孟母以刀断其织。孟子惧而问其故，孟母曰："子之废
> 学，若吾断斯织也。夫君子学以立名，问则广知，是以居则安
> 宁，动则远害。今而废之，是不免于厮役，而无以离于祸患
> 也。何以异于织绩而食，中道废而不为，宁能衣其夫子，而长
> 不乏粮食哉！女则废其所食，男则堕于修德，不为窃盗，则为
> 虏役矣。"孟子惧，旦夕勤学不息，师事子思，遂成天下之名
> 儒。(《列女传》1.11：18)

这些故事为了解早期儒家看待母亲的观念提供了一个极好
的视角，但这些文本是如何看待父亲的呢？虽然证据比较有限，
但有一些材料阐明了这个问题。《礼记》说，"以笃父子"，加上"以
睦兄弟，以和夫妇"就是好家庭的标志之一。(《礼记》5.4①)同样，
孟子认为"父子有亲"。(《孟子》3A4)这些段落强调父亲和孩子
之间的爱和感情，而不是纪律或尊重。即使对荀子来说，这种关
系也源于关心和信任，而不是恐惧和服从："请问为人父？曰：宽
惠而有礼。请问为人子？曰：敬爱而致文。"(《荀子》12/57/24：
119)这些段落反映了父亲和孩子之间的关系应该以慷慨、善良、
尊重与爱为特征的观点。

---

① 此处原作者的引用似有误，"以正君臣，以笃父子，以睦兄弟，以和夫妇，以设制度，
以立田里，以贤勇知，以功为己"事实上出自《礼记·礼运》，即《礼记》7.2，而非《礼
记·曾子问》，即《礼记》5.4。

我们在本章前面讨论过的一段孔子在《论语》16.13 中对他的儿子伯鱼的回应的引文，这段话仔细思忖也颇有趣①。虽然这段话经常作为一个冷漠和疏远的父亲的例子被当代的解释者广泛阅读，但我已经表明，有很多理由驳斥这样的解读。这段话突出了孔子与他的儿子之间关系的一些有趣特征，包括孔子认为鼓励他学习《诗》与《礼》是重要的；他并没有将鼓励这些形式的道德教育的任务完全交给他的妻子或其他人。此外，孔子并不是简单地教他的儿子学习《诗》与《礼》；他为儿子为什么应该学习这些给出了明确的理由，并详细说明这样做的好处。这表明孔子至少在一定程度上认为他有责任看到他的儿子有志于正确的学习和活动形式，并且他（伯鱼）理解这些事情之所以重要的原因。此外，从伯鱼对其父亲的行为态度的描述，以及他对父亲的指导的反应中传递给我们一些关于他们关系的重要方面。首先，伯鱼在很大程度上培养了孝心——从他因敬畏父亲而快步过庭可以看出。其次，伯鱼认真对待父亲的嘱咐，并没有置之不理，这体现了他对父亲的尊重。

《论语》12.11 也阐明了早期儒家如何看待父亲的角色的。这段话中齐景公问政于孔子，孔子答曰："君君，臣臣，父父，子子。"齐景公说道："善哉！信如君不君，臣不臣，父不父，子不子，虽有粟，吾得而食诸？"万百安指出，这段话可以帮助我们理解为什么一些儒家认为以正确的方式使用诸如"父"之类的称谓如此重

---

① 我想重申，我在这里关心的不是我所考察的段落中描述的事件的历史准确性，而是关于亲子关系和道德培养的观点。

　　　　　　家庭美德：儒家与西方关于儿童成长的观念

要——这成了"正名"这一更广泛的教义的一部分："例如，如果名使用正确，'父'将带有'养育者、照护者、道德教导者'的内涵。这些内涵的存在将鼓励父亲来履行这些职责。但是，如果人们开始使用'父'这个术语仅仅指代人类繁衍意义上的父亲，那么父亲的缺席、冷漠甚至与他孩子之间的较劲似乎就不那么反常和令人反感了。"(Van Norden 2007：84)①万百安举的例子可以帮助我们认识到早期儒家文本中表达的看待父亲角色的观点的一些特别重要的方面。虽然关于父亲这一角色与孩子之间关系的讨论比关于母亲的讨论要少得多，特别是因为母亲主要负责孩子的早期教育和照护，但儒家文本仍然坚持父亲的角色很重要，他们不倾向于将父亲刻画为冷漠，完全缺席孩子的生活，或者对孩子完全没有感情的形象，他们也不赞同父亲的这些行为方式。虽然早期儒家文本没有表达父母应该平等分担照护童年早期工作的观点，但他们确实认为父亲的角色很重要，父亲应该以反映他们独特的角色的方式与孩子相处，并唤起孩子的孝顺之情。多篇文字表达了父子(女)关系应当是深笃的，孩子的道德培养是由这种关系以积极的方式塑造的。

《论语》12.11的另一个方面——也是我们在本章和前一章中看到的——是早期儒学对家庭与美好社会之间的关系的严肃态度。事实上，在许多地方，早期儒家思想家甚至建议统治者在治民时应效法好父母的关怀，努力体现亲子关系中特有的

---

① 例如，见《论语》13.3。参见 Van Norden (2007：82 - 96)对儒家关于正名教义的精彩讨论。

美德。这些段落可以进一步阐明早期儒家思想家如何理解亲子关系，同时也突出了他们对家庭与国家之间密切关系的理解。在《论语》2.20 中，季康子问孔子："使民敬、忠以劝，如之何?"孔子答曰："临之以庄，则敬，孝慈，则忠，举善而教不能，则劝。"孔子在此教导统治者要展现好父母的美德。同样，《大学》（*Great Learning*）说：

> 所谓治国必先齐其家者，其家不可教而能教人者，无之。故君子不出家而成教于国：孝者，所以事君也；悌者，所以事长也；慈者，所以使众也。《康诰》曰："如保赤子。"心诚求之，虽不中，不远矣。未有学养子而后嫁者也！一家仁，一国兴仁。

虽然当时中国的统治者是男性，但这些文本中的类比指代的不仅是父亲照护他们的孩子，而且是父母双方，特别是提到母亲和她们提供的照护。因此，重点不是控制或管教人民，而是关心他们并满足他们的需要。细心的父母因为出于对婴儿的关爱，所以密切关注他们的福祉，观察他们是否饿了或累了，也出于保护欲，以确保他们的安全——无论是在别人照护他们，还是他们独自玩耍的时候。所有这些都有助于说明优秀的政治领导人为他们的人民所做的事情——密切观察人民的需求，以便他们能够在严重问题出现之前努力满足他们，悉心体察以确保没有人被他人忽视或虐待，并保持警惕以保护他们的臣民免受伤害。

对荀子而言,父母在照护童年早期方面的角色也很重要,并且可以作为其他关系的标准,尤其是在治理国家方面。他写道,当我们回顾历史上的贤君明主时:

> 以调齐之,潢然兼覆之,养长之,如保赤子。……是故百姓贵之如帝,亲之如父母,为之出死断亡而不愉者,无它故焉。(《荀子》11/54/11:110)

荀子在此比较了好父母照护孩子的方式和像统治者这样的领导者应该对待人民的方式。他甚至表示,知晓父母在爱护自己的孩子会学会顺服,因为他们明白父母会把他们的最大利益放在心上。

因此,从儒家传统早期开始,统治者被称为"民之父母"也就不足为奇了,这句话用来强调优秀的政治领导人对他们所统治的人民的责任感[①]。事实上,由于父母关系与政治领导人的责任密切相关,一些关于好的统治者的讨论甚至可以帮助我们更清楚地了解早期儒学中与好的父母养护相关的美德,例如"亲""慈"——我们在早期儒家关于童年早期教育讨论中所看到的美德。《礼

---

① 这个想法对我们自己的文化并不完全陌生。美国人通常称美国的早期领导人为"开国元勋"。这种引用通常伴随着一种崇敬和尊重的感觉,并且对开国元勋的行动和意图的诉求通常基于这样一种假设,即这些早期领导人考虑到了人民的最大利益。在这种情况下,我们希望至少部分地重新捕捉他们的情感,因为我们认为他们类似于一个聪明而有爱心的父母的情感。感谢斯拉特(Michael R. Slater)指出这一点。

记》在讨论此事时引用了《诗经》：

> "凯弟君子，民之父母。"凯以强教之；弟以说安之。乐而
> 毋荒，有礼而亲，威庄而安，孝慈而敬。使民有父之尊，有母
> 之亲。如此而后可以为民父母矣，非至德其孰能如此乎？
> （《礼记》29.28：340－341）

根据这种观点，亲子关系是其他关系的范式，包括政治关系，这强调了父母的角色是多么重要。这种观点中固有的家长作风可能会让一些人对此不以为然，但我在讨论统治者和父母之间的类比时，目的是强调早期儒学中与好的父母相关的一些品质，以及他们在家庭和政治事务之间的密切联系。早期儒学不仅主张家庭关系应该作为政治关系的范式，而且他们还认为童年早期培养是解决各种社会问题的关键。这种观点对社会支持的政策和计划具有重要意义，这一点从秦代与汉代一些政策的对比中可以清楚地看出，这些政策旨在恢复和实施儒家价值观。司马安写道，秦国的崩溃：

> 重新点燃了旧儒家对作为维持国家和防止反社会行
> 为的主要手段的法律的不信任。尽管汉代保留了秦国法
> 家的大部分建制，但儒家思想家认为，道德教育将比秦政
> 的严刑峻法更有效地遏制犯罪。此外，通过倡导一种既能
> 促进道德又能提高文化素养的教育形式，儒家的计划将远

　　　　　　家庭美德：儒家与西方关于儿童成长的观念

远超出秦国加强战争、农业和社会控制的议程。（Kinney 2004：16）①

正确的童年早期道德培养是一种预防犯罪的方法的观点在贾谊的《保傅》中体现得非常清楚。贾谊写道：

> 殷周之前以长久者,其辅翼天子有此具也。及秦不然,其俗固非贵辞让也,所尚者告得也;固非贵礼义也,所尚者刑罚也。(《保傅》,14)

贾谊继而宣称,由于秦太子胡亥(前 230—前 207)受其老师(赵高,前 258—前 207)的教育使用酷刑,"故今日即位,……其视杀人若艾草菅然"。(《保傅》,14)贾谊继而阐述了这一我们已经考察过的观点:"天下之命县于天子。天子之善,在于蚤谕教与选左右。"(《保傅》,15)后来,他补充说:"故曰选左右早谕教最急。"

了解早期儒学对婴儿早期道德培养的重视,家庭在此过程中的关键作用,以及早期道德培养对社会整体素质的影响,加深了我们对儒家的理解和认同。早期儒学的这个维度被忽略了,但当我们意识到它时,我们对儒家哲学有了更好的理解。在接下来的章节中,我将论证早期儒学的这一维度的重要性还有其他原因。

---

① 有关考虑秦汉政治气候其他方面的研究,请参见 Loewe 1974;Bodde 1986;Powers 1991;Lewis 1999。

早期儒家关注我们现在知道的对道德教育至关重要的领域这一事实——以及他们几个颇具特征的观点得到现代经验证据的支持——也为我们研究儒家传统提供了充分的理由。我将论证，早期儒家传统中有一些独特的资源可以增强我们理解道德培养、家庭和童年早期之间联系的努力。但为了确立这些主张，我们必须首先考察其他学者研究这种联系的作品。

第二部分

与西方哲学史上的观点相比，
早期儒学关于亲子关系、儿童
和道德培养的观点有何不同？

第三章　西方传统哲学中的家长、儿童与道德培养

　　本书的中心论点之一是,儒家传统可以对我们理解家庭与道德培养之间的关系,以及我们促进与亲子关系和道德培养相关的社会与政策变革的尝试作出独特的贡献。在某些领域,儒家传统可以为我们中的一些人已经持有的观点提供额外的支持,强化我们已有的信念,从而增强我们观点的说服力。此外,儒家传统具有可以引导我们反思其他资源没有提出的议题、问题和潜在的解决方案的特征,而这种独特的潜力之所以存在,部分是因为儒家的资源提出了一些主张,并提供了一些不同于西方哲学传统与科学资源中的解决路径。

　　在强调这些议题时,我并不是说儒家的资源与西方的完全不同,或者西方的资源完全忽视了家庭、道德培养与创造以及维持美好社会的目标之间的关系。正如本章和下一章将表明的那样,

这种说法显然是错误的。正如我们大多数人所知，以及我们将看到的那样，西方哲学家和社会科学家对家庭的重要性其实已经给予了极大的关注。事实上，我的一个核心论点是：我们大多数人已经对早期儒家思想家所解决的许多问题有了基本的认识，而科学界在这些主题上所做的广泛工作使我们有充分的理由认为这些问题在今天对我们来说是紧迫的。

儒家提出的问题我们在某种程度上已经知道很重要，这一事实应该引导我们仔细研究儒家的观点，而不是认为我们——或西方哲学家和社会科学家——已经知道了关于这个话题的所有知识而忽视它们。然而，鉴于西方哲学和社会科学领域的一系列重要文献已经考察了家庭的作用，因此确定儒家观点的独特之处以及儒家可以为我们的理解作出哪些贡献是很重要的。为了回答这些问题，在接下来的章节中，我将研究有关这些主题的西方文献，因为要捍卫特定观点是独特的并且可以贡献新的或不同说法的唯一方法，是确定它们与什么有别以及如何不同。本章考察了历史上几位特别的西方哲学家在这些主题上提出的观点，并将这些观点与我们在儒家文献中所确定的观点进行比较（compare）以及对比（contrast）；下一章我将聚焦于当代女性主义哲学家的贡献。

我认为，任何认真、持久地研究西方与中国哲学传统的人都会对它们之间的差异，以及每个传统中不同思想家和思想运动的不同方式的数量感到震惊。在本章中，我提供的文本证据证明：正如中西方哲学传统中存在着真正的多样性一样，儒家思想家的一些观点与西方哲学家的观点之间也存在着真正的差异。这不应该让我们感到惊讶——特别是考虑到我们对文化之间存在的差异的了解——不同文化、不同时代、不同地方的人有着相同的担忧和经历，这让我们更感到惊讶。我的目的不是要对西方哲学家关于家庭的所有说法进行考察；相反，我的讨论仅限于涉及本研究主题的文献：家庭与道德培养之间的关系。我认为，尽管在西方哲学史上也讨论了作为儒学家庭观和道德培养观一部分特定的主题或话题，但我们不仅发现他们没有以同样的方式处理这些问题，也没有在任何一个思想家或学派中发现所有这些（理论与实践的）特点。我将进一步论证，儒学的观点与其他观点的区别不仅仅在于其理论内容或特征，还在于儒学对家庭关系和道德培养的重视程度。

我将尤其关注：① 亲子关系在道德培养中的特殊作用（而不是一般地关注家庭的角色，或只关注父子或母子关系的角色，或重点讨论主要由父母负责）；② 孝道在伦理和政治中的核心和基础性作用；③ 生命早期阶段对道德培养的独特重要性（包括胎儿期、婴儿期和童年早期）；家庭中的早期经历与美德之间的一般联系，以及我们在童年早期培养的道德情感几乎是每一种美德的基础的主张；④ 家庭早教与社会质量的直接关系；⑤ 一系列深刻而有力的故事、轶事和进路（包括具体实践），加强和鼓励对家庭及其在道德发展中的作用的道德理解。

古希腊哲学中的家庭与道德培养

"哲学家很少写关于家庭的文章"。（O'Neill and Ruddick

1979：3)这一论断开启了对奥尼尔（Onora O'Neill）和鲁迪克（William Ruddick）的《生养孩子：对父母身份的哲学和法律反思》（*Having Children: Philosophical and Legal Reflections on Parenthood*）的介绍，就西方传统哲学的历史而言，这个论断是准确的。在前面的章节中，我们看到儒家思想家对家庭着墨甚多，他们对家庭在伦理和政治中的作用持续而广泛的关注无疑是他们与西方历史上大多数哲学家的区别之一。奥尼尔和鲁迪克指出，在大多数西方哲学家的著作中，"家庭安排被认为是不值得政治理论关注的，因为家庭决定不涉及与任何两个人之间可能产生不同的道德问题。将规范性问题划分为政治理论和伦理的领域，把这一通常被视为女性领域的家庭问题留在了无人区，而这一点恰恰可能很重要"。（O'Neill and Ruddick 1979：3)在这里，我们再次发现与本书前几章所强调的儒家观点的另一个有趣对比：在儒家历史的早期，儒家坚持认为，如果不解决家庭在这两个领域的关键作用，就无法充分解决伦理或政治问题。尽管如此，奥尼尔和鲁迪克指出，对于这种忽视，有一些"假定的例外情况"。

柏拉图和亚里士多德都表现出对童年早期教育的兴趣，他们都强调了——尽管程度不同，方式也各不相同——家庭的作用①。在古希腊，像斯巴达（Sparta）这样的文化提倡和实践完全不同的儿童教育，并且古代雅典的思想家试图对此作出回应。正如我们

---

① 希腊语 *oikos* 指的是有血缘、婚姻和收养关系的人，以及家庭拥有的财产，包括奴隶。它可能被翻译为"家庭""家人"或"财产"，但 *oikos* 包括人类和非人类财产这一事实显然将其与现代西方家庭区分开来。见 Pomeroy 1999：20－23。

　　　　　　　　　　家庭美德：儒家与西方关于儿童成长的观念

将看到的,柏拉图和亚里士多德深受雅典文化的影响,但他们也是雅典文化的批评者,他们对如何教育儿童,尤其是国家在这一过程中(应承担何种)角色的许多想法,都是从他们对斯巴达文化的观察中得出的。也许古代雅典和斯巴达儿童教育最显著的对比在于雅典的父母主要负责孩子的教育。父亲的部落会仔细观察男童人生的各个阶段,而女孩则留在家中,接受母亲和家庭中其他女性的教育。相比之下,斯巴达为男童和女童都制定了国家规定的教育计划。男童计划的目标是训练他们成为国家要求的重装步兵战士,而女童的计划旨在培养能够生养出最好的重装步兵和重装步兵母亲的女性。(Pomeroy 2002:3-4)斯巴达根据他们对这些角色履行的意愿以及他们为之而牺牲的意愿来荣耀其公民:只有那些战死沙场的男性和在分娩中死去的女性才会被用墓碑纪念。(Pomeroy 2002:52)尽管儿童的教育是国家规定的,但家庭,尤其是母亲,在孩子的生活中仍然扮演着重要的角色。

斯巴达关于家庭在道德培养中的作用的观点和实践明显影响了柏拉图。在《理想国》(*Republic*)第 5 卷(457c-471d)中,柏拉图提出了这样一个观点:家庭作为一个人忠诚的主要对象,它破坏了一个人对城邦的忠诚。柏拉图认为,当考虑到家庭对儿童社会化的影响时,家庭显然必须被废除。因此,不应有私人住宅、配偶或子女:"这些女人应该归这些男人共有,任何人都不得与任何人组成一夫一妻的小家庭。同样地,儿童也都公有,父母不知道谁是自己的子女,子女也不知道谁是自己的父母。"(*Republic*

5，457c‑d；Bloom 1968：136）柏拉图毫不怀疑应该切断这些联系。孩子在出生时将被从父母身边带走，并"交给保姆抚养；保姆住在城中另一区内"。妈妈们会在需要喂奶时被带到婴儿身边，但也会受到严格的监督，"但竭力不让她们认清自己的孩子"，因此"他们将注意不让母亲们喂奶的时间太长，把给孩子守夜以及其他麻烦事情交给了奶妈和保姆去干"。（*Republic* 5，460c‑d）

正如奥尼尔和鲁迪克所指出的，作为对《理想国》公正社会的要求，柏拉图提出了家庭重组的安排，其中：

> 有组织的联姻和公共育儿的结合可能会产生如此的新一代人——他们的成员除了在优生学上是最佳的之外，还会与他们的所有同伴有深厚的手足之情，并且仅凭功绩就可以达到权力宝座。《理想国》中的新男女将从家庭生活的偏袒、亲密和分裂中解放出来。对他们来说，法律事实上将成为他们的父母和所有其他公民的兄弟。（O'Neill and Ruddick 1979：3）

柏拉图对国家控制的教育和优生学的兴趣并非微不足道的。在某种程度上，他在《理想国》和《法律篇》（*Laws*）中的论述都是基于对古代斯巴达的理想化描述①。

———————————

① 参见 Pomeroy 1999：44。布鲁姆还指出，柏拉图的城邦在许多方面都与斯巴达相似，他认为苏格拉底采纳了他的对话者——阿德曼图斯和格劳孔的意见，他们对斯巴达文化有着特殊的情结，"因为它是简单、安全和贵族式的；同时因为它好战"。（Bloom 1968：380）

家庭美德：儒家与西方关于儿童成长的观念

在《理想国》中，柏拉图概述了他的"绝对完美社会"，(first-best society)①但即使在他对"次等完美社会"(second-best society)的讨论中，他也认为，在保留私有财产和私人家庭的法律中，对私人家庭进行广泛的法律规范是必要的。杰弗里·布鲁斯坦(Jeffrey Blustein)在其开创性著作《父母与孩子：家庭伦理》(*Parents and Children: The Ethics of the Family*)中考察了西方哲学史上的子女养育与家庭，他观察到柏拉图主张保留私人家庭"主要是出于实际的而非道德的原因：他认识到这个城邦的公民不是神或神之子，无法共同拥有他们的财产、妻子和孩子"。在《法律篇》中，柏拉图对理性和欲望之间的关系有了不同的看法。而在《理想国》中，他认为理性必须支配我们的感情，但在《法律篇》中，他认为我们可以养成理想中的习惯和特质，因此，这种约束是没有必要的。正如布鲁斯坦所指出的："在这种观点上，虽然家庭仍然是一种自我追求的诱惑，但理性并不需要压制特定的家庭依恋。家庭感情可以通过美德的戒律来启迪，因此共有的生活"不再必要。(1982：35)

在柏拉图看来，家庭根本没有空间在道德教育或道德培养中发挥特殊作用，因为他认为家庭对于一个美好社会的形成不是一

① 译者此处对于 first-best society 的翻译采用了 John M.Copper 编辑的《柏拉图全集》(*Plato: Complete Works*, Indianapolis：Hackett Publishing Co.，1997)中《法律篇》的英译"the ideal society"，但同时保留了作者所引用的阿兰·布鲁姆(Allan Bloom，1930—1992)的英译"first-best society"，以方便读者查阅原文。之所以如此，是因为译者核对原文后认为"the ideal society"的翻译更贴近柏拉图的原意，"first-best"不能表达出柏拉图想说的"理念上的完美"的意思。

个有利的因素,而是一个障碍。奥尼尔和鲁迪克正确地指出,"柏拉图在其政治理论中对家庭的关注在很大程度上被证明是对一切区别于家庭政治安排的否定"。(1979:3)然而,重要的是要认识到柏拉图非常关注道德发展,特别是培养能够成为好公民的性格特征。他也意识到对儿童的道德培养更容易实现,这也是为什么他在《理想国》中坚持认为,如果不把成年人都逐出城邦,不从儿童身上重新开始,理想的城邦几乎不可能实现。

但是,虽然柏拉图肯定了道德培养的重要性,并认为童年对道德培养来说是一个不可替代的机会,但他并不认为家庭在这个过程中可以发挥重要作用。相反,正如布鲁斯坦所说,柏拉图"坚信,当家庭主张被承认并被纳入社会生活时,它们会从更大社区的共同目标中汲取能量和情感,并削弱真正公民所要求的爱国主义精神"。(Blustein 1982:32)柏拉图进一步坚持认为,我们与生俱来的"过度的自爱"如果有机会将会"通过过度献身于家庭利益并相应地漠视公共利益来表达自己"。(Blustein 1982:32)与儒家不同,但与他同时代的墨家很相似,柏拉图认为,对家庭的依恋会使我们变得内向。虽然儒家和现代社会科学家——正如我们将要看到的——认为家庭关系是我们与更广泛的社区与社会成员进行积极互动的能力的基础,但柏拉图坚称,我们倾向于对自己的家庭生活投入过度的兴趣。他认为这也是自私的,这标志着与儒家的另一个不同之处。从儒家的观点来看,家庭为我们提供了妥协和为他人作出牺牲的早期经验,包括兄弟姐妹、父母、祖父母,最终还有我们自己的子女与孙辈。正因为身为家庭的一员,

家庭美德:儒家与西方关于儿童成长的观念

要学会不自私,而要为他人着想,儒家将其视为我们道德发展的首要背景。

当然,柏拉图的观点在古希腊并非没有遇到挑战。亚里士多德批判了柏拉图对家庭的论述,同时也对家庭与道德培养之间的关系提出了截然不同的看法。在《政治学》(*Politics*)第二卷中,亚里士多德批评了柏拉图在《理想国》中力主废除家庭的论述,认为人们在心理上不可能照料那些不是他们自己的,但却是柏拉图设想中共有的儿童:"因为有两种性质特别会激发人类喜爱和珍惜某物:他们自己的所有物,同时这个所有物也是他们最喜爱的。两者在如此统治中的国家都不会存在。"(*Politics* 1262b;Aristotle 1998:31)①换句话说,从亚里士多德的角度来看,我们对属于我们自己的东西和我们最喜爱的东西有感情,而在柏拉图的理想城邦中,父母既不可能觉得他们的孩子属于自己,也不可能对孩子产生特殊的感情。即使亚里士多德在此处批评柏拉图的观点,他也保留了柏拉图论述中的一个重要特征:将自爱与对家庭的爱等同起来。在《尼各马可伦理学》(*Nicomachean Ethics*)中,亚里士多德写道:"父母爱子女,是把他们当作自身的一部分;子女爱父母,是因为父母是他们存在的来源。"(*NE* 1161b17;

---

① 译者在此处在核对本书作者所使用的里夫(C.D.C.Reeve)英译本的同时,也参考了乔伊特(Benjamin Jowett)的英译本,收录于 Jonathan Barnes, *The Complete Works of Aristotle*, The Revised Oxford Translation, Vol. 2.2, Princeton, NJ:Princeton University Press,1991。译者同时也参考了吴寿彭先生的中译本([古希腊]亚里士多德:《政治学》,吴寿彭译,北京:商务印书馆,1983 年),但作了相应的修改。下同。

Aristotle 1999：132－133）①亚里士多德在《政治学》中说："人们最关心自己的财产，而不是公共的事物，或者只关心那些他们负有责任的事物。因为除此之外，人们要是认为某一事物已有别人在执管，这就会使他们更加忽视。"（*Politics* 1261b；Aristotle 1998：28－29）正如布鲁斯坦所说，亚里士多德的论证是：

> 父母和孩子之间不会感到彼此特别需要、重视和关照，除非抚养孩子的人觉得自己对特定孩子的幸福负有主要责任。柏拉图提出的共同养育并没有将家庭的温暖延伸到整个国家，而是疏远了父母，因此影响了育儿的质量和亲子之间的依恋。（Blustein 1982：38）

亚里士多德倾向于将对家庭的依恋视为自身利益的延伸，这与儒家的观点形成鲜明对比。柏拉图和亚里士多德都认为，我们对家庭的爱实际上是自爱的表现。正如布鲁斯坦所说，"父母爱他们的孩子，因为孩子并不完全独立于他们，因为他们认为他们的孩子再现了他们自己或他们生活的某些方面。父母对孩子的认同就像画家对画作的认同一样，他们对孩子的爱接近于他们对

---

① 译者在此处在核对本书作者所使用的里夫（C.D.C.Reeve）英译本的同时，也参考了乔伊特（Benjamin Jowett）的英译本，收录于 Jonathan Barnes，*The Complete Works of Aristotle*，The Revised Oxford Translation，Vol. 2.2，Princeton，NJ：Princeton University Press，1991。译者同时也参考了廖申白先生的中译本（［古希腊］亚里士多德：《尼各马可伦理学》，廖申白译，北京：商务印书馆，2003 年）。下同。

家庭美德：儒家与西方关于儿童成长的观念

自己的爱"。(Blustein 1982：41)此外，对于亚里士多德来说，儿童与我们有着血亲上(biologically)的联系是很重要的，这使得将他们视为我们自身生命延伸的倾向尤其强烈。亚里士多德观点的难处之一是，养父母像亲生父母一样爱他们的孩子，这说明父母之爱的真正来源并不在于父母和孩子之间的血亲联系。

尽管儒家指出孩子的身体要归功于父母，但与亚里士多德相比，儒家并没有那么重视父母身份的血亲方面。儒家的观点是，为了照护好我们的家庭而作出的牺牲教会了我们不要自私，同时也给我们带来了更大的满足感——这种满足感只来自不自私。儒家的观点解释了父母道德经验的一些非常重要的方面，其中最值得注意的是，几乎所有的父母都会将自己置于危险的境地，不假思索地为孩子献出生命。如此看来，父母对孩子的爱不仅不是接近他们对自己的爱，而是超过了他们对自己的爱。此外，父母的爱常常使家长们采取违背自己利益的行动(例如，放弃睡眠、休闲时间和职业机会，为了保护他们的孩子而将自己置于危险之中)或延迟满足自己的需求和愿望。人们当然可以争辩说，当父母这样做时，他们的行为方式在大多数情况下最终都会使他们自己和他们的孩子受益，因为充满爱的亲子关系可以给生活提供更大的满足感；这可能是正确的，但这种观点仍然需要承认，即使是为了追求更大的理想，忠实的父母也会经常违背自己的一些利益。我们应该记住，这个理想绝不是自私的，因为它寻求通过每天甚至每小时作出个人牺牲来为每个人谋福利。这是亲子关系最显著的维度之一，也是自爱不能充分解释父母之爱的原因之一。

亚里士多德如何看待家庭在道德培养中的作用,尤其是在孩子的童年时期? 值得注意的是,在亚里士多德对柏拉图关于家庭的论述提出的所有反对意见中,他没有在任何地方声称柏拉图的体系会阻碍或损害儿童的道德发展,他也没有表明,如果没有家庭内部的亲密关系,道德培养是不可能的[①]。这一点尤其值得注意,因为亚里士多德提出了柏拉图的解释为什么行不通的各种理由,包括不可能阻止人们怀疑他们的孩子、父母和兄弟姐妹是谁的事实。考虑到亚里士多德对揭示柏拉图的解释为何站不住脚的大量关注,最重要的是,他没有声称在这样的制度下,孩子们会在没有道德基础的情况下长大。虽然他承认家庭在早期教养中扮演着重要的角色,这对后来的道德发展很重要,但他并不认为这一时期是我们道德发展中最重要或关键的时期,也没有具体说明它的含义。

　　在《尼各马可伦理学》的开篇处,亚里士多德写道:"所以,希望自己有能力学习高尚(高贵)与公正,即学习政治学的人,必须有一个良好的道德品性。"(*NE* 1095b5 - 6; Aristotle 1999:4)不幸的是,亚里士多德没有详细阐述什么是良好的教养,尽管他确实对家庭的作用作了一些补充说明,正如我们将在后面看到的。亚里士多德在这里简单地宣称,我们的早期经验必须为伦理反思提供充分的基础。正如理查德・克劳特(Richard Kraut)所说,对亚里士多德而言,良好的教养至关重要,但"我们只能走这么

---

① 参见 *Politics* 1261a - 1263a; Aristotle 1998:26 - 31 (book 2, chaps. 1 - 4)。

远。我们寻求对童年狂热目标的更深入理解，我们必须将我们的目标系统化，以便成年后有一个连贯的人生计划。如果我们要超越童年时获得的低级美德形式，我们需要参与伦理理论，并在这一领域充分地进行思考"。（2012：n.p.）克劳特的解读强调了这样一个事实，即尽管亚里士多德认为童年为道德发展奠定基础至关重要，但他并不认为这是这一过程中最关键的时期，这只是一段等候期（waiting period）。如果我们要进入后续更重要的、更高的发展形式，就必须经历这种等候期。

亚里士多德对童年的看法总体而言是消极的，因此他当然不认为这是一个特别有趣或独特的阶段。在《优台谟伦理学》（*Eudemian Ethics*）中，他指出"人们在孩提时代过的那种生活是不可取的——事实上，任何明智的人都无法忍受再次回到这种生活"。（*EE* 1215b22；Aristotle 1935）尽管他认为儿童（和动物）会做出自愿的行为，但他不相信儿童（或动物）会作出选择，他写道"我们一时冲动所做的行为被认为是自愿的，但并不符合决定"。（*NE* 1111b9；Aristotle 1999：33）这表明他认为孩子的行为是冲动的，还没有得到任何实质性的培养或学习。在亚里士多德看来，儿童（和动物）不会作出理性的判断。当然，亚里士多德也认为儿童和动物都不可能幸福，因为幸福需要完整的美德和完整的生活。（*NE* 1100a2；Aristotle 1999：12）

这与贾谊等儒家思想家形成了鲜明的对比，贾谊将三代的成功只归功于储君幼年时期的道德培养。这里的重点是，至少对于一些儒家思想家来说，童年早期是一个独特的、不可替代的道德培养机会,不仅是因为它提供了必要的基础,正如亚里士多德所主张的那样,因为它是一个人成长中最重要的阶段。如果亚里士多德把童年看作建造房屋的基础,也就是说,这一阶段只是让我们开始建造房屋的"真正的工作",那么像贾谊这样的思想家则认为童年不仅与建筑的基础有关,而且与房屋本身的结构有关。对于贾谊来说,童年后期的生命可能类似于安装门窗——这是重要的细节工作,但不是整个工程最关键的部分。正是这样的观点让贾谊这样的思想家得以解释为什么早期的失败如此难以补救,以及为什么这些后果影响如此深远。

亚里士多德确实对家庭在道德培养中的作用提出了一些额外的主张。他在《尼各马可伦理学》中写道:"只在青年时期受到正确的哺育和训练还不够;人在成年后还要继续这样的学习并养成习惯。"(*NE* 1180a;Aristotle 1999:169)他接着说:"正像在城邦生活中法律和习惯具有约束作用一样,在家庭中父亲的话和习惯也有约束作用。更因为亲缘关系,由于父亲对子女的善举,这种约束作用比法律的更大,因为家庭成员自然地对他有感情并愿意服从他。"(*NE* 1180b;Aristotle 1999:169)亚里士多德认为,因为父母所给予的恩惠是最大的。他们不仅生养、哺育了子女,而且还是子女的教师。(*NE* 1162a5;Aristotle 1999:133)①他写道:"而且,还要让父母像诸神那样享有荣誉。不过不是所有的荣誉;给予父亲的荣誉和给予母亲的荣誉不同,给予父母的荣誉也与

---

① Nancy Jecker(1989)认为父母应该感谢孩子只是因为他们将此视为"雅典法律",并反对这种说法。

给予一位智者或一位将军的不同。"（*NE* 1165a25；Aristotle 1999：140）

　　亚里士多德的母亲观与早期儒学传统形成了深刻而重要的对比。亚里士多德认为母亲并不是那么值得尊敬,部分原因是他认为父亲赋予了孩子生命。他断言,父亲的精液提供了在子宫内塑造孩子生命的主动形式,而母亲只提供了被动的质料[①]。亚里士多德没有讨论母亲在怀孕和生孩子方面的作用,他也没有讨论母亲作为孩子教育者的角色。事实上,他对女性及其适当地位的看法是他对斯巴达的几个主要批评的根源。在亚里士多德看来,家庭（*oikos*）的基本要素是父亲、母亲、孩子与奴隶,它们形成了一种自然的等级制度：在这三种关系中,父亲都是权威人物,因为在亚里士多德看来,只有他一个人拥有充分发挥作用的思考能力。亚里士多德批评斯巴达是一个"由女性统治"的国家,因为在斯巴达(与雅典不同),妇女不仅可以管理家庭并在家庭中行使权力,而且还可以拥有土地和管理自己的财产。根据亚里士多德的说法,女性的权威阻碍了人民利益的实现[②]。斯巴达并不是在某些关键领域赋予女性权威的唯一文化；正如我们已经看到的,母亲的重要性及其在家庭和教育孩子方面的权威也是早期儒家传统的一个特征,这在各种早期文本中得到了证明,包括那些记录

[①] 参见,例如,Aristotle, *Generation of Animals* 738b20 - 26；729a10。雅典法律确认父亲的出身优于母亲的出身；孩子属于父亲的家产（*oikos*）。（Pomeroy 1999：96 - 97）

[②] 参见,例如 Aristotle, *Politics* 1252b10 - 12；1269b12 - 1270a6。有关此问题的有益讨论,参见 Pomeroy 1999：42 - 43, 2002：69。

贤妇生活和胎教的文献。不幸的是,亚里士多德的女性观反映了雅典文化的几个特征,导致他忽视了母亲的重要性①。

亚里士多德正确地指出,尽管孩子可以为父母做些什么,但他们永远无法回报或接近父母为他们所做的事情。(*NE* 1164b5;Aristotle 1999:138)然而,他并不认为培养荣誉和尊重本身就是一种独特的美德,或者是道德发展的基础——甚至是基础的重要组成部分。虽然早期儒家对孝道的关注比对父母之爱的关注要强烈得多——正如我在本书后面所论证的那样,这是儒家传统中的一个缺点——亚里士多德认为父母之爱比孝道更强烈。(*NE* 1161b;Aristotle 1999:133)除了坚持认为父母对孩子的认同比孩子对父母的认同更深之外,亚里士多德认为,虽然父母从孩子一出生就爱他们,"孩子们则只有经过一段时间并理解了之后才爱父母"。(*NE* 1161b25;Aristotle 1999:133)布鲁斯坦指出,对于亚里士多德来说,"年幼的孩子并不真正爱他的父母,因为他还没有能力将他们与其他人区分开来,也无法理解他们与他的特殊关系"。(1982:42)

---

① 亚里士多德关于母亲的评论总是作为旁白提供,并且从未得到过任何发展。例如,作为友谊"似乎更在于去爱而不是被爱"这一事实的一个例子,他提到了"母亲总是以爱为喜悦"(*Nicomachean Ethics* 1159a28 - 35)。但他接着描述了"有时母亲把孩子送去哺育,虽然她们爱着自己的孩子,也认得他们,但如果不可能被孩子爱,她们也并不期望被爱。她们只要看到孩子好就心满意足"。这个例子特别值得注意的是,首先,亚里士多德并没有关注那些显而易见的普通案例,即母亲每天以各种自我牺牲的方式抚养孩子。这表明他对养育子女缺乏一般的理解,因为他没有认识到父母的爱在任何情况下都不会得到孩子的充分回报;他不需要提供母亲无法与孩子互动的场景来证明这一点。其次,亚里士多德在他所描述的情景中对母亲所感受到的痛苦表示不理解;相反,他声称只要孩子做得好,她似乎就很满意。

　　　　　　　　　　家庭美德:儒家与西方关于儿童成长的观念

亚里士多德的这一观点与孟子的说法形成了直接而有力的对比,孟子声称,即使婴儿也会以爱回应他们的父母。虽然我们可以争论"爱"的必要和充分条件是什么,以及亚里士多德和孟子在此处各自的想法,但我们将在本书后面看到,当涉及婴儿对父母的认识和表达爱意与偏爱时,证据站在孟子的这一方。从出生开始,就有证据表明,婴儿能够通过识别声音来区分父母和其他人——这是他们在子宫内开始做的事情,他们还通过气味来识别母亲。婴儿很快就开始识别和区分父母的脸,这是他们独特的准备,因为新生婴儿只能专注于 8 到 10 英寸远的物体,这是父母抱着婴儿时,他们脸之间的大致距离。到 6 个月大时,婴儿明显表现出对父母(或其他主要照护者)的依恋或缺乏依恋;这也是一个对照护者缺乏依恋相关问题难以补救的时期①。

正如最近的一些著作所指出的那样,亚里士多德的美德伦理与儒家美德伦理之间存在一些重要的相似之处②。但一个深刻而普遍的差异是亚里士多德在《尼各马可伦理学》中对友爱的强

---

① 我在第五章中提供了详细的实证依据。

② 除了万百安(Van Norden 2007)将儒家的孝道观与柏拉图、亚里士多德和阿奎那的观点进行比较(122)之外,另有两部比较孔子和亚里士多德思想的著作简要地论述了家庭在道德修养中的作用,如这两位思想家。余纪元(1964—2016)写道,"亚里士多德和孔子都重视家庭在修养中的作用","在道德哲学中重视家庭是孔子和亚里士多德与现代伦理不同的一点。"(Yu 2007:121)然而,余纪元也指出,与孔子相反,孝道不是亚里士多德美德的根源,在亚里士多德看来,国家在道德教育中的作用比家庭重要得多。(129)西姆(May Sim)写道:"亚里士多德关于家庭责任的说法听起来与儒家的孝道非常相似。……和他关于友爱的言论(philia,标准翻译为"友谊")听起来类似于儒家的仁。"(Sim 2007:116)尽管她没有详细说明这些相似之处或讨论这些论述之间的明显差异。西姆还写道:"从家庭或家庭开始是孔子和亚里士多德正确修身的途径。"(118)正如读者将看到的,我的观点是,仔细研究后,早期儒家观点与亚里士多德在这个问题上的观点之间的相似之处非常薄弱。

调和对家庭关系的讨论①。正如布鲁斯坦所言："亚里士多德对友爱作为家庭生活的一种现象感兴趣，因为他认为亲密的友爱是美好或幸福生活的必要组成部分。"(Blustein 1982：46)然而，对于亚里士多德来说，最完整意义上的友爱是两个人之间的自愿关系，他们彼此拥有并承认彼此的感情，并且可以平等地回报这种感情，这意味着他们必须处于相同的社会水平（Hutchinson 1995：228)一个男人不能和他的妻子有这种关系，因为他统治着她，或者和他的儿子有这种关系，因为他是他儿子的恩人，尽管父母和孩子之间可以获得较低的友爱，根据亚里士多德的观点："如果子女对父母做了他们所应做的，父母对子女做了他们所应做的，父母与子女的友爱是持久的、公道的。"(*NE* 1158b22；Aristotle 1999：127)这就是为什么亚里士多德对家庭关系的简短讨论被纳入他对友爱的论述中，在他看来，友爱在美好生活中起着更重要的作用。友爱对亚里士多德来说更为重要，因为他认为女性天生就低于男性。这是他强调（男性）友爱而不是家庭的原因之一，这也解释了为什么他不认为女性在道德教育中具有特殊作用。

正如我们所看到的，这与早期儒家的一些观点形成了对比，这些观点认为女性在婴儿和童年早期道德发展中有着独特的、不可替代的作用，并且认为这些早期阶段不仅是必要的，因为它们使更重要的培养形式得以实现，而且因为它们是我们性格发展过程中最重要、最关键的阶段。因此，对于儒家来说，家庭在我们成

---

① 参见 *Nicomachean Ethics*，book 7，chap. 12，"Friendship in Families"（Aristotle 1999：132 - 134)。

家庭美德：儒家与西方关于儿童成长的观念

长的早期阶段起着最重要的作用，而对于亚里士多德来说，家庭在我们成长的任何阶段都不起重要作用。亚里士多德强调沉思生活是最好的生活，而儒家则强调更大、更丰富的家庭关系图景是美好生活的重要组成部分。儒家将家庭生活视为人类繁荣的内在模式这一事实不仅与亚里士多德形成了深刻而重要的对比，也与其他西方女性主义思想家形成了深刻而重要的对比。

斯多葛主义、托马斯主义和奥古斯丁主义哲学中的家庭与道德培养

柏拉图和亚里士多德的观点都暗示，当超过一定的程度，成年人想要在道德上改变自己就会变得极其困难，甚至不可能。这与斯多葛学派（Stoics）形成鲜明对比，后者并不认为成年人的道德转变特别成问题。这种对比有一些重要的原因。柏拉图和亚里士多德担心人们可能会遭受意志软弱（akrasia），即他们灵魂中非理性部分的力量会使他们无法遵循他们的理性认同的教导。然而，斯多葛学派不同意这种观点，当然这也是他们不像柏拉图和亚里士多德那样重视儿童教育的原因之一。然而，正如我们将看到的，这并不是说他们完全忽视了婴儿和儿童的问题。

斯多葛学派和他们之前的伊壁鸠鲁学派（Epicureans）一样提出了雅克·布伦施维格（Jacques Brunschwig，1929—2010）所谓的"摇篮辩论"（cradle arguments），其中包括"首先描述（或声称描述）摇篮中儿童的行为和心理（通常与小动物一起），然后或多或少直接地得出（或声称得出）某些结论，这些结论以某种方式

导致道德学说的形成和正当化"。(Brunschwig 1986：113)正如玛莎·努斯鲍姆(Martha Nussbaum)所指出的那样，伊壁鸠鲁学派认为："我们作为健康的血亲，是在我们的官能可靠而无瑕疵地运作的时候来到这个世界上的。但是不久，我们就遇到了腐化我们、令我们困惑的外在力量。"因此，"伊壁鸠鲁的核心思想看来是：如果在人类这种动物被腐化之前我们就能在想象中捕获它，看看它在这些阴险的社会过程扭曲其偏好之前所具有的禀赋，那么我们就有了对于真正的人类善的真正见证者，并且有了一种在我们自己的欲望中把那些健康的欲望隔离出来的方式"。(Nussbaum 1994：107)①

斯多葛学派"摇篮辩论"的例子包括声称婴儿感觉到对营养的需要，这就是他们为什么想要母乳喂养，而不是因为他们喜欢哺乳和饱腹；快乐只是一个附随物。塞涅卡(Seneca，c.4 BC‑AD 65)还讨论了那些在能够站立和行走之前坚持尝试站立和行走的童年早期，这并不会带来快乐，而是会因不断跌倒而感到疼痛。然而，这些论点的几个特征对于我们的目的来说特别重要。首先，它们是基于对身体行为的描述，例如寻找食物和学习走路，而不是对情绪反应的描述，比如《孟子》中的"孺子"对父母的爱的反应。其次，这些论点与道德培养或教育的过程或亲子关系在道德发展中的作用没有任何关系。正如布伦施维格所指出的，没有

---

① 玛莎·努斯鲍姆(Martha Nussbaum)的《欲望的治疗：希腊化时期的伦理理论与实践》(*The Therapy of Desire: Theory and Practice in Hellenistic Ethics*)，我参考了徐向东教授和陈玮教授的中译本，北京大学出版社：2018 年。译者略有修改，下同。——译者注

　　　　　　　　家庭美德：儒家与西方关于儿童成长的观念

提到"模仿的潜在作用、家庭环境的帮助以及对孩子学习走路时的支持"。（Brunschwig 1986：135）相反，这些哲学家只关注我们从出生开始就有的身体倾向，目的是支持（和反对）某些人性论。对于伊壁鸠鲁学派来说，目标是确立我们自然地寻求快乐；斯多葛学派试图证明我们本能地寻求满足我们的身体需求，并且（反对伊壁鸠鲁学派）任何快乐都只是一种附随物。在这两种情况下，这意味着"对于那个未受腐化的血亲来说，在使用他那没有经过教化的装备时，他看不到也不去欲求的一切东西都不是人类目的的一部分"。（Nussbaum 1994：109）

西塞罗（Marcus Tullius Cicero，106 B.C.—43 B.C.）对家庭的兴趣仅次于他对国家的讨论。他承认家庭在国家的建立中起着至关重要的作用，他写道，婚姻"从这样的生育和由此产生的后代开始，国家就开始了。这种血缘关系将男人们在善意和情感上结合在一起"。（*On Obligations* 1.54‐55；Cicero 2000：20）[①]这是他的观点与早期儒家观点形成鲜明对比的一个明显方式。西塞罗认为家庭是国家的基石，在他看来，国家是最重要的人类组织，而早期儒家思想家则认为家庭是人类生活中最基本、最重要的部分。此外，像亚里士多德一样，西塞罗在某些方面将国家置于家庭之上。正如布鲁斯坦指出的那样，西塞罗认为国家对个人忠诚和奉献的要求超过了"父母、孩子、亲戚和朋友"的要求。（1982：47）

---

① 尽管有许多斯多葛学派的论文题为《论恰当的行动》（*On Appropriate Action*），但西塞罗对帕那提乌斯版本《论责任》的改写、扩展和罗马化是唯一留存下来的文献。有关翻译，参见 Cicero 2000。有关斯多葛学派伦理学著作的有益概述，参见 Schofield 2003：254。

可以肯定的是,斯多葛学派的各种著作都提出了一种观点,即明确拒绝我们对家庭依恋的情感现实以及这些联系代表真正善的想法。例如,爱比克泰德(Epictetus,55-135)告诫说:

> 你所爱的人注定会死的。……你所爱的东西都不是你自己的东西,它只是暂时交给了你;并不是别人就不能从你的手里夺走;而是像一颗无花果或者一串葡萄一样,只有在一定的季节才能拥有(你才能拥有它),假如冬天了你还想要(无花果或者葡萄)的话,那你就是一个十足的傻子。所以,假如(神)已经不给你儿子或朋友了,而你却还要儿子或朋友的话,你就必须明白,你这是在大冬天想吃无花果。(*Discourses* 3.24.86-87;*Epictetus* 2008:204)[1]

然而,斯多葛学派确实建设性地讨论了家庭关系的某些方面。西塞罗认为孩子们对父母表示感谢很重要。布鲁斯坦认为,对于西塞罗来说,“如果父母的慷慨没有因为孩子的感激和普遍的善意而得到回报,那么作为自然社会的家庭就会受到破坏”。然而,正如布鲁斯坦接下来指出的那样,除了具体说明感恩只适用于“刻意、热切和慷慨地”给予我们的好处之外,西塞罗从未详细说明孩子应该感谢父母什么,或者这种感激之情是否以及如何

---

[1] 爱比克泰德《论说集》的英译本参考了 *Epictetus: Discourses*,Cambridge,Mass:Harvard University Press,1928。中译本我参考了[古希腊]爱比克泰德:《爱比克泰德论说集》,王文华译,北京:商务印书馆,2009 年。下同。——译者注

家庭美德:儒家与西方关于儿童成长的观念

才能得到完全履行。(Blustein 1982：48)这表明西塞罗的道德哲学——包括他对感恩的讨论——的主要焦点不是家庭。相反，虽然他承认他的言论与亲子关系有一定的关联，但他几乎完全忽略了它们的关联。这与儒家关于孝道的讨论形成鲜明对比，后者为孩子对父母的感激之情和无法完全偿还债务提供了详尽的理由，同时也概述并提出了孩子应该表达感激之情的具体方式的论据。当然，从儒家的观点来看，孝道不仅仅是感恩。

　　事实证明，塞涅卡在这些议题上做得更好。他认为，在婴儿期抛弃孩子而不继续养育孩子的父母，只会给他们的孩子"野兽，甚至是一些微不足道的，甚至是一些令人厌恶的生命形式"。(*On Benefits*，book 3，chap.30；Seneca 2011：78)这是最重要的，因为塞涅卡在此处承认，仅仅感激父母赐予你生命是不合适的[①]。他在书中提到了各种各样的福祉："当然没有什么比父母给孩子们的福祉更大的了。但是，如果孩子们在婴儿期被忽视，那么这些福祉是徒劳的，除非坚定地奉献于培养他们的天赋……仅仅给予天赋是不够的，而是必须维持它。"(*On Benefits*，book 2，chap.11；Seneca 2011：39)根据这种观点，父母如果在孩子出生后不继续养育和教育他们，那就是失职。有趣的是，塞涅卡强调父母的努力需要"许多其他人提供的福祉的支持"，并且"我的

[①] 布鲁斯坦指出，塞涅卡没有讨论这个问题概念上的困难，即"与拯救生命不同，创造生命并不赋予某人利益，因为只有通过创造生命，才是在给予他人福祉"。(Blustein 1982：49 – 50)事实上，存在似乎是授予福祉的可能性的条件，而不是真正的福祉。在对传统儒家孝道的批判中，艾文贺认为，"根本没有证据表明赤裸的存在本身可以被认为是一种善"，即使可以证明这一点，这种善也不会成为感恩的合法基础。(2007：300)

生命源头不是我的父亲，甚至不是我的祖父"，因为我们的存在归功于过去好几代人。(Seneca 2011：82，77；Bk. 3 Ch. 35，29)尽管儒家承认我们对先祖有所亏欠，并应当认真履行对先人的孝道，但他们仍然对父母特别敬爱，并没有像塞涅卡那样贬低这种关系。在这里，儒家似乎是正确的：虽然父母在照顾子女方面得到许多其他人的帮助，但其他人的努力通常无法与好父母的努力相比。

最重要的是，塞涅卡提出了"是否有孩子给父母的福祉要比他们从父母那里得到的更多的时候"的问题。(Seneca 2011：76，Book. 3 Ch. 29)与亚里士多德相反，他对这个问题予以肯定的答案。塞涅卡认为，当一个成年的儿子救了他父亲的命时，他比他的父亲在给他生命方面做得更多。首先，根据塞涅卡的说法，救他父亲生命的福祉比他自己作为新生儿的生命更有价值，因为婴儿是非理性的并且没有意识；他们甚至不知道自己活着。(78–79，Book. 3 Ch. 31)其次，他是有意(intentionally)救他父亲的命，而他父亲创造他的行为可能是无意的，救他父亲生命的行动显然有利于他的父亲，而简单地给予婴儿生命并不明显有利于婴儿。最后，他父亲对生存的需要超过了他作为婴儿出生的需要。所有这些都凸显了塞涅卡的观点与亚里士多德的观点是多么地不同，亚里士多德的观点是，孩子们永远不会像他们的父母造福于他们那样让自己的父母受益，因为对亚里士多德来说，生命的礼物是无法偿还的债务。正如布鲁斯坦所指出的，对于塞涅卡来说，"尊敬不是自卑的标志，而是一种态度，这种态度通过孩子不断渴望让他的父母为他感到骄傲，给他们带来幸福，而这种幸福只能来自

亲眼看见他热切地向父母给予善待和恩惠"。(Blustein 1982：52)

　　然而,就当下的目的而言,更重要的是,我们要强调的是与早期儒学观点的对比。如果我们试着想象性地建构贾谊这样的思想家对塞涅卡论点的回应,最重要的分歧将是塞涅卡声称拯救父亲生命的行动比他自己作为新生儿的生命更有价值的观点,因为婴儿是非理性的,对自己或他人没有意识。基于早期儒家的观点(后来证明是正确的),婴儿的早期阶段代表了我们成长中一个独特且不可替代的阶段,并且是一个成年期在重要性上完全无法相提并论的阶段,贾谊可能会争辩说,父母对孩子婴儿期的养育和关注比儿子长大成人后挽救父亲生命的行动更有价值。无论如何,至少一位早期儒家想要强调的是,一个儿子救了他父亲的命,决不能与父母在孩子成长的早期阶段对孩子的照顾相提并论。这不是"回报"父母,也不是给父母带来更大的福祉。事实上,贾谊可能会争论道,由于早年代表着独特而不可替代的培养机会,所以不可能有任何福祉比父母给予婴儿的更大。这种回应突出了早期儒学传统的一些重要特征,这些特征很容易与斯多葛学派形成鲜明对比。首先,早期儒家比斯多葛学派更强调道德培养。因此,他们倾向于更加强调父母帮助塑造和培养孩子性格的方式,而这是孩子们永远无法完全回报的,即使他们确实以重要的方式塑造和影响了他们的父母。其次,他们认识到婴儿的生命要远超他们看起来的样子。贾谊对婴儿的评价与塞涅卡对婴儿的描述形成鲜明对比。第三,儒家对孝道的重视程度高于其他学派。虽然像亚里士多德、西塞罗和塞涅卡这样的思想家清楚地认为孩子应该感恩父母并要有孝顺的观念,但他们的说法无法与儒家对这一美德讨论的深度和广度相提并论。这不仅是因为儒家认为孝道是其他美德的基础,尽管这确实使他们与众不同。儒家关于孝道的论述也很独特,因为他们表达了关于子女对父母的亏欠的高度独特性的理解,而不仅仅只是如亚里士多德和许多儒家所说的父母给了孩子生命。同时也是因为父母提供了独特的养育方式。与塞涅卡不同的是,早期儒家认为孩子们能做的任何事情都比不上这种投入。显然,早期儒家对孝道的看法在某些方面是有缺陷的,包括他们没有明确指出孝道的基础部分在于儿童生命早期的独特性以及父母在这段时间发挥的关键作用。他们还将儿童义务置于父母义务之上(并倾向于将这些义务视为极端和绝对的义务),鉴于早期儒学对儿童初期生活的描述,这一点尤其严重。儒家的孝道并不完美,并且需要修正,这些都是我们后面要探讨的问题。但本章的目的是强调儒家关于家庭在道德培养中的作用的观点与传统西方哲学史上对这些问题的观点的不同之处。在斯多葛学派的例子中,我们可以看到清晰而明显的对比,这些对比突出并强调了早期儒学的鲜明特征。

在早期基督教哲学家的著作中,童年早期、亲子关系和道德培养的必要性等主题也被触及了,但其框架与斯多葛学派的框架截然不同。奥古斯丁(Augustine of Hippo,354—430)的著作有力地说明了道德培养的必要性,他对儿童和童年的评论突出了他的观点的这一特征。然而,奥古斯丁的神学观使他反对道德培养与亲子关系之间密切相关的观点,这使他无法将童年早期视为道德培养的独特机会。奥古斯丁对原罪（original sin）的论述强烈地塑造了他对儿童、亲子关系和道德培养的看法。由于我们对救赎深切的需要，奥古斯丁认为道德培养和亲子关系在塑造我们道德发展方面的作用有限。简言之，对于奥古斯丁而言，没有什么能比得上天主救赎恩典（grace）对人的转变力量。

奥古斯丁对儿童的看法不那么讨人喜欢。在奥古斯丁看来，童年早期没有表现出任何独特的潜力或特殊的延展性。正如布鲁斯坦所说："亚当的罪传给了他的后代，因此，孩子们就像亚当本人一样——专横、任性、自私和以自我为中心。"（Blustein 1982：54）出于这个原因，人们可能会期望奥古斯丁赋予父母一个重要的角色，而且在他看来，不断地让父母和老师满足他们的冲动的孩子，就永远不会培养出意识到自己需要救赎所必需的谦卑。这反过来又意味着，如果没有父母和老师的塑造和管教，他们将永远不会踏上寻求成就的道路。出于这个原因，奥古斯丁在讨论亲子关系时强调纪律和服从。但在他看来，父母的角色有很大的局限性，因为父母本身就是有罪的，我们只能通过救赎去改变，而不是通过任何道德培养或教育计划实现。部分是因为他对人类罪恶的描述，奥古斯丁并不认为父母与孩子之间的关系已经成熟到具有道德培养的可能性。奥古斯丁写道，为人父母对我们有好处，因为它抑制了我们在生育后的性欲：在婚姻中，"被父母的感情所调和的肉体欲望得到了抑制，并变得更加温和。因为当他们作为丈夫和妻子在婚姻行为中联合起来时，他们认为自己是母亲和父亲的尊严便战胜了（欲望）"。（*The Good of Marriage*，chap. 3；

Augustine 1955：13)①这段引文有助于表明奥古斯丁将家庭与他对原罪,特别是性罪(sexual sin)的概念联系起来。

在奥古斯丁看来,所有美好的事物都来自天主,即使它们是通过其他人来到我们这里的;但反过来则不然,坏的和恶的事物都来自人类,而不是天主。这在奥古斯丁关于父母和其他照护者的讨论中尤为明显。在讨论他自己的婴儿期时,奥古斯丁在《忏悔录》(*Confessions*)中写道:

> 我的母亲,我的乳母并不能自己充实她们的乳房,是你,主,是你按照你的安排,把你布置在事物深处所蕴藏的,通过她们,给我孩子时的养料。你又使我在你所赐予之外不再有所求,使乳养我的人愿意把你所给予她们的给我,她们本着天赋的感情,肯把自你处大量得来的东西给我。我从她们那里获得滋养,这为她们也有好处:更应说这滋养不来自她们,而是通过她们,因为一切美好来自你天主,我的一切救援来自我的天主。(*Confessions*, book 1,Chap.1, para. 7;Augustine 1960:46 - 47)②

后来,他写到他母亲对他的警告:"我认为这不过是妇人的唠叨,听从这种话是可耻的。其实这都是你的话,而我不知道,我还以为你

---

① 有关奥古斯丁观点这些特征的有益讨论,参见 Blustein 1982:55 - 56。
② 奥古斯丁《忏悔录》的英译本我参考了 Saint Augustine, *Confessions*, Trans. Vernon J. Bourke PhD, Washington, D.C.: Catholic University of America Press,1953。《忏悔录》中译本参考了周士良译本,北京:商务印书馆,1963 年。下同。——译者注

　　　　　　　家庭美德:儒家与西方关于儿童成长的观念

不声不响。这不过是她饶舌。你却通过她对我讲话,你在她身上受到我、受到你的仆人、你的婢女的儿子的轻蔑。"(*Confessions*,book 2,Chap.3,para.7,p.68)在这些引文中,奥古斯丁欣然将他母亲所做的好事归功于天主,但他却直截了当地将失败归咎于他的父母:"家中人并不想用婚姻来救我于堕落,他们只求我学到最好的辞令,能高谈阔论说服别人。"(*Confessions*,book 2,Chap.2,para.4,p.67)他接着写道,他的父亲"并不考虑到我在你面前如何成长,能否保持纯洁;他只求我娴于词令,不管我的心地,你的土地是否荒芜不治,天主啊,你是这心地的唯一的、真正的、良善的主人"。(*Confessions*,book 2,Chap.3,para.5,pp.25–26)在著名的"偷梨事件"之前的一段中,奥古斯丁指责他的父母没有注意到他结婚是为了限制他的性滥交,并写到他的母亲——

> 不愿如此做,因为害怕妻室之累妨碍了我的前途,所谓前途,并非我母亲所希望的,寄托在你身上的、身后的前途,而是学问上的前途。我的父母都渴望我在学问上有所成就:父亲方面,他几乎从不想到你,对我却抱着很多幻想;母亲呢,则认为传统的学问没有害处,反而为我日后获致你有不少帮助。这是据我记忆所及,回想父母的性情作如此猜测。(*Confessions*,book 2,Chap.3,para.8,p.69)

在所有这些引文中,奥古斯丁都将他的父母描述为给他提供正规教育,但不致力于他的道德教育和幸福。他认为这是他们的缺点,但他把从他们那里得到的福祉归功于天主。

在《忏悔录》中,奥古斯丁公开承认了他对母亲的爱以及母亲对他的爱。然而,在他看来,他母亲伸出援手帮助他的努力不是她自己的,而是天主的。此外,她的任何努力都没有最终有效地改变他。出于这个原因,奥古斯丁关于莫尼卡(Monica)①的论述可以使他的观点更加清晰。我们没有关于莫尼卡如何帮助奥古斯丁成为更好的人的文字,因为在奥古斯丁看来,她没有做到。但这并不是说他否认她对基督教信仰的奉献是令人钦佩的。然而,这确实意味着,对于奥古斯丁来说,即使是最杰出的父母的养育模式对我们的成长也无关紧要,因为天主的角色才是真正重要的。

当然,这并不意味着道德培养对奥古斯丁来说完全不重要。他对人类必须如何克服与天主的疏远,记住他们最初与天主的统一,在这个过程中恢复他们最初的纯洁本性有丰富的论述。奥古斯丁的观点并不是说,人性必须通过将原始的本性重塑为完美的本性实现完全的转变;相反,奥古斯丁认为我们必须恢复并回到最初即植入心里的原貌——即我们被创造出来的样子②。然而,

---

① 奥古斯丁的母亲莫尼卡(Monica,331—387),也被称作希波的圣莫尼卡(Saint Monica)。——译者注

② 鉴于他的论述的这些特征,奥古斯丁的观点似乎接近于艾文贺对理学家朱熹(Ivanhoe 2000a)所讨论的修身的"康复模式"。斯托纳克(Aaron Stalnaker)将奥古斯丁和早期儒家思想家荀子进行了比较,尽管斯托纳克坚持认为奥古斯丁和荀子都属于改造模式的修身的例子,并且将他们与各种修身模式联系起来研究,但并不能充分充实他们观点的细节(Stalnaker 2006: 39 - 40)。我认为奥古斯丁对道德培养的论述更接近于修身的康复模式,但由于它与上帝的特定概念、原罪和一系列其他独特的观念联系在一起,我认为这是一个很好的例子,我认为奥古斯丁的观点足够独特,需要有自己的模型。

在奥古斯丁关于这种转变必须如何发生的图景中，家庭在这一过程中根本没有发挥强大作用的空间，同时，在他关于人性的图景中，也没有给童年所具有的道德培养的独特潜力留有空间。

托马斯·阿奎那（Thomas Aquinas，1225—1274）对家庭的论述与奥古斯丁有很大不同，部分是因为——与深受新柏拉图主义影响的奥古斯丁相比——阿奎那深受亚里士多德的影响。亚里士多德对阿奎那家庭观的影响主要体现在阿奎那对孩子欠父母的债务的关注。阿奎那同意亚里士多德的观点，即儿童无法偿还债务。我们给予父母的任何福祉都不会像他们给予我们的那样重要。（*Summa Theologiae* 2a2ae，Q. 106，A. 6；Aquinas 1948：1646 - 1647）他还同意亚里士多德的观点，"因为父母爱自己的子女，把他们视作自己本身的一部分。……所以父亲对其子女的爱，更像是一个人对他自己的爱"。（Q. 26，A. 9；Aquinas 1948：1295）①反过来，像塞涅卡一样，阿奎那相信父母的义务不仅仅是把孩子带到这个世界上。他说父母有责任照顾他们的孩子②。但阿奎那更注重孩子对父母的适当回应，这导致他形成了一套关于孝道的观点。

阿奎那认为，孩子对父母有两种责任：服从的责任是暂时

---

① 托马斯·阿奎那的《神学大全》英译本我参考了 Thomas Aquinas, *Summa Theologica Complete in a Single Volume*, unabridged edition, Coyote Canyon Press, 2018。中译本我参考了圣多玛斯·阿奎那：《神学大全》，周克勤等译，碧岳学社/中华道明会，2008年。下同。——译者注

② 参见 *Summa Theologiae*，2a2ae，Q. 26，A. 9（Aquinas 1948：1295）。布鲁斯坦（1982：57）写道，阿奎那认为父母应该为孩子提供身体、心理、道德和宗教方面的教育。

的，只持续到童年时期；虔诚的责任则是永久性的。（*ST* 2a2ae，Q. 101，104；Aquinas 1948：1626，1639）①虽然服从父母和尊重他们的权威对童年早期来说是适当的，但阿奎那认为父母应该从他们的孩子那里得到崇敬（homage）或恭敬（reverence）——而不仅仅是荣耀（honor）或尊敬（respect）。这是阿奎那的一个重要区分。他坚持说："恭敬是直接关注那些超越众人者；为此，按照优越的不同之理，而有多种不同的恭敬。至于服从，则是关注具备优越之人的命令，所以，它只有一种理。"（Q. 104，A. 2；Aquinas 1948：1636）在阿奎那看来，我们应该尊敬我们的父母，不仅因为他们是我们的长辈，还因为他们给予我们的那种福祉。阿奎那争辩说，一个人的父母和一个人的祖国在他们赐予的各种福祉方面仅次于天主，"赋予我们生存和治理我们的根源，则为父母和祖国；因为我们是由父母，并在祖国的怀抱里生长的。因此，在天主之后，人对父母和祖国负有最大的义务。所以，正如恭敬天主属于宗教之德的事；同样，恭敬父母和祖国，是属于孝道之德的事"。（Q. 101，A. 1；Aquinas 1948：1626）然而，与亚里士多德不同的是，阿奎那明确指出，在这方面，父母比祖国更重要，这就是为什么我们的义务不是相等的，"首先特别是对父母；对其余的人，则应按照自己的能力以及配合各人的情形"。（Q. 101，A. 2；Aquinas 1948：1627）布鲁斯坦指出，对于阿奎那而言，对父母的义务优先于我们对国家的义务是至关重要的——

---

① 进一步的讨论，参见 Blustein 1982：57。

家庭美德：儒家与西方关于儿童成长的观念

因为只有父母给了孩子生存、食物、生活所需的支持和教育,这样他们才能分享祖国的福祉。既然父母所赐的福祉涉及我们的整个存在、我们的整个人格,而不仅仅是一个相对较小的方面,所以我们对他们的义务特别大,我们有责任以特殊的方式尊敬他们,以虔诚之心感恩并偿还我们对他们的债务。(Blustein 1982:59)

我们在阿奎那关于感恩的讨论中清楚地看到了这一观点,他再次声称,我们对父母的义务仅次于天主。(*ST* 2a2ae,Q.106,A.1;Aquinas 1948:1642 - 1643)在他观点的这方面,阿奎那打破了早期的希腊和罗马哲学传统,后者更加重视城邦或国家。阿奎那关于自然法的论述是他对家庭基础地位的强调。他认为,当人类按照自己本性行事时,他们就参与了天主的计划,他指出了人性倾向于人类的三类事物,其中一类是寻求性结合,并生育和教育他们的后代。(*ST* I - II, Q. 94, A. 2; Aquinas 1948:1009)阿奎那对父母与孩子之间关系的强调是这一叙述的自然结果。

阿奎那认为,孝道是一种独特的美德,包括我们对父母的恭敬和服侍。虽然恭敬涉及一个人对父母的态度和荣誉感,但服务包括具体行动,例如在父母生病时,则应探望并照顾他们,在他们有需要时则应供养他们。(*ST* 2a2ae,Q. 101,A. 2;Aquinas 1948:1626)①有趣的是,阿奎那接受了一系列基于基督教经文

---

① 关于孝道作为一种独特的美德,见 *ST*,2a2ae,Q. 101,A. 3(Aquinas 1948:1627)。

的反对意见,这些经文暗示了宗教与孝道之间的紧张关系(例如耶稣在《路加福音》14∶26中的声言,即他的门徒应该恼恨他们的家人)。他回应说,既然宗教和孝道是两种美德,而且由于亚里士多德说善不与善对立,"孝道与宗教不可能会互相矛盾,以致其一的行为会为其二所排斥"。(Q. 101,A. 4;Aquinas 1948∶1628)我们在此处看到了阿奎那孝道观的一些独特的基督教特征。他争辩说:

> 如果恭敬父母使我们离弃了对天主的恭敬,那么坚持要恭敬父母而对天主相反,就已不是孝顺父母了。……不过,如果为父母付出了应有的服务,并不使我们离弃恭敬天主,那么,这已经属于孝道的事。这样,就不应该为了宗教,而置孝顺父母于不顾。(Q. 101,A. 4;Aquinas 1948∶1628)

当然也有例外,例如"我们的父母引诱我们犯罪,要我们离弃恭敬天主",在这种情况下,我们必须"远离并恼恨他们"。他争辩说,如果我们的父母需要我们的供养,而其他人无法养活他们,我们"不能为了宗教而舍弃他们",因为这将违反孝道父母的诫命。但是,如果可以为他们的照护作出其他安排,"放弃他们的服务,以便有更多时间从事宗教活动是合法的",或者通过成为神父或加入修会而进入宗教。然而,即使是进入修会的人,也必须"以自己的孝心,设法找出援助自己父母的方法"。(*ST* 2a2ae,Q. 101,A. 4;Aquinas 1948∶1628 - 1629)

阿奎那谈到孝道这一话题具有重要意义。他比他的西方哲学前辈更广泛地这样做，并明确承认孝道是一种独特的美德。然而，他的孝道观与早期儒家的孝道观之间存在许多重要差异，其中包括，首先，阿奎那将孝道作为他对"孝道"的一般讨论的一部分——对天主、父母和祖国①。早期儒学认为孝道本身就是一种独特的美德，而不是对他人的"孝"的更大美德的表达。与阿奎那的讨论相比，儒家更加关注孝道，着墨更多。另一个重要的区别是，阿奎那和亚里士多德一样，没有意识到母亲的独特重要性，他的言论甚至贬低了母亲的地位。阿奎那提出了一个权威的论点，即父亲比母亲更应受人的爱，他引用了教父和亚里士多德来支持他的主张，父亲是"主动的根源，而母亲是被动的和质料的根源。……在生育人的时候，母亲只提供肉体的、尚未有形式的质料；这种质料受到了那在父亲精子里形成力的作用，获而成形。这形成力虽然不能创造有理性的灵魂，可是它装备肉体的质料，去接受人的形式"。（*ST* 2a2ae，Q. 26，A. 10；Aquinas 1948：1296）这里有一些关键的区分。首先，儒家不认同这种灵魂观；其次，他们欣赏怀孕的独特性和关键性；第三，他们对母亲的描述不仅基于她们如何看待生命的起源，还基于母亲在儿童教育中发挥的关键作用，从产前阶段开始一直延伸到儿童的早期教育。由于所有这些因素，儒家并不认为母亲的角色是"被动的"。

　　与早期儒家孝道观的另一个重要的区别是，阿奎那坚持认为

---

① 关于美德的一般论述的比较研究，特别是在阿奎那和早期儒家思想家孟子中发现的勇德，参见 Yearley 1990。

一个人对天主的义务优先于一个人的孝道义务。早期儒家并没有类似的一套凌驾于孝道之上的义务。这一点在舜的故事中表现得尤为明显,即使他的父母试图杀死他,他也始终不渝地孝顺他们。我们只能假设阿奎那不认为舜的孝道仍然存在,因为他认为如果父母"引诱我们犯罪,要我们离弃恭敬天主",一个人的孝道就不成立。阿奎那也不赞同儒家所认为的孝道是我们道德发展的基础,或者是其他美德源泉的观点。如果有的话,阿奎那将人与天主的关系视为基础。尽管如此,阿奎那和儒家都对孩子对父母的义务而不是父母对孩子的义务有更多的看法。阿奎那写道,"父亲本然应该援助儿子;为此,他不仅应该暂时援助儿子,而且要为其一生援助他"。(*ST* 2a2ae,Q. 101,A. 2;Aquinas 1948:1627)对阿奎那来说,父母对孩子负有广泛的义务几乎是不言而喻的,这就是为什么他更加重视孝道的原因,因为这不仅让他觉得孝道更加特殊,同时也符合圣经的诫命。在某种程度上,儒家可能也是如此,尽管儒家在父母和孝道方面比阿奎那有更多的发言权。

近代西方哲学中的家庭与道德培养

西方近代哲学史上的主要家庭观和道德培养观与早期儒家思想形成鲜明对比的两个特点是:一是强调对社会成员的管理,而不是对他们的培养;二是伦理与政治的深刻分离。此外,在近代时期,人们继续忽视婴儿期和童年早期、孕期以及母亲在道德培养方面的作用。正如我们所看到的,儒家思想家总是假设人类

家庭美德:儒家与西方关于儿童成长的观念

可以通过重要的方式发展或改变他们的本性,这导致他们专注于道德教育、修身,当然还有家庭的作用。早期儒家思想家对早期成长阶段特别感兴趣,并将其视为独特且不可替代的培养机会,还认为母亲在子女品格的培养中扮演着特殊的角色。在儒家思想家看来,虽然一个政治秩序的基本结构很重要,但它的重要性远远低于其成员某些道德情感的发展,而家庭在这一发展过程中扮演着最重要的角色。相比之下,在西方哲学的近代时期,最有影响力的政治哲学家往往更多地关注政治秩序如何管理人类,而不是家庭在道德培养中的作用。尽管如此,霍布斯(Thomas Hobbes,1588—1679)、卢梭(Jean-Jacques Rousseau,1712—1778)、洛克(John Locke,1632—1704)、康德(Immanuel Kant,1724—1804)和黑格尔(G.W.F. Hegel,1770—1831)等思想家确实对家庭及其在道德教育中的作用各有观点,正如我们将要看到的,他们的观点与早期儒家思想家对这些问题的论述形成了有趣的对比。

霍布斯关于家庭及其在道德发展中的作用的大部分论述都是在他对自然状态的论述的背景下进行的。根据霍布斯的说法,亲子关系,连同自愿服从他人和囚禁,是一个人在没有公民社会的情况下获得"对另一个人的权利和支配权"的三种方式之一。(*Body*,*Man*,*and Citizen*,part 2,chaps. 3 - 4;Hobbes 1967)在所有这些情况下,恐惧是这种关系的决定性和推动性特征,尽管霍布斯写道,那些选择主权的人"这样做是因为畏惧彼此",而孩子们因为害怕他们而服从父母,就像那些被囚禁的人出于畏惧让自己屈服于俘虏他们的主人(*Leviathan*,part 2,chap. 20;

Hobbes 1968)。霍布斯坚持认为,在任何情况下,我们都受到个人利益前景的驱使:"要不是为了自己的好处,没有人施惠。"这也适用于父母和孩子。(*Leviathan*,part 2,chap. 20;Hobbes 1968)①霍布斯坚持认为,孩子选择服从父母的权威。正如布鲁斯坦所说,霍布斯认为,"孩子们默许服从父母,因为他们本能地想要活着,因为他们生来就有这样的理解:即如果不服从父母,他们可能会杀死或抛弃他们"。(Blustein 1982:69)②服从父母的义务延伸到成年期,正如布鲁斯坦所说,在霍布斯看来,"当我们依赖父母提供保护时,我们有义务信守我们(默许)对他们作出的承诺"。(*Leviathan*,part 1,chap. 15;Hobbes 1968)

这里有几件事是显而易见的。首先,霍布斯对父母作为道德教育者或培养和塑造孩子性格的人的角色不感兴趣;亲子关系反映了君主和臣民之间的政治关系,表现为畏惧和绝对有约束力的义务。其次,霍布斯并不认为亲子关系是一种进化和发展的关系,父母最初承担着照顾孩子的大部分义务,而孩子则有义务维

---

① 托马斯·霍布斯的《利维坦》英译本我参考了 Thomas Hobbes, *Three-Text Edition of Thomas Hobbes's Political Theory*: *The Elements of Law*, *De Cive and Leviathan*, ed. Deborah Baumgold, New York: Cambridge University Press, 2017. 中译本我参考了[英]霍布斯:《利维坦》,黎思复、黎廷弼译,北京:商务印书馆,2009 年。下同。——译者注

② 与肖切特(Gordon Schochet)一样,布鲁斯坦(1982:71)指出,霍布斯心中可能有"面向未来的同意",因为他坚持认为,孩子们都有默契的同意,而且孩子们缺乏有意义的同意的理性能力。在面向未来的同意的案例中,布鲁斯坦写道:"虽然孩子们作为孩子并不真正同意,但最终他们会发现,服从是为得到保护付出的一个小代价,而在服从时,他们只会做他们完全理性时想做的事情。"参见 Schochet 1975:232。正如布鲁斯坦指出的,另一种选择是霍布斯可能指的是不成熟的孩子,他们不能同意,而成熟的孩子,他们能够同意(1982:71-72)。

家庭美德:儒家与西方关于儿童成长的观念

护对父母的孝顺。他也不认为这是一种互惠的关系,而是一种以害怕在没有孩子的服从和父母照护的情况下总会发生什么事情为特征的关系。对于霍布斯来说,孩子们最初服从父母是因为他们希望活下去并且不受伤害,而他们选择继续服从父母是因为他们确实活着并且没有受到伤害。同样,正如布鲁斯坦指出的那样,父母养育他们的孩子,这样孩子们就不会长大后成为他们的敌人并可以换得孩子们未来的服从。(Blustein 1982:72,74)当然,令人震惊的是,霍布斯此处关注的几乎是父母和孩子之间的消极克制(negative omissions),而不是他们的积极行为,他关注的是最不可能的克制:父母没有伤害自己的孩子,孩子也没有伤害他们的父母。他承认孩子们很庆幸自己还活着并且没有受到伤害,并坚持认为这会激发他们以后的服从,但即使在这里,孩子们的动机不是出于对父母的抚养和教育的喜爱或感激;相反,他们的动机是因为没有受到伤害而感到宽慰和感激。

我们至少可以说,霍布斯描绘了一幅消极贫乏的亲子关系画面。最重要的也许是,这个论述根本没有捕捉到亲子关系的任何心理现实,例如父母和孩子对彼此深沉的爱与感情。但是霍布斯是否对自然状态之外的亲子关系提供了不同的解释?不幸的是,霍布斯关于自然状态之外的家庭和道德培养的评论并没有描绘出完全不同的画面。霍布斯不认为婴儿生来就具有道德感或关心除自己以外的任何人,他也不认为婴儿会对父母报以同样的爱。相反,他坚持认为他们表现出烦恼和攻击性:"除非你给孩子们想要的一切,否则他们会脾气暴躁、哭泣,有时还会打他们的父母;这一切都源于自然。"(*De cive*,preface;Hobbes 1991：100)他还声称,与成年人相比:"青年人的性情不仅不是更少,而是更多倾向于效仿坏习惯,并不是口头上的好习惯。"①这些话很重要,因为对霍布斯来说,处于自然状态的人很像缺乏教育或训练的婴儿。因此,我们可以清楚地看到,对于霍布斯来说,童年早期并不是一个独特的、不可替代的道德培养机会;他不认为儿童特别具有可塑性或表现出可以发展的积极倾向,也不认为父母和儿童具有可以作为道德发展基础的特殊感情纽带。当然,霍布斯并不认为人的性格并不是不可改善的。在《论人》(*De homine*)的序言中,他坚持认为,人们可以通过教育和训练以多种方式和不同的动机采取行动。事实上,霍布斯将《利维坦》中的教育描述为一个相对简单的过程,这可能部分解释了他并不关心探索童年是不是一个特别合适的干预时机的事实。他写道:"至于一般人的脑子,则除非是依靠有权势的人因而受到影响或是由于那些博学之士用自己的看法玷污了他们的心灵,否则便像一张白纸,适于接受公共当局打算印在上面的任何东西。"(*Leviathan*,part 2,chap. 30;Hobbes 1968)埃里克·施维茨格贝尔(Eric Schwitzgebel)认为,这是霍布斯与早期儒家荀子不同的几个特征之一,因为"纸不会抵制书写,就像木板不拒斥矫正一样"。(Schwitzgebel 2007：158)伯纳德·格特(Bernard Gert)认为,霍布斯声称人们的行为

---

① 霍布斯的讨论见 Hobbes 1967(*De homine*,chap. 13,sec. 7)。有关霍布斯的人性和教育观的有益讨论以及该观点与荀子的深入比较,参见 Schwitzgebel 2007。关于霍布斯的人性观,参见 esp. p. 159。

方式多种多样:"这主要不是因为他们生来如何,而是因为他们所接受的训练方式。这一点在很多地方都有体现,比如他说,孩子'除了从父母和主人那里得到的纠正之外,没有其他的善恶准则',然后补充说'孩子们始终遵守他们的规则'。"(Gert 1996:167)①然而,霍布斯此处所说的意义重大:他认为孩子需要遵守父母为他们制定的规则,鉴于童年早期的天性,他认为这是非常艰苦的工作。他并不认为亲子关系是培养道德情感或扩展自然情感与尊重的独特环境,因为在霍布斯看来,美德没有这样的潜力,而且情感也不是这种关系的决定性特征。相反,促使孩子选择服从的权力差异以及与此相伴随的畏惧是霍布斯所认为的亲子关系的最重要特征。

　　洛克关于亲子关系的讨论中最引人入胜的特点之一是,他认识到母亲从怀孕开始即在生育和抚养孩子的过程中扮演着重要的角色。事实上,洛克是西方传统中第一位明确背离亚里士多德认为父亲比母亲更值得孩子的尊重、因为是父亲赋予了孩子生命的观点的思想家。在《政府论》(*Two Treatises of Government*)中,洛克认为母亲和父亲都在生育中发挥了作用,这使父亲对孩子"不过是与母亲共同负责"。他进一步争辩道,母亲"长时间在自己的身体中以自己的血肉来养育孩子,她纵然不取得更大的权利,至少不能否认她与父亲有同样的权利。孩子在母亲怀里成形,从她的身上取得躯体的物质和生命根源"。(*First Treatise*,

---

① 格特引用了 *Leviathan* (Hobbes 1968) chap. II。

chap.6,sec.55；Locke 1988：180)①洛克继续反驳他的前辈,包括
亚里士多德和阿奎那的观点,认为理性的灵魂不能居住在未成形
的胚胎中,并且"如果我们一定要设想孩子有些东西是从父母来
的,那么,可以肯定,他的大部分是从母亲来的"。(Locke 1988：
180)在《政府论》的这些引文中,洛克指出,女性不仅要为孩子的
成长奉献自己的身体,而且在怀孕期间也必须为此积极养护自己
的身体。考虑到前人的论点尤其重要,正如我们看到的,他们认
为女性是"被动接受者"(passive recipients)。洛克则呈现了一幅
更准确的图景。正如布鲁斯坦所指出的,洛克认为"分娩不是母
亲从事的唯一劳动;怀孕本身就是工作。无论丈夫和妻子在婚姻
中是否平等——洛克认为他们不是——他们在家庭中都是平等
的,因为家庭中的权力是平等分享的,包括对孩子行使父母的权
力"。(Blustein 1982：77)

　　洛克对家庭在道德教育中的作用有何看法？洛克认为,父
母有上帝赋予的义务"养育、保护和教育他们的儿女"。(*Second
Treatise*，chap.6，sec.66；Locke 1988：311)这项责任"是父母
为了他们儿女的福祉而不容推卸的职责,以至任何事情都不能
解除他们在这方面的责任"。(Locke 1988：312)此外,洛克认
为,虽然父母必须管教他们的孩子作为这项义务的一部分,但在
大多数情况下,父母对孩子的深厚感情往往会约束他们并阻碍他

---

① 约翰·洛克的《政府论》两卷本我参考的是 John Locke, *Two Treatises of
Government*, ed. Peter Laslett, Cambridge University Press, 2005。中译本我参
考的是[英]洛克:《政府论》(上下卷),瞿菊农、叶启芳译,北京:商务印书馆,
1997年。下同。——译者注

们过于严厉①。鉴于他的论点，由于母亲在怀孕期间孕育和养育了孩子，因此她们应该对孩子拥有平等的权力，即使不是更多的权力。毫不奇怪，洛克坚持认为父母的权力主要不是来自父亲的身份，而是来自接受对孩子成长和发展的责任："这个权力之属于父亲，并非基于自然的任何特殊权利，而只是由于他是他的儿女的监护人，因此当他不再管教儿女时，他就失去了对他们的权力。这一权力是随着对他们的抚养和教育而来的，是不可分割、相互关联的。"（Locke 1988：310）正如我稍后讨论的，洛克认为父母和孩子有对等的责任，孩子们应该尊重和赡养父母，以换取父母提供的好处，但对他来说，父母教育孩子的责任"似乎具有特别大的权力，因为孩童时期的无知和缺陷需要加以约束和纠正；这是一种看得见的统治权的行使，是一种统辖权"。（Locke 1988：313）洛克还写道，尽管父母从出生起就对他们的孩子有某种管束和统辖权，"犹如在他们孱弱的婴儿期间用来缠裹和保护他们的襁褓衣被一样。随着他们的成长，年龄和理性将解脱这些限制，直到最后完全解脱而使一个人自由地处理一切为止"。（Locke 1988：304）在这些段落中，洛克承认儿童非常需要道德教育，他认为这需要约束、纠正和支持，并且父母有提供这种道德教育的独特责任②。他还

---

① 我们可以在这里看到洛克的观点，即人们天生善于交际，父母特别希望促进孩子的福祉。在这方面，洛克的观点与霍布斯的观点形成鲜明对比。
② 洛克对教育的本质和重要性的强调，部分源于他否认道德具有任何与生俱来的方面，这反映在他选择的隐喻（相较于孟子，更接近荀子）中。有关洛克观点这一方面的有益讨论，参见 Schneewind 1994，尤其是 200 - 206。关于儒家道德培养与洛克关于自我转化的观点的深刻比较，参见 Kim 2009。

坚持认为,父母在孩子的早期和成长阶段给予儿女的东西比孩子通过尊重父母而给予父母的东西更有力量。然而,儿女确实需要承担——

> 永久尊重他们父母的义务,其中包括用一切形之于外的表情来表达内心的尊崇和敬爱,因此就约束儿女不得从事任何可以损害、冒犯、扰乱或危害其生身父母的快乐和生命的事情,使他们对于给他们以生命和生活快乐的父母,尽一切保护、解救、援助和安慰的责任。(Locke 1988:311-312)

显而易见,洛克认为孝道很重要,他的孝道概念既包括一个人对父母的崇敬之情,也包括一个人在情感上和物质上赡养与照顾父母的行为。

尽管洛克与历史上的先哲不同,他认为妇女在家庭中享有平等的权力要求,并平等地享有子女的崇敬,这不仅是因为她们在怀孕期间对子女全方位的投入,而且还因为她们在教育子女方面的作用,不幸的是,后来的哲学家并不同意这样的观念。卢梭在《爱弥儿》(*Émile*)中写道:"既然真正的保姆是母亲,真正的教师则是父亲。"(Rousseau 1979:48)[①]卢梭认为,虽然母亲渴望孩子

---

① 让-雅克·卢梭的《爱弥儿》英译本我参考的是 Jean-Jacques Rousseau, *Emile Or On Education*, trans. Allan Bloom, New York: Basic Books, 1979。中译本我参考的是[法] 卢梭:《爱弥儿,或论教育》,李平沤译,北京:商务印书馆,1996 年。略有修改,下同。——译者注

家庭美德:儒家与西方关于儿童成长的观念

幸福,但大多数女性还不够聪明,无法妥善抚养孩子①。他强调父亲的责任,坚持认为"不能借口贫困、工作或人的尊敬而免除亲自教养孩子的责任"。(Rousseau 1979:49)尽管如此,卢梭强调父亲对孩子负责的重要性,还是值得称赞的。他认为父亲是不可替代的,甚至声称孩子"由明理有识而心眼偏窄的父亲培养,也许比世界上最能干的教师培养还好些,因为,用热心去弥补才能,是胜过用才能去弥补热心的"。(48)对于卢梭来说,父母对孩子的独特承诺是父亲成为孩子无与伦比的教育者的主要原因。布鲁斯坦指出,对卢梭而言,"教师认真履行职责只是儿童理想教育的必要条件,而非充分条件;孩子的亲生父亲也应该是教师"。(Blustein 1982:82-83)卢梭一般将家庭生活视为儿童道德发展独特而无与伦比的环境,他对不花时间照顾和教育自己孩子的危险,以及为了教育目的而将孩子送走离家的危险提出了警告:

> 再没有什么图画比家庭这幅图画更动人的了,但是,只要其中少画了那么一笔,也就把整个图画弄糟了。如果说母亲的身体太坏,不能哺育孩子,则父亲的事情太忙,也就不能教育孩子。孩子们远远地离开家庭,有的住在寄宿学校,有的住在教会女子学校,有的住在公立学校,他们把自己的家庭之爱带到其他的地方去了,或者说得更清楚一点,他们把对谁都不爱的习惯带到家里来了。(Rousseau 1979:49)

---

① 卢梭在《爱弥儿》第一章讨论了此问题,参见 Shklar 2001:170。

卢梭在此处认识到家庭生活的几个重要特征，不仅包括家庭生活在道德教育中的独特作用，还包括父母通过养育方式对彼此产生的非凡影响，以及事实上，父母必须作出真正的牺牲来照顾和教育他们的孩子。在卢梭看来，如果父母其中一方未能作出重大牺牲，另一方也可能在这方面失败。

　　正如卢梭所表明的那样，他对把照护和教育自己孩子的责任交给他人这种广为流行的做法的有害影响深感担忧。他坚持认为，社会通过对父亲提出职业要求，使他们无法亲自教育孩子，并通过规定一种鼓励儿童顺从的教育模式来腐蚀孩子的教育。正如布鲁斯坦所指出的，这些是相互关联和相辅相成的："教育模式导致了对父母责任的忽视，家庭关系的削弱使孩子更容易接受社会偏见和舆论。"（Blustein 1982：83）作为一种补救措施，卢梭认为儿童必须从社会压力中解放出来，这样他们的天性才能得以发展。对卢梭而言，这意味着儿童应该成长为完全自主、自给自足的成年人，他们不以任何方式依赖他人。儿童会因感到依赖他人而受到不利影响，教育者必须教他们只受到他们能够自足的欲望激励的东西。卢梭认为，对物的依赖是自然的，但对人的依赖则来自社会（因此在他看来是不自然的）。卢梭在这里表达了一种极端的个人主义，它忽视了我们天性中的社会维度。卢梭说："对物的依赖不含有善恶的因素，因此不损害自由，不产生罪恶。而对人的依赖则非常紊乱，因此罪恶丛生，正是由于这种依赖，主奴的关系都败坏了。"因此，在养育孩子时，"不要教他怎样服从别人，同时在你给他做事时，也不要告诉他如何使役人。让他在他的行动

　　　　　　　　家庭美德：儒家与西方关于儿童成长的观念

和你的行动中同样地感受到他的自由"。(Rousseau 1979：85)

不过,卢梭坚持认为,教育过程,包括道德教育,不能过早开始。《爱弥儿》教育的目的是保持儿童天生的善良本性,因为在卢梭看来,"一切到人的手中就都变坏了"。因此,他争辩说:"你要培育这棵幼树,给它浇浇水。……趁早给你孩子的灵魂周围筑起一道围墙。"(Rousseau 1979：37 - 38)[①]对于卢梭来说,"应该让孩子具有的唯一习惯就是不养成任何习惯"。(63)但卢梭声称,童年早期缺乏足够的理解力来接受指导,因为他们的思想完全被周围环境的感觉所支配。"他们能感知到的只有快乐和痛苦"。(62 - 63)因此,卢梭认为,在成长的早期阶段,最大的收获就是避免养成通过社会化习得的不自然习惯[②]。奇怪的是,这导致卢梭的教育计划非常不自然。例如,他认为在干净房子里长大的孩子害怕蜘蛛,因为他们的家中不允许有蜘蛛出现。卢梭声称这是不自然的,为了解决这个问题,他建议爱弥儿应该"习惯于看到新事物,看丑恶的和讨厌的动物,看稀奇古怪的东西,不过要逐渐地先让他从远处看,直到最后对这些东西都习惯了,并且,从看别人玩弄这些东西,到最后自己去玩弄这些东西"。(Rousseau 1979：63)所以我们可以看到,虽然卢梭说教育不应该从婴儿期开始,但他为婴儿制订了一个非常积极主动的培养计划,这绝不是简单地

---

① 这个比喻值得与孟子的道德"萌芽"(良知四端)进行比较,但正如我们将看到的,卢梭讨论的是"幼苗"而不是"萌芽",这一点很重要,因为他不认为婴儿表现出可以培养的道德倾向。卢梭也用这个比喻来捍卫一种截然不同的观点,主张将幼苗隔离在温室环境中,以保护它免受社会化的有害影响。

② 关于卢梭该方面的有益讨论,参见 Parry 2001：253 - 255。

让他们遵循自然路线,而是积极地干预他们所处的环境。卢梭辩称,婴儿成长的社会环境是人为的和破坏性的,因此我们必须构建一个"自然的"治疗环境,以便让孩子的天性遵循其自然发展过程。

尽管他认为婴儿可以通过这些方式逐步适应,并且像他那个时代的其他教育改革家一样,卢梭坚持婴儿不应该被束缚,应该允许童年早期跑步和锻炼,但他并不认为这些早期阶段是一个独特的道德发展机会。他坚持说:"只有理性才能教导我们善和恶,使我们喜善恨恶的良心,尽管它不依存于理性,但没有理性,良心就无法发展。在达到有理智的年龄以前,我们为善和为恶都是不自觉的:在我们的行为中无所谓善恶。"卢梭举了一个儿童想要搞乱他们所看到的一切东西的例子:"凡是他能拿到的物品,他都把它砸个粉碎。他像捏石头一样地捏一只鸟,把鸟捏死了,他都不知道自己做了什么。"(Rousseau 1979:67)卢梭不相信早年的道德培养或教育是可能的,他也不认为我们应该通过试图教育他们干预儿童的天性。这与早期儒学的观点形成了鲜明的对比,尤其卢梭对大龄儿童的教育方案更加深了这种对比。例如,爱弥儿远离社会,并不受社会关系的影响,甚至家庭也不例外:"按年龄培养的孩子是孤独的。他一切都按照他的习惯去做,他爱他的姐妹,就好像他爱他的手表一样,他爱他的朋友就像爱他的狗一样。"(Rousseau 1979:219)尽管早期儒家认为兄弟姐妹在我们的道德发展中起着仅次于我们父母的重要作用,但对卢梭来说,这些关系是一个阻碍。在卢梭为爱弥儿创造的高度可控的人工环

家庭美德:儒家与西方关于儿童成长的观念

境中,使其遵循"自然"的发展过程以保护他与生俱来的善性,我们清楚地看到卢梭与孟子这样的思想家之间的对比,尽管事实上他们每个人都对人性持乐观态度。与孟子思想中的婴儿通过对父母的爱表现出具有道德萌芽的早期迹象不同,除了家庭关系的缺失和卢梭笔下的婴儿只对他们的物质环境作出反应这一事实,卢梭显然比孟子更关心孩子们与生俱来的、善良的、冲动的脆弱性。正如施维茨格贝尔所指出的那样,"卢梭似乎认为人类的善端是如此脆弱,以至于最轻微的寒意都会使其瘫痪,而孟子则认为它们总会重新激发活力"。(Schwitzgebel 2007:157)

　　卢梭观点最重要和最令人惊讶的特点之一是,需要有家教(tutors)才能实现卢梭(教育)理想的第一步,因为父母过于深陷于无法很好地教育自己孩子的传统教育观点和相应的社会实践。最终,按照卢梭的期待,未来几代接受不同教育的父亲将取代家教来教育自己的孩子。然而,鉴于他所坚称的父母的重要性,令人惊讶的是,卢梭却又坚持家教的必要性,并认为家庭实际上会使孩子无法接受适当的教育。朱迪丝·施克莱(Judith Shklar,1928—1992)指出,卢梭不仅将父母视为错误传统和习惯的传播者,而且还认为在当前情况下,家庭"作为一种教育年轻人的方式本来就低效。如果一个孩子是为了自身的福祉而被抚养长大的,想要成为一个善良的、快乐的人,他需要持久的关注。成为一个独生子女的完美家教是一辈子的工作"。(Shklar 2001:170 - 171)事实上,卢梭认为,只有当每个孩子都有一个全职家教,才能通过教育得到改造。这在卢梭的观念中造成了一种悬而未决的张力:鉴于他所认为的完美导师必须给予孩子持久、全部的关注,即使在卢梭的理想社会中,他所设想的理想父亲也是不存在的,因为他也要承担丈夫的责任和照护其他孩子的责任,完成完美家教的任务,更不用说要为家庭提供经济支持。布鲁斯坦认为,这个问题表明卢梭对家庭生活的价值存在一种根深蒂固的矛盾心理。(Blustein 1982:83 - 84)

卢梭观点的优势在于他肯定了父母独特而不可替代的重要性,并批评了将照护和教育孩子的任务交给他人的意愿——以及迫使父母这样做的社会结构。正如我们所看到的,早期儒学认为父母,尤其是母亲,在照护和教育孩子方面发挥着不可替代的作用,但就连儒家也没有像卢梭那样注意到在使用其他照护者和教育者时可能出现的问题。从文化上来说,卢梭的批评值得我们考虑,因为我们考虑了寄宿学校和日托等机构,并且雇主缺乏足够的产假(以及灵活性和理解),如果这些都允许的话,这将使父母能够并鼓励他们成为孩子的主要照护者和早期教育者。然而,必须指出的是,卢梭对家庭不可替代性的强调使得他在教育理论中根本没有赋予家庭一个角色,而是将其视为一种障碍让人更为不解。正如布鲁斯坦所说,这引发了卢梭实际上对家庭角色的重视程度到底如何的问题。

卢梭观点的缺点当然包括他僵化的性别观,对女性作为孩子教育者的忽视,以及他认为父母不能参与孩子的教育,因为父母自身已经被传统和社会腐蚀了。卢梭坚持认为,家教和他们所教的孩子可以跳出传统和社会,获得一种非传统的、非社会的观

　　　　　　　　家庭美德:儒家与西方关于儿童成长的观念

点——这种观点也存在很大问题。尽管卢梭将父亲视为他理想社会中的完美教育者，但父亲并不是我们当前所处社会中的理想教育者。这就是卢梭严格限制家庭角色的原因，这与儒家关于儿童教育的观点形成了深刻而悠久的对比。此外，卢梭否认道德教育可以或应该在婴儿期和童年早期进行，这是与儒家观点的另一个重要区别。在卢梭的论点中我们还能看到另一个明显的差异，即儿童应该被教育为完全独立自主，而非依赖他人。这不仅是一个无法实现的目标，而且他认为我们与他人的联系不是一种财富，而是一种阻碍。在这里，我们看到了与早期儒家观点的一些另外的对比。在早期儒家观点中，我们与传统、社区，以及最重要的是，与我们家庭的联系和依赖是人类生活中值得庆祝和拥抱的必然特征，因为它们对我们的繁荣和幸福作出了不可估量的贡献。早期儒家认为，这在亲子关系中最为明显。当我们接受我们作为慈爱的父母和孩子的角色时，我们的生命会变得更加丰富，只有当我们承认我们在生活的不同阶段彼此依赖时，我们才能充分理解这些角色的重要性和意义。正如布鲁斯坦所指出的：

> 卢梭认为依赖关系是有害的强烈立场与他对家庭生活的理想化并不相适应。在卢梭理论的意义上，一个自主的人不可能有任何个人的依恋。此外，在家庭中，依赖关系比一对一的师生关系更难克服。（Blustein 1982：85）

当然，对于儒家来说，依赖根本不是需要克服的东西，而是一种需要接受的生活现实,它给了我们充分的理由进行修身。儒家美德旨在帮助我们依赖他人,并使我们以对所有人都有益和有意义的方式值得信赖。

受卢梭自主性观点影响的最重要的思想家是康德①。然而,尽管康德同意卢梭的观点,即自主性是教育的正确目标,但康德并不认为人际关系会影响儿童的道德发展,部分是因为康德不同意卢梭的人性观。由于康德不认为孩子生来就是善良的,所以他不相信社会关系会破坏或污染我们原初的善良②。康德坚持认为,儿童必须以发展他们自主性的方式接受教育,他认为从生育开始就有义务维护并照护自己的后代。从这项义务中,"也必然产生父母管理和培养孩子的权利",包括"不仅有养育和照护他的权利,而且有教育他的权利。不仅要以务实的方式使他成长,以便将来他可以照顾自己并在生活中有所作为,同时也要在道德上教育他,否则忽视他的过错将落在父母身上"。(Kant 1991:99)在《伦理学讲座》(*Lectures on Ethics*)中,康德对这些问题的观点的细节发表了一些评论。孩子们非常需要道德教育,而康德认为这一过程的关键不在于情绪的发展,而在于理性的力量,对于孩子来说,理性的力量始于理解他们与父母的关系以及他们服从的义务。一个孩子必须学会"认识到自己作为一个孩子的地位,并

---

① 有关康德自主观点与西方哲学史(包括卢梭)中其他观点的关系的研究,参见 Schneewind 1997。

② 卢梭关于人性和社会化的破坏作用的观点在某些方面更接近早期道家的观点,而不是孟子的观点,但早期道家会极力反对卢梭的教育说明,这会让他们觉得非常不自然。与这些问题相关的自然性的有益讨论,参见 Schwitzgebel 2007。

家庭美德:儒家与西方关于儿童成长的观念

认识到自己的责任都应该来源于对自己童年、年龄和能力的认识"。(Kant 1997：219 [27：468])康德认为,如果孩子们没有学会服从,没有受到适当的管教,他们在社会生活中通常会遇到困难,因为对他人服从命令的期望将超出他们与父母的关系。与卢梭不同,康德认为家庭和亲子关系的社会环境尤其是良好教养的基础,他用森林的类比来说明他的观点:

> 森林中的树木相互制约,寻求生长的空间,它们不会靠近其他树木,而是向上生长,因为在高处它们不会妨碍其他树木,所以生长得又直又高;然而,一棵树露天生长,不受其他树的制约,就会生长得相当矮小,之后再规范它为时已晚。人类也是如此;如果早点管教,他会和其他人一起成长;但如果忽视这一点,他就会变成一棵发育不良的树。(Kant 1997：219)①

在这里,康德不仅肯定了纪律在儿童社会环境中的重要性,而且也肯定了尽早开始道德教育的重要性。在康德看来,道德教育必须从童年开始,因为我们作为儿童的行为与我们作为成年人

---

① 与康德的评论相比,"人们不可能指望用弯曲的木头把任何东西做得完全笔直,就像人是由木头制成的"。(Kant 1959)这些言论强调了康德的信念,即我们天生的倾向永远不会成为道德的可靠指南,而他在《伦理学讲座》中关于森林中树木的言论则涉及纪律在帮助我们发展对道德义务的理解中的作用。这两句话都与荀子关于人性和道德培养的比喻进行了有趣的比较。艾文贺指出,荀子对修身的可能性(包括我们倾向的转变)的乐观态度与荀子对过去圣人的方法的信任,与康德对作为标准和指南的历史、社会理性概念的信任形成了对比,参见 Ivanhoe 2000a：36。

的行为密切相关：

> 这是一个既定的事实，即没有人会从最严重的罪行开始犯罪，而通常是被基于主观原则的步骤所引诱。一个孩子轻率地打另一个孩子只是一件小事，但缺乏细腻敏锐的习惯却在此植入了，并且犯罪者不再有任何感觉。从这些步骤到暴力行为，再加上在这个过程中出现的其他准则，孩子可能会成为杀人犯。其实早就有必要封堵早期的源头。（Kant 1997：312［27：557］）

像卢梭一样，康德区分了童年和青年。但他没有讨论婴儿期。在康德看来，应该教导儿童如何举止，但不必为每件事都提供理由。少年期大约从10岁开始，孩子们"能够反思"，因此这个时期是"通情达理的"，从道德教育的角度来看这个时期是最重要的。（Kant 1997：220［27：469］）

德育过程涉及哪些内容？康德提到解决儿童各种行为的重要性，包括发脾气、懒惰、恶意、破坏性、残忍和撒谎。康德还强调通过经验和观察学习的重要性，而不仅仅是通过抽象规则的记忆，尽管他认为教育儿童的方法必须适应不同的年龄。（Kant 1997：219［27：468］）他还讨论了道德榜样对儿童教育的重要性，注意到"儿童以长辈的行为为榜样，因为在他们的情况下，模仿是教育的主要基础"，因此，"长辈在儿童面前不得咒骂、撒谎或诽谤，也不可允许他人这样做"，并应避免其他不礼貌和粗鲁的行为。(Kant 1997：398 [27：664])然而,有趣的是,康德警告不要明确指出他人的良好行为以激励自己的孩子做得更好。他认为,这种做法会引起儿童的嫉妒和敌意,并鼓励他们产生错误的动机。相反,"一旦理性占据主导地位,我们不应该以他人超越我们为由追求完美,而必须渴望自身的完美"。(Kant 1997：195 - 196 [27：438]；cf. pp. 421 - 422 [27：694])这是康德如何将情绪视为一个问题而不是道德发展的起点的明显例子。

康德承认,父母对孩子的爱是独一无二的,他指出"对孩子的先天意愿来自一种天生的本能,即爱",但他认为孩子们并不会仅仅因为他们有父母就欠他们爱和感激。相反,康德写道:

> 把孩子抚养到自给自足的地步,易言之,即一种使得孩子们因此对自己的命运感到满足,并从他们的存在中获得快乐的秩序井然的教育,这是父母的一项伟大事业(*opus supererogationis*),是一项额外的工作,是一种有功德的善良,这是必须教给孩子的,通过理性我们要树立孝顺的感恩观念,唤醒他们爱父母的决心;然而,作为一项完美的义务,奉献爱是一项义务是永远不能说的。(Kant 1997：403 - 404 [27：671])

康德在这里提出了他关于孝道和爱恰当的基础的观点,并将其与父母在养育自给自足、快乐和充实的孩子中的角色批判地联系起来。他对养育子女的评论表明,康德认为接受这项任务的父母首先是纪律的忠实执行者。他没有讨论父母的养育行为或爱意的表达，但他承认父母爱他们的孩子并出于爱而管教他们，他甚至在他关于道德的一般评论中也注意到了这一点。例如，在区分仇恨（hatred）和愤怒（anger）时，"这很可能与对他人最大的爱相一致"，康德以父母的愤怒为例写道："父母因孩子的不良行为而对孩子生气是出于真正的爱。"（Kant 1997：416–417［27：688］）

与儒家一样，康德肯定了父母在儿童道德教育中的重要性，甚至指出这有助于为孝道提供依据。与儒家不同的是，康德认为道德教育完全是通过理性而不是传统和仪式来掌握自己的道德义务，或是对父母和其他照护者情感反应的发展，或培养孩子的美德或某种特定的道德品质。这是因为，对于康德来说，我们的意愿往往是一种障碍，它们不能被发展或塑造以可靠地指导我们。此外，道德法则存在于我们的理性中，按照它行事需要完全的自主（autonomy）和有意拒斥他律（heteronomy）——这是康德哲学与传统密切相关的内容。与早期儒家观点的其他主要区别包括：康德没有解决母亲在儿童道德发展中的独特作用或婴儿早期发展如何影响后续道德发展过程。他也很少提及从童年开始的道德培养的具体实践①。与他道德哲学的其他方面相比，前述的这些，再加上康德关于家庭和道德培养的少量著述，都标志着与儒家思想家深刻而重要的差异②。

---

① 然而，康德确实提供了关于培养一个人的自然力量的责任的有力观点。有关康德关于培养一个人的自然能力、禀赋、现实能力等义务的观点的讨论和辩护，参见Johnson 2007。

② 康德在这些问题上的评论是否完全符合他的道德理论也存在疑问。

黑格尔的著作对父母在儿童道德发展中的作用进行了有限的评论。在黑格尔看来，自由和独立是儿童教育的终极目标，卢梭和康德的影响由此可见一斑。布鲁斯坦指出，对于黑格尔来说，道德发展的过程始于家庭，但不能就此结束，"儿童必须将他们作为家庭成员的特殊角色与作为社区成员的普遍角色之间的区别内化，最终必须实现对道德规范的依恋，而这种依恋在很大程度上不是源于对特定个人的感情纽带"。(Blustein 1982：95)正如黑格尔所说："对他们所施的教育鉴于家庭关系具有积极的使命，使伦理在他们心中向着直接的、尚无对立的感觉发展，这样他们的心情就有了伦理生活的基础，可在爱、信任和顺从中度过他们生活的第一个阶段。"(Hegel 1952：117)①根据黑格尔的说法，儿童的教育最终导致"家庭之伦理解体"，因为一旦儿童成年后并有了自己的家庭，"从此他们在这一新的家庭中具有他们的实体性使命；同这一家庭相比，仅仅构成始基和出发点的第一家庭就退居次要地位"。(Hegel 1952：118–119)因此，黑格尔没有解决成年子女可能欠父母的义务或父母和子女在整个生命过程中彼此之间的联系也就不足为奇了。他也没有谈及父母与子女之间的感情，而是选择只关注夫妻、兄弟姐妹之间的感情。虽然黑格尔承认家庭在道德教育中的重要性，但他认为这是亲子关系

---

① 黑格尔的《法哲学原理》的英译本我参考的是 G. W. F. Hegel, *Outlines of the Philosophy of Right*（Oxford World's Classics），Revised edition，Trans. T. M. Knox，Edited. Stephen Houlgate，New York：Oxford University Press，2008。中译本我参考的是［德］黑格尔：《法哲学原理》，邓安庆译，北京：人民出版社，2017年。下同。——译者注

的唯一功能,并没有解决父母与孩子之间独特的联系。此外,虽然黑格尔写道,女性"则在家庭中获得她的实体性使命,并在恪守家礼中具有她的伦理之心",但他没有详细说明母亲是否或以何种方式特别适合子女的道德教育。(Hegel 1952:114)与儒家不同,黑格尔没有概述父母对子女道德培养作出贡献的具体方式,也没有讨论婴儿期和童年早期在这一过程中的重要性。

黑格尔也对后来哲学家的工作产生了重要影响,马克思(Karl Marx,1818—1883)和杜威(John Dewey,1859—1952)就是两个著名的例子。对于马克思来说,家庭作为人力资本的生产者,扮演着不可或缺的经济作用。但对于家庭、亲子关系、孩子的道德教育,他几乎未有提及。反过来,杜威也简要地承认了家庭在儿童生命早期的重要性,他写道,在婴儿期和童年时期,"孩子主要从母亲那里学习行为方式、语言和他们的族群与人民传承下来的大量智慧。他们感受到母亲的爱,并发展自己的情感生活作为回应"。(Dewey 1989:40)他写道,父母早期提供的关怀"扩充了感情",但他没有进一步详细说明。事实上,他讨论儿童和教育的主要兴趣不是家庭和道德教育,而是发生在学校的正规教育①。他坚持"儿童不会一直保持孩子的样子",并且像黑格尔一样,对父母与孩子的关系在我们生活中的持续作用不感兴趣。当代哲学家们并没有完全忽视家庭在道德培养中的作用,但除了当代女性主义伦理学家(我们将在下一章讨论他们的工作)之外,他

---

① 关于杜威论教育的深入讨论,参见 Noddings 2010a。

们的关注程度和深度与儒家观点相比是相形见绌的[①]。

　　我们考察过的西方观点的一个特点是，他们往往不会持续关注家庭，尤其是亲子关系。一些思想家虽然注意到家庭的重要性，但他们的评论往往是蜻蜓点水的，所以他们肯定不会对家庭在道德培养中的作用进行精细而详尽的论述。关于家庭的讨论在很大程度上只是因为它们在某个哲学家的更大的政治或伦理理论中起着作用，而在我们所研究的每一个案例中，这种作用相对较小。与儒家思想家相比，我们研究过的西方哲学家也往往对道德培养的过程不那么感兴趣。将西方传统哲学中的观点与儒家观点进行比较时，另一个突出的特点是，尽管西方思想家对家庭的作用或道德培养的过程表现出一些兴趣，但他们很少对家庭之间的关系表现出兴趣。第二，如果他们确实对此有话要说，他们通常也不会像儒家思想家那样重视它。在我们考察的西方哲学家中，没有一位像儒家思想家那样认为，恰当的亲子关系以及由此而发展起来的美德是我们道德发展的基础。

　　尽管事实上这些领域被大多数思想家所忽视，但在哲学史上也有特别的例外，如阿奎那、洛克和康德，他们都讨论孝道；洛克甚至讨论了母亲在怀孕期间对孩子付出的努力和投入的重要性。

---

① 另一个例子是约翰·罗尔斯的著作。我认为罗尔斯关于家庭在道德发展中的作用的讨论被忽视了，但即使我们考虑罗尔斯所说的话，它也根本无法与儒家关于这一主题的著作的广度和深度相提并论。罗尔斯关于家庭在道德教育中的作用的论述以及我关于儒家思想可以作为进一步发展罗尔斯观点的这些和其他方面的建设性资源的论点，参见 Cline 2013a。

然而，值得注意的是，相对于他们宏富的著作，阿奎那和洛克关于这些主题的篇幅非常小。他们的区别在于，他们对这些话题都有特别的留意，并在某些方面提出了精妙的观点，例如，阿奎那讨论了一个人对天主的义务和对父母的义务之间的关系，洛克对亲子关系的看法不仅在血亲上不正确，而且完全忽视了母亲的关键作用。然而，儒家对这些话题不仅体大思精，而且根据我们现在对父母在孩子道德发展中的作用的了解，这些论点仍然是准确的。然而，当代女性主义哲学家的著作对这些主题进行了相当多篇幅的考察，许多女性主义见解既以有趣的方式引起共鸣，又以深刻而重要的方式与儒家思想家的见解形成对比。我们将在下一章转向这些文献。

家庭美德：儒家与西方关于儿童成长的观念

第四章　女性主义与儒家视域中的父母、儿童与道德培养

　　虽然许多哲学家倾向于认为，几乎所有女性主义哲学家，尤其是关怀伦理学家，都关注家庭，但这种观点低估了当代女性主义哲学中观点、方法和关注点的多样性。事实上，即使在女性主义哲学中，也没有大量关注亲子关系在道德培养中作用的文献。尽管如此，在鲁迪克、诺丁斯和赫尔德的作品中，我们注意到她们对这一主题持续而深刻的探讨。与其他讨论过这些问题的关怀伦理学家相比，她们除了特别广泛、细致地关注亲子关系在道德培养中的作用之外，也是最早一批关注亲子关系的关怀伦理学家，她们的工作也将继续影响和塑造关怀伦理学在这些问题上的观点。事实上，本章将表明，她们提供了在整个西方哲学史上关于亲子关系在道德发展中的作用的最坚实有力、影响最大的论述，我将证明，她们有效地突出了、并帮助我们理解关怀伦理学和

儒家在这个话题上各自观点的鲜明特征。

　　重要的是,要注意到早期儒家思想家和当代女性主义哲学家在何时开始解决这些问题之间的差异。在西方哲学中,女性哲学家的工作将这些问题置于最前沿并给予持续关注。相比之下,早期儒学强调家庭的核心作用,包括母亲在道德教育和培养中的作用,尽管大多数著作者都是男性。事实上,我们考察的所有儒学文本都是由男性撰写的。这有助于表明,儒家思想家并不认为这些问题微不足道,也没有像许多西方哲学家那样,将这些问题归为"妇女议题"(women issues),从而为他们对此的忽视进行辩护。相反,正如我们已经看到的,在最早期的儒家伦理学和政治哲学中,亲子关系被置于核心地位。因此,儒家思想家们在更长的时间内、并以无与伦比的广度和多样性的文本参与了这些议题的讨论。本书所特别关注的文献写作时间都非常早,尽管在中国历史的大部分时间里,性别歧视的观点和做法一直是中国文化的一部分(例如,这些观点和做法规定了女性的角色,将她们的活动主要限制在家中),但母亲作为道德教育者的独特作用被认为对伦理、政治思想以及家庭、社区和整个社会的成功与福祉具有根本的重要性,这一点不足为奇。正如我们所看到的,这一点与贯穿整个西方哲学史的思想资源形成了深刻而重要的对比,我们应该关注当代女性主义者关于家庭在道德发展中的作用的创新之处;她们没有丰富的哲学著作传统以供她们在发展和捍卫自己观点时加以借鉴与回应。同样,记住此处研究的儒学文本写作日期之早也很重要。我们不应该期望在这些文本中找到现代自由主义或进

　　　　　　　　　　　家庭美德:儒家与西方关于儿童成长的观念

步主义的观点,例如,我们在当代关怀伦理学家的作品中发现的性别角色或妇女权利。换言之,为了恰当地思考这些观点并作出细致的比较,记住它们各自上下文语境之间的差异也是很重要的。

儒家伦理与关怀伦理的研究

在过去 20 年里,《海帕西娅》(*Hypatia*)①上发表了一系列文章以及其他一些作品就关怀伦理与儒家伦理之间的相似性进行了讨论。这一讨论起源于李晨阳的论点,即儒家伦理学是一种关怀伦理学。(Li 1994:81)他坚持认为,儒家的仁观和女性主义哲学中的关怀观都代表了各自最高的道德理想,并具有许多共同的特征,包括自身存在的善。(75)李晨阳认为,关怀伦理学家和儒家都反对强调一般原则和公共与私人领域之间的尖锐区别,儒家与一些关怀伦理学家共享这样一种观点,即我们应该深切关心我们最亲近的人,而对他人则可以相对淡漠,并且维护社会关系应该优先考虑道德。

考普曼认为,李晨阳指出的儒家伦理和关怀伦理有很多共同点是正确的,包括认真对待成为某种人的伦理重要性,这"意味着对塑造自己与塑造他人的方式的反思"。(Kupperman 2000:53)考普曼指出,女性主义和儒家思想都强调特殊关系的中心地位。然而,他继续争论道,理解它们之间的差异很重要,甚至超越了儒

---

① 该杂志全名为《海帕西娅:女性主义哲学杂志》(*Hypatia: A Journal of Feminist Philosophy*)。该杂志以东罗马帝国时期埃及亚历山大里亚(Alexandria)的新柏拉图主义(Neo-Platonism)哲学家、天文学家和数学家海帕西娅(生于公元 350—370 年;死于公元 415 年)命名,她被誉为历史上第一位女性哲学家、数学家。——译者注

家中常见的性别关系和等级角色等历史包袱。对考普曼来说,最重要的区别在于,他们对"我们应该扮演什么样的社会角色以及我们应该履行什么样的礼仪"提出了截然不同的看法,他认为,虽然古典儒家不提倡采用新角色和发明新礼仪,但女性主义却提倡。(Kupperman 2000:54)对于儒家来说,"传统的东西很可能仍然存在,因为它并非完全不令人满意。此外,经过仔细考察,传统往往代表着反复试验的积累。并且它们在建立后通常会进一步发展,从而消除或减少不良特征"。(Kupperman 2000:54)考普曼写道,对于孔子来说,周礼的发展"既典雅又富有意义。用其他东西从头开始替换它们将带来替代品既不典雅也毫无意义的可能性"。(55)相比之下,来自不同视角的女性主义哲学家认为,尽管社会传统具有某些优点和用途,但"通过他们认可的礼仪和社会角色,剥夺了她们充实的生活,因此,大多数女性扭曲了自我。这表明了改变女性角色和礼仪政策,或者男性在与女性的关系中扮演的角色的重要性"。(55)

艾文贺讨论了女性主义伦理学中两种不同的观念家族(families of views),并认为每个观念的特征都可以在孟子和荀子不同的观点中找到。由"本质主义"(essentialist)定义的性别美德观(*gendered virtue*)声称,男性和女性分别具有的特定美德源于并反映了他们的本性,并与孟子的论述共享一些重要的共同特征,后者认为特定的先天倾向和态度奠定了伦理学的基础,并最终"将伦理学建立在种类特异性、关于人性的本质主义主张中"(Ivanhoe 2000b:64)。同样,职业美德(*vocational virtue*)模式

　　　　　　　　家庭美德:儒家与西方关于儿童成长的观念

将每个性别的性情和倾向视作是社会建构的,并将其归因于社会经济条件和社会规范与实践,这在某些方面类似于荀子的论述,根据这种论调,因此我们的美德不是出自先天倾向,而是源于礼仪和传统的长期持续影响。艾文贺继续争论道,这些比较之所以是有帮助的,"不仅是因为它们突出了所虑及的每个理论的某些方面,还因为它们可以引起人们对它们的一些缺点的关注"。(65)艾文贺关于关怀伦理和儒家思想最重要的观点之一是对诺丁斯(关于克尔凯郭尔对亚伯拉罕和以撒的故事的使用)认为"没有女性可以写出《创世记》(*Genesis*)或《恐惧与战栗》(*Fear and Trembling*)"这个评论的回应。艾文贺写道,"人们可以想象一个传统的儒家思想家,尤其是孟子传统中的思想家,会提出类似的主张,即没有真正的儒家可以写出甚至构思出这两种文本"。(61)尽管艾文贺强调了这些观点之间的关键差异和相似之处,但他在此指出了在关怀伦理和儒家思想中对一些特殊的关系,尤其是亲子关系的共同强调。

关怀伦理与儒家之间的对话在斯塔尔(Daniel Star)对李晨阳的原论点的批评中继续展开①。斯塔尔着眼于儒家伦理与关怀伦理的特征之间的对比,并在此基础上对李晨阳的论点以及罗思文(Henry Rosemont Jr.)和陈倩仪(Sin‐Yee Chan)的著作进行了批评。斯塔尔认为,儒家伦理"最好被理解为一种独特的以

---

① 在同一期《海帕西娅》中,苑莉均(Lijun Yuan)也对李晨阳的论点进行了批评,但由于苑莉均的文章似乎主要关注的是什么构成了女性主义伦理,而我在本章中主要关注的是探讨关怀伦理特征和儒家伦理的比较,这里不再重点讨论苑莉均的论文。

角色为中心的美德伦理",其中美德伦理是一种伦理学方法,"鼓励我们培养道德的品格,并以美德(即 *aretaic*)[1]的视角看待他人"。(Star 2002:78)[2]他接着概述了关怀伦理和美德伦理之间的区别,认为关怀伦理主要关注"处于具体关系中的人们的特殊需求",这源于不同个体和关系的独特品质。(79)斯塔尔继续说道,儒家伦理和关怀伦理是两种截然不同的特殊伦理,虽然与原则驱动的规范道德理论相反,但它们不是两种不同的关怀伦理。斯塔尔认为,儒家式的关怀并不深具特殊性,因为儒家倾向于关注角色以及发现处于相同角色的不同人之间的相似性,从而只关注特定的关系,而不强调共同的角色或不同角色之间的相似性,比如不同儿子之间(只强调他们都是儿子的事实)。(92-93)与罗思文声称在儒家思想中一个人的"角色"与那个人是等同的观点不同,斯塔尔指出,用萨曼莎·布伦南(Samantha Brennan)的话来说,"对于女性主义者来说,重要的是要说,并且能够说,她们不仅仅是某个人的女儿或妻子,要断言一个人的身份超越了赋予女性的角色"。(Star 2002:94;Brennan 1999:869)斯塔尔写道:"主要通过先入为主的角色类别来接近他人,很可能会导致对被照护的个人缺乏真正的关怀。"(Star 2002:94)[3]

---

① 即希腊语 αρεταις,意指美德。
② 斯塔尔引用了 Rosemont 1997 和 Chan 1993。
③ 李晨阳在对斯塔尔的回应中写道:"与康德伦理学、功利主义伦理学、契约论伦理学相比,儒家伦理学和女性主义关怀伦理学在道德理想、自我本性、公正、普遍性和规则的灵活性等问题上常常有相似的观念。"并认为"这些相似性在哲学上是重要的"。(Li 2002:132)他认为美德伦理和关怀伦理,以及角色伦理和关怀伦理,可以齐头并进,并不相互排斥。

在另一篇批评李晨阳和罗思文试图论证儒家和关怀伦理之间相似性尝试的文章中，许兰珠（Ranjoo Herr）认为这些作品忽视了儒家思想中礼仪的重要性，同时也误解了女性主义的关怀概念。许兰珠指出孝道在儒家思想中的重要性，并写道关怀伦理将母子关系视为最亲密的家庭关系和关怀关系的范式。（Herr 2003：472‐473，475）她还认为，儒家的家庭关系带来了绝对义务，但在关怀伦理中，关怀关系——并不总是母亲关系的特征——是不可侵犯的。在关怀伦理中，"关怀的价值被置于血缘关系之上"。（475）除了注意到其他相似之处，许兰珠写道，儒家思想和关怀伦理学都"将亲密的关怀关系视为我们身份和道德目标的组成部分"，并"将最亲密的家庭关系——儒家思想中的亲子关系与关怀伦理中的母子关系——视作最重要的关系"。（480）然而，许兰珠写道，虽然关怀伦理要求关系中的关怀者对被关怀者积极回应，但儒家的仁更积极地强调那些处于从属地位的人，她指出"对于父母对孩子的义务几乎完全保持沉默"。（481）此外，儒家的义务是根据礼来履行的，在亲子关系中需要一定的恭敬距离，这与将亲密关系作为基本理想的关怀伦理不同。（481‐482）

相比之下，罗世荣通过发展和修改一些主张来支持李晨阳的基本论点，同时也强调了关怀伦理与儒家思想之间的除此之外的一些相似性，包括共情的作用。（Luo 2007）罗世荣致力于澄清儒家仁的概念与关怀概念相似的说法，研究了儒家的仁与基于主体的美德伦理之间的密切关系，并讨论了关怀伦理（关怀主要指一种关系）和美德伦理（关怀是一种美德）中的两种关怀意识之间的差异。罗世荣认为，将关怀视为一种关系美德的儒家观点可以帮助我们看到，我们不必在关怀作为一种关系以及关怀作为一种美德之间作出选择。他认为，通过这种方式，我们可以更清楚地看到以关怀为基础的伦理方法和儒家伦理确实共享一些重要的特征。关于家庭，罗世荣认为"两种理论的特点是偏爱（partiality）而不是公正（impartiality）；也就是说，相较于我们没有直接面对面接触的人，我们周围的人应该得到更多的关注"。（95‑96）此外，他认为，这两种理论都肯定了我们有义务关心我们亲密圈子之外的人。我们对自己家庭的感情更深，是我们在伸出援手关爱他人时必须建立的基础。我们必须首先关心我们自己的家庭，然后再将这种关心推扩到其他人。（96）

所有这些讨论都突出了对儒家伦理和关怀伦理文献中某些维度的强调，包括仁与关怀之间的异同，以及儒家和关怀伦理学家都拒斥普遍的道德原则并提供了替代方案。这些作品中有许多都作出了重要贡献，其中包括儒家伦理和关怀伦理中对人际关系的强调，还有一些作品还特别强调家庭关系。然而，这些著作都没有专门关注儒家和关怀伦理对亲子关系在道德发展和培养中的作用的观点。本章旨在详细说明如何从关怀伦理和儒家伦理中看待亲子关系，并特别关注它们在道德培养中的作用。尽管我关注每种观点的独特之处，但我同意关怀伦理与儒家伦理之间存在有趣的相似之处[①]。的确，正是因为关怀伦理学家和儒家思

---

① 关于它们之间异同的研究，参见 Li 2002：131。

　　　　　　　家庭美德：儒家与西方关于儿童成长的观念

想家都非常重视亲子关系在道德培养中的作用,所以我写了这一章。与许多关于关怀伦理和儒家伦理的比较工作不同,我的目标不是要解决儒家是否应该被视为关怀伦理其中一种形式的问题。相反,我旨在强调关怀伦理和儒家伦理关于亲子关系在道德培养中的作用的独特特征,以表明这些观点中的每一个对我们理解这些问题都有独特的贡献。

母育:莎拉·鲁迪克的工作

今天,大多数关怀伦理学家强调关怀关系对道德生活和道德理论至关重要,尽管并非所有关怀伦理学家都将亲子关系视作核心关切,但关怀伦理学家对独特的关怀实践的关注始于鲁迪克关于母育(mothering)的讨论。事实上,赫尔德将鲁迪克 1980 年的文章《母性思维》(*Maternal Thinking*)定为关怀伦理学的开端。在这篇文章中,鲁迪克认为,从母育的关怀实践中产生的独特的思维、标准和价值观可以产生独特的道德观,并与母育本身以外的活动相关。赫尔德写道,"鲁迪克的文章表明,关注女性在关怀实践中的经历可能会改变我们对道德的看法,并可能改变我们对适合特定活动的价值观的看法"。(Held 2006:27)鲁迪克的论点简直是开创性的。正如我们所看到的,在此之前,母亲和母育在西方道德理论中很少受到关注。赫尔德指出,"没有哲学承认母亲会思考或推理,也没有人可以在这种做法中找到道德价值。只有当女性冒险走出家庭进入男性世界时,她们才会被想象去思考或面临道德问题"。(Held 2006:26)对于西方哲学来说,存在母亲因照顾孩子而享有特权的独特形式的道德思想的可能性是全新的。

要了解鲁迪克作品的核心,首先必须了解鲁迪克为何强调母性视角的重要性。在她 1989 年出版的《母性思维》(*Maternal Thinking*)一书中,鲁迪克认为社会应该适当地重视母性实践和母性思维,而母性最能表达道德生活的动力。在这部作品 1995 年版的序言中,鲁迪克写道,当她第一次开始研究这个主题时,她被这样一种观点所鼓舞,即女性"以独特的方式受苦、爱着、工作和思考",并且女性可以"使这种独特性闪耀;如果女性闪耀的独特性也曾对我们造成压迫,那么我们将改变我们的独特性条件,以便服务于女性的利益"。(Ruddick 1995:ix)由于鲁迪克主张彻底背离我们对"母亲"和"母育"等术语的日常理解和使用,因此,重要的是要理解她的工作是出于接受并使女性与众不同的工作变得有意义的愿望。尽管这项工作经常对女性造成压迫。她认为,母育这一独特的工作产生了最重要的道德见解和经验。

什么是"母亲"?从事"母育"的实践或工作意味着什么?多年来,鲁迪克对这些问题越来越感兴趣,在 1995 年的序言中,她写道,母亲与孩子没有固定的血亲或法律关系,母亲也不是(孩子接触的)唯一的女性;相反,母亲是"通过她们着手从事的工作"而被承认的。在关于母亲更具体的概念中,"母亲是那些将孩子视为'需要'保护、养育和训练的人;她们试图以关心和尊重而不是冷漠或攻击来回应孩子的需求"。(Ruddick 1995:xi)这里的基本观点是,成为一位母亲是由一个人所做的工作类型与做事的方式来定义的,而不是由生了孩子或拥有孩子的合法监护权,也不是由爱这样的单一情感来定义的①。鲁迪克强调母育是"一种关爱的工作",并坚持认为"家庭中的母育在许多方面与日托中心、学校、诊所和其他公共机构的育儿工作相结合"。任何"致力于回应孩子的需求,并将回应工作作为她或他生活相当重要的一部分的人,都是母亲"(xi–xii)。在这里,我们看到可能是鲁迪克提议中最激进的部分:除了拥有自己孩子的人之外,其他人也可以成为母亲,男性也可以成为母亲。在鲁迪克看来,将满足孩子需求的工作作为他们生命中相当重要的一部分的亲生父亲或养父事实上也是母亲。正如鲁迪克所说,"虽然大多数母亲一直是并且现在仍然是由女性承担的,但一直有男性在做母亲。此外,男性越来越多地从事母育工作。因此,不难想象男人像女人一样容易和成功地做母亲——或者反过来说,女人像男人一样容易拒绝做母亲"(xii)。

有趣的是,鲁迪克赋予了"母亲"一词新的含义,因此它是指"照护孩子之类的人"。在鲁迪克看来,母育不仅仅是孩子主要照护者(*primary* caregivers)的工作,因为它也包括日托中心、学校、诊所和其他机构所做的工作。乍一看,这似乎令人费解,因为鲁迪克似乎偏离了她最初的目标,即在传统意义上强调母亲工作的核心重要性。将儿童的主要照护者以外的其他人纳入"母亲"

---

① 鲁迪克拒绝接受这样一种观点,即在更传统的血亲学和法律意义上理解的母亲是"天生"就有爱的。鲁迪克写道,许多不同的情绪都是母亲经验的一部分,"母爱本身是多种情感的混合体,其中包括:喜悦、迷恋、骄傲、羞耻、内疚、愤怒和失落。尽管母亲的工作往往深植于激情之中,而且……受到情感的激发和考验,但工作的理念强调的是母亲试图做什么,而不是她们的感受"。(Ruddick 1995: xi)

范畴是否会削弱我们对母亲通常所做事情的独特重要性的认识？如果男性被囊括进潜在的"母亲"范畴，这难道不会削弱鲁迪克研究的女性主义特征吗？鲁迪克承认这些担忧的存在，并写道"即使是同情地理解母亲作为无性别工作的想法的女性也会担心：无性别母亲会轻视女性承担母育工作的特殊成本以及女性气质对母亲实践的影响，无论好坏"。（Ruddick 1995：xiii）鲁迪克一直被追问为什么她提到"母亲"而不是"父母"①。作为回应，她写道，她希望承认并尊重这样一个事实：

> 即使是现在，当然是在历史的大部分时间里，女性一直都是母亲。谈论"养育"掩盖了这一历史事实，而公平地谈论母亲和父亲则表明女性的历史并不重要。此外，我想抗议父权的神话和实践，同时强调男性从事母亲工作的重要性。从语言学上讲，男人可以成为母亲这一令人震惊的假设说明了这些观点，而过多的颂扬父亲的文学作品只是掩盖了这些观点。（Ruddick 1995：44）

鲁迪克承认，很多人都讨厌男人被称为"母亲"，但他认为，如果一个男人从事母亲工作，"他是在认同历史上一直都属于女性的身份。这有什么可怕或美妙的？"（Ruddick 1995：45）鲁迪克还因为其政治后果而积极地谈论母育（而非养育），这有助于我们

---

① 例如，霍克斯（Bell Hooks）认为"母性"一词只会强化这样一种观点，即照护孩子主要是女性的工作，女性天生更擅长养育子女。（Hooks 1984：138 - 139）

　　　　　　　　家庭美德：儒家与西方关于儿童成长的观念

认识到，在大多数情况下，女性仍然要对照顾孩子的工作承担更大的责任，这"为男性提供了压倒性的经济和职业优势"。女性承担母育工作的后果必须被承认，鲁迪克认为，"对母亲和父亲不偏不倚的谈论，或对养育子女的抽象理解，只会推迟这种必要的、却又令人不安的、对差异和不公正的承认"。(45)她在此处的女性主义议题是全面的：我们对回应儿童的需求这项工作的主要理解来自女性作为母亲的传统做法，鲁迪克的目标是建立这样一个世界：女性不承担更多份额的母育工作；男人渴望做母亲的工作，被称为母亲是他们的荣耀；任何致力于以细腻敏锐的和有效的方式回应儿童需求的人，实际上都是一位母亲。在鲁迪克看来，这提升了"母亲"一词的地位，使其具有规范意义，包括急需的、当之无愧的尊重，从而使母亲的工作变得更有价值。

现在，这并没有完全解决前面提到的困难，即无性别母亲的观念忽视了女性贡献的显著特征，这主要是因为鲁迪克反对女性作为母亲作出了男性母亲无法作出的独特贡献的观点。鲁迪克写道，"男性可以充分、干练地参与所有的育儿活动，"她认为，"如果男性在育儿的某些方面似乎不如女性干练，那是为人父母准备不同的结果"。(Ruddick 1997：206)"对女性家长(female parents)才能感伤、神秘的看法"(1997：206)进一步夸大了这些不足之处。鲁迪克坚持认为，作为母亲，女性所能作出的贡献没有什么是男性所不能做到的。然而，即使我们同意杰出的父亲(或者用鲁迪克的术语来说，"男性母亲"[male mothers])

可以提供与女性母亲完全相同的东西,但将回应孩子需求的工作称为"母育"似乎最终会贬低孩子的父母或主要照护者通常所做的独特工作。难道我们不需要为父母想一个新词吗?因为除了日托工作者和教师的"母育"工作之外,我们还必须解决儿童主要照护者的独特作用。当然,我们为这些不同的角色指定不同的名字是有原因的;因为他们在很大程度上是不同的,尽管当他们表现出色时,他们的共同目标是促进具体的儿童的福祉。正如我们稍后将看到的,这一系列担忧是儒家进路与鲁迪克进路形成鲜明对比的原因之一。鲁迪克承认不同角色的重要性,因为她明确反对提及"照护者"而不是"母亲",因为照顾孩子的工作是非常独特的,就像其他类型的照护是独特的一样;正如她所说,"不同类型的关怀不能简单地结合起来"。(Ruddick 1995:47)然而,鲁迪克坚持认为,母爱并不是父母或主要照护者独有的一种关怀:"任何致力于回应儿童的需求,并将这种回应工作视为其生活一部分的人都是母亲。"(Ruddick 1995:xii)我们可能会提出一个问题,即一个人必须多么投入,以及这项工作在一个人的生活中所占的比例有多大。尽管如此,鲁迪克拒绝将血亲或法律关系作为母亲的一个决定性特征,她声称"在家庭中母育在很多方面与在日托中心、学校、诊所和其他公共机构的母育是联系在一起的",这也有助于表明:相对于母亲作为孩子的家长,以及主要照护者,她的"母亲"观要更加宽广。

鲁迪克的观点引发的另一个问题是,母亲和父亲在养育子女方面是否通常具有独特的角色,以及这是否一定是好事还是坏

　　　　　家庭美德:儒家与西方关于儿童成长的观念

事。鲁迪克驳斥了"任何与父母有关的核心任务本质上并且主要是属于父亲"的描述性说法,也驳斥了存在独特的父亲特征的说法。(Ruddick 1997:205)她还反对规范性的主张,即父亲和母亲应该分别承担不同的角色与任务,相反,她坚称父亲可以而且应该承担母亲的工作。(Ruddick 1997:205;参见 Ruddick 1995:40-45)这一点特别有趣,正如我们所见,她承认不同类型照护人的工作之间存在着重要的差异,并反对我们应该提及"照护人"而不是"母亲"的观点,因为这种观点没有承认这些差异。鲁迪克对"父亲"没有同样的担忧,因为在她看来,父亲的工作并不独特。鲁迪克写道,"在母育的方式上可能存在基于血亲的差异",但她认为,"'血亲'并不是一成不变的;在一个没有性别刻板印象并尊重女性的社会中,我们不会知道男性和女性身体的潜力和限制"。(Ruddick 1995:41)她接着写道"无论女性和男性母亲之间存在什么差异,都没有理由认为一种性别比另一种性别更有能力承担母亲的工作。与男性或女性'天生'是科学家、消防员或是成为一体相比,女性并不'天生'更应该是母亲,或者男性'天生'更不应该是母亲。所有这些工作都应该向有能力和感兴趣的男女开放"。(Ruddick 1995:41)

这些说法有助于表明,鲁迪克赞同艾文贺所说的职业道德模式,认为许多女性作为母亲的优势主要来自社会结构。鲁迪克支持描述性的说法,即男性同样有能力做母亲的工作,以及赞同规范性的说法,即男性应该和女性一样参与母亲的工作。现在,有人可能会说,由于婴儿身体上对母亲喂养的依赖,以及某些血亲倾向,女性做母育工作的义务更具约束力①。但我们都知道,并不是所有的母亲都认为这些义务具有约束力;如今,美国的大多数女性家长和男性家长一样,在与婴儿相处方面有多种选择。就道德义务而言,父亲当然也同样有责任确保他们的孩子得到良好的营养,无论这意味着在情感上、道德上和身体上支持母乳喂养的母亲——这已经被证明会显著影响母乳喂养的成功率,或帮助购买和喂养婴儿配方奶粉。鲁迪克认为,男人同样有义务回应孩子的需求,也同样有能力这样做,而她在这方面似乎有坚实的论据。在怀孕和分娩之后,除了母乳喂养,很难想到任何与照护婴儿和儿童有关的事情是父亲无法做到的。

　　然而,有人可能会问,男性是否可以同样出色地完成母亲的所有任务。人们可能会接受鲁迪克的观点,即父母应该分担回应孩子的需求,但仍然主张独特甚至互补的养育方式,这往往或多或少是男性和女性家长的特征。针对这类异议,鲁迪克认为,鉴于"父权意识形态的持续存在,性别差异更有可能被用来为统治服务",并且"任何解释差异的尝试,比如说父亲是这样的,母亲是那样的,只有母亲才能这样做,只有父亲才能那样做,都会让关于供养、保护、权威、支配和从属的危险虚构故事变得神秘起来"。(Ruddick 1997:217)当然,鲁迪克在这里描述的主张与男性和女性作为父母有某种倾向的主张之间存在差异,正如我们将看到的,这是一个儒家进路与鲁迪克不同的地方。最终,鲁迪克认为,

---

① 例如,新妈妈和哺乳期妈妈的大脑对婴儿发出的声音特别敏感,这通常会使她们在婴儿晚上哭闹时更快醒来。

独特的父亲身份(大写 F)的理想在使男性能够充分参与照顾儿童的性别包容性工作上"与其说是一种帮助,不如说是一种障碍"。(Ruddick 1997:214)"历史地看,父亲应该为照护孩子提供物质支持,保护母亲及其子女免受外部威胁。他们应该代表'世界'——世界的语言、文化、工作和规则,并成为孩子在他们所代表的世界中可接受性的仲裁者。"(Ruddick 1995:42)她认为,关于父亲的重要一点是,"他们的权威不是靠照护赢得的,事实上,这削弱了母亲由此而得到的权威。"她坚持认为"母亲"和"父亲"不是相互关联的角色,因为"父亲身份更多地是由文化需求决定的角色,而不是由孩子的需求决定的工作。许多女性在看不到父亲的情况下从事母亲工作"。(Ruddick 1995:43)我们随后将看到,这代表了儒家观点与鲁迪克观点另一个显著不同的方面。正如我们在本书前面所看到的那样,儒家传统提供了各种证明单身母亲是干练、英勇的令人鼓舞的例子,但传统儒家也主张,母亲和父亲的角色是互补的,这两个角色都是由文化和传统以及儿童的需求塑造的。当鲁迪克声称父亲身份"与其说是由孩子的需求决定的工作,不如说是由文化需求决定的角色"时,她的言论似乎表明,母亲身份主要不是由文化需求决定的,而是由孩子的需求决定的。然而,在任何文化中,父亲和母亲的角色都是由文化需求和他们对子女需求的观念塑造的,而这些观念本身就是由文化观点和需求塑造的。此外,仅仅因为男性对其子女的权威不同于女性,并不意味着这些角色之间没有关联。鲁迪克没有详细说明角色"相关"(correlative)的含义,但正如我们在本书前面所看到的,传统儒家观点提出了一系列可能被视为相关的方式,这些方式不涉及角色在同一类工作中的平等基础。

鲁迪克的主要观点似乎是,虽然母亲通过照护孩子来获得对孩子的权威,但父亲对孩子的生活拥有权威,却不参与照护孩子的工作。因此,这些角色并不相关,也不应被视为互补的,我们也不应将父亲视为回应孩子需求的人,因为传统上,这项工作一直是母亲的象征。在鲁迪克看来,试图塑造一种独特的父亲身份,鼓励男性以独特的方式回应孩子的需求,只会鼓励男性接受与统治和权威相关的传统角色。她认为,避免这种情况的唯一办法是鼓励男性做母亲。

理解鲁迪克提出的"母育"不仅仅是与孩子有某种血亲或法律关系的女性可以从事的工作的论点,有助于我们理解儒学观点的一些独特之处。最明显的区别是,鲁迪克和大多数处理亲子关系的女性主义伦理学家一样,最关注母亲的立场和经历。这在她的论点中当然很明显,凡是从事照护孩子工作的人都是"母亲",但这也是她关于道德培养观点的一部分。她的主要关注点是母亲的任务,包括其所有的复杂性和挑战,而不只是狭隘地关注孩子的道德培养经验。需要明确指出的是,并不是鲁迪克忽视了孩子的经验,而是她讨论的主要焦点是母亲的实践。鲁迪克专注于母亲实践的三个不同方面——保护孩子的生命、促进孩子的成长以及培养或塑造一个令人满意的孩子——并为每一个方面专门写了一章。她优美而深刻地描述了母育的复杂性,以及养育子女的过程中所包含的内容,包括对母亲在子女道德培养方面所面临的具体问题和挑战的细致讨论："当其他孩子都在外面玩耍时,一个孩子整个周末都应该待在家里吗? 例如,如果孩子们害怕进入教室或参加生日派对,他们是否应该为了自己的好处而被强迫进去参加? 一个男孩的身份要求他玩枪吗? 或者一个女孩的解放需要剥夺她想要的玩具屋吗?"(Ruddick 1995：85)正如诺丁斯所指出的那样,以前的哲学家在谈到儿童的成长和发展这个主题时的讨论是模糊且不具体的,鲁迪克则是非常具体的,解决了"促进成长的复杂性——保护孩子如何可能与鼓励成长相冲突,塑造孩子的尝试如何阻碍或促进成长"。(Noddings 2010a：268 - 269)

鲁迪克的论述还阐明了母育的方式对母亲自身来说也是一种修身活动,因为——

> 母亲训练自己专注,学会包容自己的欲望,懂得如何观察和想象。……母性思维是专注的爱的一种训练。明确的依恋、爱的明确,是母性思维的目的、指导原则和矫正方法。然而,细心的爱或任何其他认知能力或美德都不足以体现母性工作。(Ruddick 1995：123)

由于她的目标之一是强调母性工作的复杂性和必要的技能及其挑战,鲁迪克关于养育孩子所涉及的内容的讨论比我们在前一章考察过的西方哲学家们的论述要更加广泛、深入。她不关注婴儿期,而主要是关注童年,认可母亲在母性实践中的挣扎,并提出对母亲和儿童有害的流行观点的替代方案。同样,她更关注母

亲作为教育者或培养者的经验,而不是作为儿童培养过程一部分的活动。例如,她指出:

> 许多母亲发现母育的主要挑战在于培养孩子成为别人会接受,并且母亲自己也能欣然认可的那种人。……训练可以是令人振奋和快乐的工作。然而,对于大多数母亲来说,训练工作也充满了困惑和自我怀疑。……训练的回报是深刻的,但失败却是痛苦的。然而,瞬息万变和流动的社会让母亲周围充满了矛盾的建议,缺乏指引或坚实的基础继续前进。(Ruddick 1995:104-105)

虽然关于父母、子女和道德培养的儒家文本往往侧重于在塑造儿童道德品格的过程中至关重要的经验、活动、传统和美德,其最终目的是提供指导和启发,鲁迪克则描述了母亲的经验,并旨在诊断她认为的"母亲思维的严重缺陷方面"。(Ruddick 1995:104)因此,这些作品的总体目标存在深刻而关键的差异,尽管它们共同关注母子之间的关系以及母亲作为教育者的独特角色。

人们可以设想一系列受儒家传统启发,并解决了鲁迪克工作的核心问题的方法和观点。我接下来的目的是描述儒家进路与鲁迪克进路不同的一些更具体的方面,以凸显早期儒家关于亲子关系的观点如此独特的一些方面,甚至不同于像鲁迪克这样认为亲子关系至关重要的哲学家的观点。在描述儒家对这些问题的态度时,我有意以复数形式提及"进路"和"观点",以避免无意暗示只有一种儒家的进路或观点。尽管如此,我将集中讨论大多数儒家思想家所共有的儒家思想的一些普遍特征,这些特征加在一起是儒家传统的独特之处。此外,我没有讨论传统儒家对鲁迪克提出的问题的看法这一历史问题,因为没有证据表明传统儒家设想了这类问题,例如我们如何才能最好地鼓励男性充分参与回应儿童需求的工作。相反,我感兴趣的是传统儒家价值观如何被用来构建儒学启发下的回应和进路来解决鲁迪克所力图解决的问题。这项任务的目的不是重建或彻底修改儒家价值观,而是以有助于我们解决当代问题和挑战的方式借鉴和发展儒家价值观。当然,这项任务有时可能需要修正或拒绝特定的儒家观点或价值观,但总体目标是以忠实于儒家许多核心特征的方式进一步发展它们①。通过将儒家观点与关怀伦理观点置于同一世纪并努力将其应用于当代道德问题,我们可以更清楚地理解关怀伦理和儒家思想对我们理解亲子关系在道德培养中的作用所作出的独特贡献。正如我们将要看到的,一个重要的问题是,将丈夫和妻子充分分担照护孩子的儒家性别角色修正后再称为"儒家"是否合

---

① 一个人是在发展一种观点,还是从根本上改变它,或者两者兼而有之,这是一个棘手的问题,它对任何传统都是一个挑战,历史上有很多这样的例子。有时,发展一种观点只需要对现有观点进行很少的更改,而不是以新的方式扩展和应用它;在其他时候,它涉及修改或改变部分有问题的观点。发展一个观点也可能涉及完全拒绝相关观点的各个方面,尽管当观点的实质性或非常重要的部分被拒绝时,将其称为"发展观点"似乎不太合适,而将其称为修改或重建观点更合适。当然,在这些情况下,很大程度上取决于人们认为现有观点的哪些部分最重要或最关键,以及是否可以在不失去其他部分的情况下拒绝某一观点的各个部分。在这里,不同的传统成员往往存在分歧,一些人认为,其他人的观点和做法代表了根本性的变化,他们不再代表这一传统。关于这些问题的看法,参见 Van Norden 2007:323。

适。对这个问题的回答最终取决于一个人如何理解"儒家"角色的充要条件。

一般来说，正如考普曼所说，儒家重视并接受传统，而女性主义则拒绝传统，但这并不是说儒家没有修正或改革传统。儒家观点的优点之一是，我们应该对变革的时间和方式有高度的选择性，在许多情况下，儒家倾向于渐进式变革，这似乎更准确地捕捉到了推动社会和文化变革所涉及的真正挑战。例如，我们中的许多人会发现鲁迪克的建议，即我们不应该认为一个男人认同传统上属于女性的活动有什么特别可怕或美妙的地方，这一点非常引人注目。但她建议我们应该通过将照护孩子的男性视为"母亲"并称其为"母亲"来推动这种社会变革，这可能会遇到相当大的阻力，因为传统和习俗——有时是为了更好，有时是为了更糟糕的是——在我们思考自己和对他人的责任方面发挥着关键作用。对于大多数男人来说——即使是那些专心照护孩子的人，并且同意他们和女人一样有能力和义务做这项工作的人——很难认为被称为"母亲"的想法有吸引力。也可能很难看出它有什么帮助。男性和女性的文化期望在塑造我们养育子女的倾向和方法方面发挥着重要作用，这些东西并不总是容易被抛弃，也不应该被抛弃。不能简单地消除我们与"母亲"的所有联系，包括最明显的事实，即这个词一直以来指的都是女性。我的观点是，由于传统和习俗的重要性，在实践鲁迪克的观点时需要克服一个实际挑战，这对大多数人来说可能是无法克服的。

儒家的进路有何不同？一种儒家进路可能支持保留僵化的

家庭美德：儒家与西方关于儿童成长的观念

性别角色——我将在后面进一步讨论这种可能性——而另一种方法可能会鼓励我们逐步改变我们对与女性和男性传统角色相关的工作的看法，以及无论我们的性别如何，我们都可能认同这些不同类型的工作的方式。在后一种儒家观点中，传统和习俗的变化通常是随着时间的推移，通过许多不同圣人的智慧积累而逐渐发生的，并不涉及对传统的全面拒绝。在这个观点上，变化不仅实际上以这种方式发生，而且变化也应该以这种方式发生。持有这种观点的儒家可能会争辩说，让男人充分参与养育和照护孩子的工作的最好方法不是坚持他们应该是"母亲"，而是为男人和女人提供那些已经和正在完全分担照护孩子工作的榜样父亲。同样重要的是要有一些女性的例子，她们希望男性充分参与这项工作并坚持平等的伙伴关系，以及支持和鼓励这种工作的家庭、社区和社会的榜样案例。最终，这只能随着时间的推移，通过好父亲、好母亲、好家庭、好社区和好社会的经验和榜样，特别是通过越来越多的父亲完全接受这项任务而实现。这种变化的代际层面至关重要，尤其是因为它涉及孩子的抚养方式。由充分参与满足其需求的工作的父亲和母亲抚养长大的儿子和女儿将在如何做到这一点的模式下成长，并期望男性和女性父母都参与广泛的育儿任务的一部分。这种方法的优点之一是，当变化缓慢而渐进地发生并且不试图完全抛弃传统时，我们能够更好地避免过快和不假思索地抛弃可能值得保留的事物的陷阱和危险。令人担忧的不是女性应该独自照顾孩子而不需要男性父母的帮助和支持这一观点值得保留，而是存在与女性工作密切相关的有价值的实践、方法和见解。如果我们试图完全抛弃这些角色和传统,或者试图突然地引入变革,那么这些作为母亲所做的事情——以及男性作为父亲所做的事情——可能会丢失。

到目前为止,我只讨论了鲁迪克的进路和潜在的儒家进路之间的区别,以应对让男性充分参与鲁迪克所说的母育工作这一实际挑战。然而,我们面前还有一些更大的问题,其中最紧迫的问题涉及鲁迪克的论点,即没有任何关键的家长任务本质上一方面主要属于母亲,而另一方面却又属于父亲。虽然鲁迪克准备完全抛弃"父权",但几乎任何以传统儒家思想为基础的人都会认为,父亲和母亲的传统角色都很重要,即使我们可能希望修正它们,我们也不应该完全抛弃它们。正如考普曼指出的,在这里,我们看到了女性主义者和儒家对待家庭的方式之间最显著的差别之一。正如我们在本书前面所看到的,传统儒家肯定认为父亲和母亲的角色是相互关联和互补的——鲁迪克坚决反对这种观点。但同样重要的是要理解,一些传统儒家资料证实了这样一种观点,即养育一个好孩子并不需要父亲,比如在孟子母亲的故事中就可以看到这一点。然而,早期儒家确实强调母亲和父亲以及家庭中其他照护者(如兄妹)的独特作用。事实上,儒家观点的一个重要特点是,不同的家庭成员在和睦的家庭中发挥着独特和互补的作用,我们必须以表达美德的方式认识和关注这些作用,以实现和睦。培养与父母和其他家庭成员之间和睦关系的能力,部分取决于我们对父母和其他家庭成员之间关系差异的理解。用不同的名字称呼他们有助于提醒我们这一点。举一个在今天的中国文化中很容易看到的例子，一个人不只是用一个通用术语（"姐妹"或"阿姨"）来指代一个人的姐妹或阿姨，而是用不同的术语来指代不同的姐妹和阿姨：一个人的姐姐或妹妹、一个人父亲的姐姐或一个人母亲的妹妹。这些名字符合社会生活的现实；我们用不同的名字来称呼这些人，因为我们与他们有着不同的关系，这部分是基于他们独特的历史和家庭关系。不仅不能用称呼母亲的同名称呼自己的父亲很重要，而且不要用这个名字称呼自己的其他家庭成员也很重要。大多数儒家认为，这种做法忽视了一个人与这些人之间关系的真正差异，尤其是母亲、父亲及其子女之间存在的高度独特的关系。如果父亲不是真正的好父亲，解决办法就是不要把他们称为母亲并鼓励他们成为母亲；从儒家的观点来看，我们应该纠正"父亲"这个名字，并期望父亲不辜负这个名字。考虑到让鲁迪克感到担忧的儒家观点，这意味着帮助父亲充分参与照护和养育子女的工作，但要以建设性的方式利用男性经常表现出的一些育儿倾向和方式。

在这里，我们可能看到儒家与鲁迪克观点之间最深刻和最重要的对比：几乎所有儒家观点都承认至少有一些与父母和其他家庭成员相关的与众不同的特征、倾向和独特贡献。因此，儒家倾向于反对将包括父亲在内的许多不同的个体称为"母亲"的做法。从儒家的观点来看，不仅要从描述的角度承认父母各自不同的倾向和贡献，而且要从规范的角度承认父母的独特倾向和贡献，这一点很重要：不仅母亲和父亲往往有一些重要的差异——这肯定是由于受各种因素的影响——但这有时对我们有好处。即使我们修正早期儒家的观点并构建至少与某些形式的女性主义兼容的当代儒家观点,儒家观点也会倾向于将母亲和父亲的角色视为相互关联和互补的[①]。强调家庭内部角色的独特性和互补性是儒家思想的核心特征,这部分是因为儒家重视家庭的和睦,而这鼓励甚至可能需要家庭成员角色的互补。这意味着,大多数儒家不仅会反对鲁迪克的论点,即"父亲"没有什么特别之处,而且还会反对她更一般的论点,即所有照护孩子的人都可以称为"母亲"[②]。的确,儒家女性主义者可能会争辩说:应该将祖母的工作与母亲的角色区分开来,以便更充分地认识和考虑到妇女已经和继续为孩子所做的工作——以及所有这些工作并不完全相同的事实。儒家也可能会说,由于不同的关系,我们处于独特的地位,能够以不同的方式为孩子的成长作出贡献。尽管本书前面讨论的儒家文本承认母亲的独特角色,但早期儒家思想家肯定没有坚持认为,其他照护角色都是母爱的表现,更不用说,所有照护角色在价值和实际上都是等值或平等的。

现在,尽管我一直在描述一种受儒家启发的观点,该观点旨在发展儒家价值观的各个方面,同时保留儒家思想的重要特点,更传统的儒家观点会简单地拒绝我们应该致力于让父亲充分分享母亲所做的工作的观点。根据这种观点,一个家庭的每个成员

① 关于儒家哲学本质上不是性别歧视的论点以及对儒家女性主义可能是什么样的说明,参见 Rosenlee 2006。另参见 Van Norden 2007: 330 - 332。
② 包括鲁迪克在内的一些女性主义伦理学家在如何最好地设想照护者角色的问题上存在一种同质性,因为他们提出了一个单一的、通常是"母性的"或"女性化的"模式,所有照护人员都应遵守的规定。这是一种价值一元论的观点,它伴随着一种"重估价值",在这种"价值重估"中,父权制(即传统)的社会规范被贬低了。

都应该有一个独特的角色，包括母亲和父亲，这使得每个人都能作出独特的贡献，从而因他或她的贡献而受到重视。至少从理论上讲，这种方法具有确保一切都有效且高效完成的实际价值。事实上，更传统的儒家观点的支持者可能会质疑父亲如何以及以何种方式充分参与照护孩子的工作，而不是简单地成为第二个母亲。这里的核心问题是，如果儒家意义上的父亲充分参与照护孩子的工作，他们将如何以及以何种方式与众不同。

这个问题有多种回答。父亲的独特贡献可能包括执行与照护孩子有关的不同任务，或者可能只是涉及执行相同的任务但以不同的方式。例如，当母亲哺乳时，她们将是婴儿的主要营养来源，而父亲可能主要是换尿布的人①。采用这种方法的父母都会在婴儿夜间醒来时一起起床，以便按顺序满足他们的需要，也为了互相支持。这两项任务对于满足婴儿的需求同样重要，并且要求很高。父母也可能轮流执行相同的任务，但他们的方法会有所不同。例如，当与孩子轮流在户外玩耍时，一位家长可能会鼓励更多的体育活动，而另一位家长可能会鼓励想象性的游戏或观察蚂蚁、松鼠和鸟类的活动。所有这些活动都涉及与孩子互动并鼓励他们热爱户外活动。诉诸阴阳理论有助于为这种观点提供理

---

① 那些认为母亲的角色比父亲的角色更具吸引力的人可能忽略了这些经历的两个重要特征。首先，这种观点将母乳喂养浪漫化，忽视了它所带来的真正挑战。第二，这种观点忽视了一个事实，即婴儿醒来、观察和参与他们的世界的唯一时间往往是在换尿布的过程中，这是非常自然的。这为那些致力于这项工作的父亲们提供了一个与孩子互动的独特时机。母乳喂养和换尿布不都是"甜蜜和轻松的"，且都是要求很高、很有挑战性的，但这两项活动也为与孩子建立联系和互动提供了独特的机会。这是使它们成为互补活动的因素之一。

论基础;事实上,在生活的许多领域,阴阳互补的思维方式很有启发性。借鉴传统儒家观点的人会争辩说,让孩子拥有互补方式不同的父母是件好事。父母中的一位可能比较严格(阳),而另一位则比较宽松(阴),同样对于理智(阳)和情感(阴),组织(阳)和自发(阴)也是如此。当然,如果父母两人表现出极端的相反特征或倾向,那将是灾难性的。这将与非互补的方式不同。儒家的互补性要求父母就基本目标和价值观达成一致,同时利用彼此的不同优势。成功地做到这一点需要努力,从儒家的角度来看,父母双方都必须不断反思自己,并在他们倾向于过分严格或不够严格的领域努力改进。但他们的目标不应该完全相同。

在我所举的每一个例子中,两位家长的不同活动和进路是互补的。孩子受益于与父母双方的接触,受益于接触更广泛的进路和活动,父母也同样受益于此——不仅减轻了彼此的负担,还充分分享了养育子女的乐趣。然而,我在这里所举的例子中,没有一个触及女性或男性的"本质"特征。我提到的互补性特征不需要与任何一种性别相关联,即使传统上如此。父亲和母亲可能同样出色地完成这些任务,这取决于他们的个人背景、能力、倾向和兴趣。同性伴侣的角色可以和异性伴侣的角色一样互补。由于女性或男性的本质特征并不能定义父母的两种角色,因此每个母亲的角色和每个父亲的角色往往会以不同的方式呈现。当然,正如前面所讨论的,会有某些倾向存在:当母亲哺乳时,她们将是主要的营养来源,而在孩子生命的最初几个月里,另一个角色唯一需要做的类似要求之一是换尿布,这使父母另一方承担这一自

　　　　　　　　　家庭美德:儒家与西方关于儿童成长的观念

然的角色。但是，无论是父亲的角色还是母亲的角色，都不会固定在要求所有父母从事许多相同活动的意义上——这是基于礼的传统儒家角色的一个特征。这是一项重要的修正，对某些人来说，这可能意味着这种育儿观不是"儒家的"。但也必须记住，任何当代儒家的观点都将与传统儒家的观点截然不同①。今天的家庭必须考虑技术、不同形式的就业、不同的法律和政府形式，以及与历史早期不同的社会结构。虽然一些儒家礼仪的某些方面在东亚文化中得以保留，但这些礼仪并没有在任何地方得到充分的实践，即使它们得到复兴，但也不会完全相同。我所描述的观点极大地修正了儒家关于父亲和母亲角色的传统观点，但它也保留了儒家的重要特征。

除了保留儒家父母应具有互补性和独特性的观点外，儒家意义上的"独特的父亲身份"还可能具有重要的修身维度，即承认男性在历史上从未参与照护儿童的工作，因此，至少在很多情况下，男性在照护孩子的工作中会有一些不同的方法。承认并反思这一点可以帮助我们找到方法，帮助男性更有效地分担照护孩子的工作。从修身的角度来看，重要的是不要否认，对男性的文化期望一直存在并将继续存在差异，而且男性和女性之间存在差异，无论其起源主要是由血亲学决定的还是由文化构成的。儒家的修身主义方法不会简单地将这些差异视为完全或必然是父权制

---

① 今天没有一个儒家可以成为公元前3世纪的儒家，就像没有一个当代基督徒可以成为公元前1世纪的基督徒一样。正如威廉·詹姆斯（William James，1842—1910）所指出的，两者都不是"活的选项"。

或压迫性的,从而立即予以否定或拒绝;相反,这种方法将鼓励我们反思这些差异及其在我们照护孩子的方式和感受中的作用。这样,男性和女性的独特挑战和经验可以作为修身的基础。对于儒家进路来说,这包括反思我们与他人的关系和我们对他人的责任,以及努力改变我们的态度和行为,以培养和表达儒家美德,如仁与恕。因为儒家倾向于将特定的角色和关系视为修身的机会,受儒家启发的进路可能会将独特的父亲身份视为帮助男性分担照顾子女工作的必要帮助,而不是障碍。当然,独特的父亲身份是否有助于男性做到这一点,取决于独特的父亲身份是什么。但儒家不会像鲁迪克那样,将承认母亲和父亲的独特角色本身视为障碍。这有助于提醒我们的一个区别是,鲁迪克对道德培养的兴趣更多地集中在母亲的经验上,而不是孩子或父亲的经验上。鲁迪克认为独特的父亲身份是有问题的,部分原因是她认为这是对既定角色的接受,而儒家则倾向于将承认自己作为父亲的角色视为修身过程的开始,因此是反思和改进的开始。

这一讨论还指出了鲁迪克对母育工作,而不是对定义是什么构成我们对母亲的一般理解的特殊关系的强调。鲁迪克将一种独特的父亲身份与男性应该做不同工作的观点联系起来,但儒家的父亲观和母亲观并不像鲁迪克的观点那样主要关注工作。儒家对母亲的理解重视母亲工作之外的各种定性特征,包括血亲关系,这是早期儒家关于产前培养讨论的基础,以及一些关于孝道(将身体视为父母的礼物)的论述,以及母亲对孩子的爱和感情。的确,在成为母亲的必要条件和充分条件方面,鲁迪克和儒家有着根本的不同。这有助于我们进一步理解为什么儒家的观点很难接受这样一种说法，即所有那些把照顾孩子作为日常生活一部分的人都应该被称为"母亲"。大多数儒家会反对将某些工作视为母亲的定性特征，因为这种进路没有集中关注父母对子女的深情和厚爱，而在绝大多数情况下，这是任何其他关心他们的人所无法比拟的。此外，尽管如此，儒家倾向于认为，专注于满足儿童需求的工作，通常忽略了父母与特定儿童——他们自己的孩子——之间的关系。在祖父母、阿姨、叔叔、兄妹和其他人的情况下，还有其他特殊的关系需要考虑。这里有两个区别，一是专注于工作和关系（尤其是父母对孩子的爱），另一个是专注于所有孩子和自己的孩子①。大多数儒家会担心鲁迪克的方法忽视了父母与孩子之间的特殊关系，这种关系不仅源于他们对孩子的深情厚爱，也源于他们共同拥有一个家，并是孩子主要的照护者。一些照护者在一个孩子的生活中来来往往，但并不是她的父母。鲁迪克关于母亲的定义并不包含这些内容。她反对血亲关系或法律关系使一个人成为母亲的观点，我认为大多数儒家都同意，这些都不是成为一个真正的或好母亲的充分条件，但大多数儒家主要关注孩子与父母关系的性质，而不是血亲或法律问题。我们当中很少有人会对父母是谁感到困惑，这是由于我们与他们有着非常独一无二的特殊关系，所以我们了解父母——这种关系主要由深情厚爱决定的。母亲和父亲主要负责抚养特别的那一个孩子，鲁迪克

---

① 正如我们将看到的，赫尔德更加注重关系。

正确地指出,这涉及某些类型的工作。儒家会担心她没有充分认识到父母通过与孩子同住一个家并成为他们的主要照护者所做的独特工作,而不是她所说的"母育工作"。事实上,这些都是几乎所有儒家进路都会拒绝使用"母育"或"母亲工作"一词来指代那些不是我们母亲的人或优秀的日托工作者、教师或临床医生为儿童所做工作的另外原因。父母与子女的关系几乎总是涉及对特别的那一个孩子的无与伦比的爱和感情,与这些子女一起生活或曾经一起生活,以及伴随而来的法律关系。除了收养这一重要的例外,亲子关系通常涉及血亲关系。这些因素不应被排除在外,因为它们通常是以极其重要的,而不是以与亲子关系相抗衡的方式帮助区分亲子关系与儿童与照护和养育他们的其他人之间关系的独特性。

在她最近的作品中,鲁迪克更强烈地强调了母亲和孩子之间关系的重要性,以及所有从事母育工作的人之间关系的特殊性质。她写道,"照护既是劳动,也是关系……照护劳动本质上是关系性的。工作是通过给予和接受照护的人的关系构成的……更关键的是,一些照护关系似乎在它们所实现的'过度'劳动中具有重要意义"。(Ruddick 1998:13-14)她举了一个父亲带孩子去托儿所和托儿所工作人员接收孩子的例子。虽然他们都让孩子放心,但从鲁迪克的角度来看,父亲这种行为的性质和意义可能是"实现了的过度劳动"。父亲的工作是对这种关系的回应,而日托工作人员与孩子的关系很可能是对工作的回应。然而,必须补充说明的是,后者做这项工作是有报酬的,不会在这种财务安排

　　　　　　　　家庭美德:儒家与西方关于儿童成长的观念

之外照护孩子；因此，日托工作者的照护是有条件的，而父母的照护则不是。鲁迪克仍然主要从工作的角度来框定这些事情，但这些评论包括了这种关系的重要性和亲子关系的独特性质，尽管她没有像大多数儒家观点那样优先考虑这些事情。鲁迪克在其著作第二版的前言中还写道，强调母育工作"并没有充分重视构成了任何人的母育经历的各种文化、家庭和个人关系，而且这种关系先于并且通常比细致的儿童照护更长久"。它还忽视了怀孕和分娩的重要性，也就是说，"所有的母育，无论是男性还是女性，都取决于某个特定女性的劳动；'孕育'新生命仍然是并且仅仅是属于一个女性，而其身体和所体现的意愿则是每一个新的和初始生命的基础和条件"。（Ruddick 1995：xiii）这些都是重要的修正，这些修正将使鲁迪克的观点更接近我们在本书前面考察的儒家观点。但是，尽管鲁迪克坚持认为所有的母育都取决于某个女人的生育，但她也指出，没有人来抚养婴儿，生育就一无是处，最后，她认为生育和母育是截然不同的活动。（Ruddick 1995：xiii）正如我们稍后将看到的那样，对于那些认真对待早期儒学关于童年早期道德培养观点的儒家来说，这种观点不会那么容易出现，这是鲁迪克的观点和我想讨论的儒家观点之间最后的对比。

与鲁迪克不同的是，早期儒家的文献并不争辩区分生育和母育的必要性。这至少在一定程度上是因为生育和母育通常是同一角色或关系的不同方面，在此需要注意的是，正如我前面提到的，儒家并不像鲁迪克那样倾向于将生育和母育视为"活动"或"工作"，而是从关系的角度来看待。但鲁迪克和儒家思想家在生育和母育方面的差异也凸显了这些观点之间进一步的差异。我们已经看到早期儒学文本是多么强烈地提倡产前培养；相比之下，鲁迪克认为：

> 怀孕、分娩和哺乳在性质上与其他母性工作不同，按一个孩子的生命来衡量，这些都是多年母育工作的短暂插曲。一个在水槽下接触毒药、脾气暴躁的、蹒跚学步的孩子，一个被遗弃在生日聚会之外的小学生，一个无法写论文的大学生——比起喂养，这些孩子更能代表对母亲的需求，更不用说一个沉默的胎儿。（Ruddick 1995：48）

这些评论对我们的目的尤其重要，不仅因为它们突出了与儒家强调婴儿早期阶段和父母责任在孩子出生前就已开始的观点的对比，还因为它们突出了与鲁迪克观点的另一个关键区别，即她并不像早期儒学那样认为孩子生命的最初几年至关重要。虽然对于鲁迪克来说，怀孕和母乳喂养与孩子的长寿相比是"母育的短暂插曲"，但早期儒家思想家认为，与随后的时间相比，这些早年对于孩子的成长具有独特和不可替代的重要性。正如我们将在下一章中看到的那样，这种观点现在得到了来自多个学科的大量经验证据的广泛支持。此外，正如我们将要看到的，这些早期阶段和经验对于初为人母的人来说至关重要。随着时间的推移，母乳喂养婴儿的艰巨和有益的经验是一项有助于培养好母亲所需的美德和能力的活动——尤其是能够优先考虑孩子的需求并作出个人和职业牺牲为孩子的最大利益服务。这是一种可以让一个人为以后的经历和作为母亲的挑战做好准备,并有助于培养在生活中更普遍地服务于一个人的美德的经验。然而,只有当人们不仅仅将其视为一种体力劳动,而是认为这种重要的情感和道德经验对母亲和孩子都很重要时,人们才能理解这一点。

早期儒家并不像鲁迪克那样将孕妇和婴儿母亲的工作认为"与其他母亲工作不同",了解此处的对比有多深入是很关键的。鲁迪克写道:"无论是怀孕还是分娩都不是很像母育。母育是一项持续的、有组织的活动,需要纪律和积极关注。"孕妇"通常会投射性地从事母育的工作——例如做衣服或买婴儿床。但这些任务并不直接与胎儿有关,而是与即将出生的婴儿有关。母亲通过照护自己来照护胎儿"。(Ruddick 1995:50)除了鲁迪克在区分"胎儿"和"婴儿"时表达的政治和形而上学观点之外,另一个尽量减少怀孕、分娩、母乳喂养和其他母育工作之间联系的动机可能是因为,鲁迪克想要捍卫她更大的认为男性同样有能力从事母育工作的观点。从科学的角度质疑她的观点是有充分理由的,包括母乳喂养与儿童和母亲以后的健康和福祉有关的各种问题之间已经得到明确的联系。包括依恋理论和产前保健与母乳喂养的研究的证据表明,这些早期成长阶段以及婴儿在子宫内以及生命最初几年中与父母之间形成的关系——这些将在接下来的章节中讨论——不应被视为与随后发生在儿童生活和父母生活中的事情脱节或不同。但我目前关心的是展示鲁迪克的观点如何与儒家观点形成对比,也许最深刻和最重要的对比是早期儒家文本明确支持这样一种观点，即怀孕的母亲可以而且应该参与"一系列需要纪律和积极关注的持续、有组织的活动"——用鲁迪克的话来说——这对他们孩子的道德、情感和身体成长作出了不可替代的贡献。

关怀与养育：诺丁斯和赫尔德的工作

鲁迪克在讨论亲子关系和道德培养方面的工作尤其重要的原因有很多，其中包括她对这些话题的持续关注，标志着关怀伦理的开始，以及鲁迪克对后来的关怀伦理学家的显著影响，包括内尔·诺丁斯和弗吉尼亚·赫尔德。诺丁斯是在儒家伦理领域被讨论得最多的关怀伦理学家。事实上，诺丁斯是关怀伦理最广为人知的支持者。诺丁斯的工作即使对当下的研究也很重要，因为她写了大量关于道德教育的文章。

在 1980 年鲁迪克的《母性思维》出版到 1984 年诺丁斯的第一本书《关怀：一个女性主义的伦理与道德教育进路》（*Caring: A Feminine Approach to Ethics and Moral Education*）面世之间，发展心理学家卡罗尔·吉利根（Carol Gilligan）的书《以不同的声音》（*In a Different Voice*）于 1982 年问世。吉利根的实证工作有助于推动关怀伦理的发展。吉利根的工作重点关注众多女孩和女性解释、反思和描述道德问题的方式，包括更加关注背景和人际关系，以及减少对抽象规则和个人良知的依赖，并挑战了劳伦斯·科尔伯格（Lawrence Kohlberg，1927—1987）的一些结论。尽管在吉利根的研究中只有一些女性表现出这些倾向，但几乎没有一个男性表现出这些倾向,这让吉利根写道,"如果从研究样本中剔除女性,道德论证中对关怀的关注将几乎消失"。(Gilligan 1987:25)她认为这一点值得我们关注。赫尔德指出,吉利根道德理论工作的重要性在于——

> 它提出了解释道德问题的其他观点:强调普遍道德原则以及如何将其应用于特定案例的"正义视角",并重视关于这些问题的理性论证;以及一种更加关注人们需求,关注人们之间的实际关系如何得以维持或修复,重视叙事和对语境的细腻敏锐度,从而作出道德判断的"关怀视角"。(Held 2006:27-28)

吉利根认为,为了让一个人拥有充分的道德,这两种视角都是必要的——大多数关怀伦理学家都没有认同这一观点,但她没有指出如何将它们整合或编织成一个融贯的道德理论。出于本书研究的目的,重要的是要注意到对吉利根研究工作的反应是多么多样,尤其是涉及"关怀视角"与血亲和文化之间的紧密联系时。儒家思想家并不是唯一注意到其他文化与"关怀视角"有某种共鸣的人:桑德拉·哈丁(Sandra Harding)指出,非洲男性在解释道德问题时与吉利根所研究的女性表现出了相同的倾向。(Harding 1987)

当女性主义哲学家发现吉利根的研究工作与她们自己对主流道德理论的不满产生共鸣时,开发可行替代方案的工作成为中心焦点。像吉利根和鲁迪克一样，诺丁斯的动机是在道德理论和道德发展研究中意识到男性的偏见。在《关怀》①和随后的作品中，她提供了一个在建立关怀伦理作为其他道德理论替代方案方面大有帮助的论述。诺丁斯讨论了关怀活动，包括关注他人的感受和需求以及认同他人的现实经验。诺丁斯观点的几个显著特征之一是她认为关怀需要全神贯注，这意味着持续或暂时地接受在遭遇中表达的需求。（Noddings 2010b：47－48）她坚持认为，这并不涉及"通过将他的实存作为客观数据进行分析，然后问，'在这种情况下我会感觉如何？'相反，我将分析和计划的诱惑放在一边。我不投射；并接受他者进入我自身，我看到并感受到他者。我变成了对象性（duality）的存在"。（Noddings 1984：30）②诺丁斯拒绝将她与道德金律关联起来的进路，"己所欲，施于人"，因为在她看来，这包括将"我们所经历的痛苦、感受和激情归咎于他人"。她争辩说，在关怀的相遇中，"即使我在理智上非常确定，在给定的情况下，我自己不会有这种感觉，我也会接受另一个人并感受到他或她的感受"。（Noddings 2002b：14）罗世荣指出，诺丁斯所声称的道德金律是一种独特地、西方式地、理性地和男性化地看待"感情"的方式，事实上并不完全正确，因为道德金律或可逆性原则是早期儒家教义的一部分。（Luo 2007：98；参见

---

① 指的是前文提到的诺丁斯的第一本书《关怀：一个女性主义的伦理与道德教育进路》（*Caring: A Feminine Approach to Ethics and Moral Education*）。——译者注

② 诺丁斯对应用可逆性原则（或"道德金律"）意味着什么的描述有时近乎讽刺。想象自己处于他人的位置并不一定（或通常）需要"作为客观数据"分析另一个人的经验，也不需要将我们拥有的相同感受归因于他人。儒家关于这种"同情理解"的观点，参见 Ivanhoe 2008b；Tiwald 2010。

　　　　　　　　家庭美德：儒家与西方关于儿童成长的观念

Ivanhoe 2008b；Tiwald 2010）因此，这是她的观点与儒家观点形成对比的几种方式之一，至少在她看来是如此。

诺丁斯将一个人（照护者）直接或亲自关怀另一个人（被照护者）的"关爱"（caring for）或"自然关爱"（natural caring）与"关怀"（caring about）或"道德关怀"（ethical caring）区分开来，后者涉及陌生人或与我们没有直接接触的人。（Noddings 2002b：21－22）我们关心那些在我们的家人、朋友和熟人圈子里的人；在称其为"自然关爱"时，诺丁斯的意思是"一种或多或少出于喜爱或倾向而自发产生的关怀形式"。（Noddings 2002b：29）然而，诺丁斯强调，"我并不是说自然关爱的能力不需要培养。相反，我认为它需要持久而细致的培养"。（Noddings 2002b：29）与自然关爱相比，当我们关怀一个有需要的陌生人时，我们会利用自己照护家人和朋友的能力，问自己如果这是我们认识的人，我们会如何回应："在这样做时，我们利用了道德理想———一组关于关爱和被关爱的记忆，我们认为这是我们最好的自我和关系的表现。我们召唤我们需要的东西来维持最初的'我必须'。"（Noddings 2002b：13）① 在诺丁斯看来，关怀在几个方面优先于关爱："按时间顺序，我们首先了解什么是关爱。然后，逐渐地，我们学会了关爱他人，进而关怀他人。"（Noddings 2002b：22）这是诺丁斯的观点与儒家观点一致的一个方面。诺丁斯强调了当孩子们被关爱时在他们的情感世界中发生的事情的重要性，他写道，关怀"是真

---

① 儒家在这种讨论中强调了传统的价值。具体来说，除了关怀和被关怀的记忆之外，传统成员，无论是道德的还是宗教的，也会利用故事或叙事、轶事和道德教海。

正的关爱和被关爱的产物,以及我对这些具体关爱情况的善意的反思"。(Noddings 1984:84)除了在我们学会关怀之前需要先学会关爱之外,诺丁斯认为,关怀陌生人是次要的,因为它的首要重要性在于,它使我们能够关爱我们所爱的人,"首选的状态是自然关爱;道德关怀被用来恢复它"。(Noddings 2002b:14)

诺丁斯对亲子关系和儿童道德教育的讨论深受鲁迪克作品的影响。在《始于家庭:关怀与社会政策》(*Starting at Home: Caring and Social Policy*)一书中,诺丁斯写道,尽管鲁迪克是从母亲的视角写作,而她自己的主要关注点则是孩子,"这些论述在很大程度上是互补的。鲁迪克承认,母亲的利益是以'需要'(demands)为基础的;我更喜欢谈论需求和欲望"。(Noddings 2002b:176)正如我们所看到的,鲁迪克的讨论有意集中在"母亲"和"母育"上,尽管诺丁斯没有使用这种专门术语,也选择了"养育"等更笼统的术语,但她仍然赋予母亲和孩子之间的关系以特殊的地位。在《母性要素》(*The Maternal Factor*)中,诺丁斯认为,关怀关系是从母性本能建立的原始关心关系发展而来的。她写道,母子关系是"自然关爱的主要例子,但与其他自然关爱关系不同,它仍然植根于本能"。(Noddings 2010b:59)诺丁斯的观点与鲁迪克的观点非常相似,强调了传统上与女性有关的美德和价值观,她的照护者的例子往往是女性而不是男性,尽管与鲁迪克一样,她明确强调男性可以也应该是照护者。

诺丁斯详细论述了有助于定义善、关爱的亲子关系的具体做法和态度,以及这些事情如何从新生儿开始培养关爱的孩子。这些论述与儒家的讨论有着重要的相似之处。诺丁斯关注道德灌养的过程,尽管她用不同的术语来描述,她更喜欢谈论成长和发展,而不是培养。这不仅仅是一个术语问题;诺丁斯的关怀伦理进路与儒家进路有一个关键区别,前者侧重于共情,因为它与她的关怀理念有关,后者则更注重美德的培养。诺丁斯写道:

> 家庭和学校的道德教育通常集中在美德和/或道德推理的习得上。两者对道德发展都有价值,但这些计划与旨在增强共情的计划在侧重点上存在根本性差异。当我们试图灌输诚实、勇气、服从或礼貌作为个人美德时,注意力会指向"拥有"美德的道德主体。相反,当我们试图促进共情时,注意力会转移到其他人身上,即那些受我们行为影响的人身上。(Noddings 2010b:63-64)

许多儒家的进路,尤其是那些更具孟子特征的进路,结合了诺丁斯在此处描述的两种进路的各个方面,但毫无疑问,诺丁斯进路的不同之处在于,它强烈关注对他者的感受,以及这种对他者的关怀,才应该是我们的主要目标,而不是发展一整套美德。她坚持认为,关怀理论——

> 提出了一个更明确、更坚实的基础来促进这种习惯的形成。它坚持接受他者的痛苦、脆弱性、接受作为关怀者对被关怀者的需求作出回应的义务(可能涉及满足这些需求、转

移需求或细腻敏锐地拒绝需求），以及至少一条绝对命令：
永远不要造成不必要的痛苦。（Noddings 2010a：284）

　　这种论述和诺丁斯强调的内容与早期儒家的观点形成鲜明对比。即使是那些与诺丁斯所描述的道德情感产生共鸣的美德，例如恕和仁，培养的过程不仅涉及对他人的某些感受和体贴，还包括练习某些礼仪与特定角色的职责，例如与孝道相关的职责。的确，诺丁斯对作为如何学会关怀的一部分事物的讨论与儒家对道德培养的描述形成了深刻对比。并不是说这里没有共同的关切。诺丁斯强调了诸如身体、自我和场合（尤其是家庭）之类的事物的重要性，这些事物几乎是任何文化或传统中道德培养的一部分。儒家道德培养包括以某种方式来看待和了解自己的身体，发展对自己的某种认识，而这项工作发生在重要的场合——尤其是家庭。但诺丁斯对这些事情的关怀伦理论述和儒家修身主义的论述不同，尤其是因为它们旨在培养不同类型的人。另一个重要的对比是，儒家强烈关注孝道作为亲子关系的决定性特征，也是良好亲子关系所促进的其他美德的根源。君子体现了礼与孝的美德以及其他广泛的美德，而在诺丁斯对照护者的论述中，她侧重于关怀关系的维持和关怀能力的增长。诺丁斯拒绝接受以孝道为特征的进路，即承认父母的权威和控制，并将其视为道德培养中的一个价值。诺丁斯写道："母性思想家手中的控制旨在转移。这样的照护者想要减少他们自己的显性控制并将其传递给孩子，他们对孩子的控制伴随着专注的爱。"（Noddings 2002b：

　　　　　　　　　家庭美德：儒家与西方关于儿童成长的观念

135)尽管诺丁斯和儒家都以帮助孩子培养自控力为目标,虽然他们似乎都认为父母的控制应该伴随着用心的爱,但在亲子关系的整体特征上却存在更大的差异。对于诺丁斯来说,正如我们稍后将看到的那样,作为孝道一部分的崇敬与作为关怀伦理目标的互惠和相互依存却是对立的。

诺丁斯研究工作的优势和显著特点之一——尤其是与儒家观点相比——是她不仅认可充满爱心、细心的父母为孩子所做的事情的重要性,而且事实上,这值得孩子们的感激,但是同时,父母应该感受孩子们对父母的回应,并表达对这种回应的感激。她强调被照护者的贡献,明确包括婴儿和儿童的贡献:"通过认可照护者的努力,以某种支持的方式回应,被照护者对关系作出了独特的贡献,并将其确立为关怀。这样,婴儿对亲子关系作出贡献,患者对医患关系作出贡献,学生对师生关系作出贡献。"(Noddings 1984:xiii-viv)诺丁斯在《始于家庭》中写道:"当父母和老师对回应积极的婴儿、儿童和学生表达自己的喜悦时,他们至少隐含地认识到被照护者的贡献。事实上,当照护接受者以某种方式作出积极回应时,各个级别的照护人员都会发现他们的工作更令人满意。"(Noddings 2002b:207)她认为,当被照护者对照护者作出积极回应时,他们会作出不可替代的贡献,这会引起照护者的感激,进而在道德教育中发挥重要作用:那些父母和老师对他们感谢并表达感激之情的孩子们会逐渐认识到不仅要向照护者表达感激,同时也要感激处于被照护者地位的人的重要性。诺丁斯认为,有必要在两个方向上都给予赞赏的回应。

"对相互依存的理解应该扩展到更广阔的世界。孩子们需要看到销售人员、服务人员和所有其他合法工作人员应该受到礼貌对待,并在适当的时候感谢他们的贡献"。(Noddings 2002b:208)相互依存是诺丁斯关于道德教育论述的重要部分,特别是关于儿童如何学会关怀的重要部分。她写道:"我们必须思考,如何才能最好地培养态度和习惯,使我们的孩子能够认识到道德上的、物质上的和社会上的相互依赖,并以此为基础生活。"(Noddings 2002b:212)

诺丁斯明确提供了一个替代方案,以替代"亚里士多德和其他人的长期遗产,他们认为弱者需要爱并欣赏强者。当我们作为父母和老师认为我们的孩子应该因为我们为他们做的某事而作出回应和欣赏时,这种态度就会显现出来"。(Noddings 2002b:208)承认诺丁斯著作的这一方面尤其重要,因为我认为,尽管有几位西方哲学家讨论孝道,但他们中没有一位像儒家思想家那样对孝道给予如此多的关注,也没有一位在其他思想传统中发挥根本性的作用。与儒家思想密切相关的一个方面是它强调尊重老年人,或者说更广泛意义上的老年人。的确,因为儒家比西方哲学家更强调这些,给予它们更多的关注,所以儒家与诺丁斯此处的对比可能比与亚里士多德等思想家的对比还要深刻。尽管儒家强调互惠的重要性,但他们非常强调孩子对父母的感恩和敬畏的重要性,而这种强调与父母对孩子的爱和感激的讨论并不匹配。儒家文本没有建议孩子应该向父母表达感激之情、学习感恩,也没有强调父母应该感激孩子;这根本不是这种关系的特征。

　　　　家庭美德:儒家与西方关于儿童成长的观念

虽然儒家将孝道视为其他美德的根源，但诺丁斯认为，儿童的道德发展部分取决于双方怀着深切感激的回应。

另一个关键的区别是，关怀显然是诺丁斯作品的中心概念，而儒家观点则以多重美德和主题为中心。我在这部作品中论证了儒家伦理的一个主题是家庭的核心重要性，这也是诺丁斯作品的一个特点。但即使在诸如《始于家庭》这样的作品中，诺丁斯的中心关注点是关怀，该作品认为关怀是在家中学会的一种生活方式；她对亲子关系的讨论围绕、促成并依赖于她对关怀的更广泛讨论。例如，在她关于"学会关怀"的章节中，她讨论了儿童如何通过与他人的接触成为关怀他人的人，尤其是家长和老师："婴儿的一个微笑或拥抱，大孩子的一个眼神或点头表示感谢，老年患者的一声叹息，都有助于维持关怀关系。在教室里，热切的举手、建议计划的提出，以及表达理解或提问的需求，这些回应都是教师判断教育有效性的途径。"（Noddings 2002b：208）对于诺丁斯来说，重要的是，家庭中的照护者与其他地区的照护者有很多共同点。的确，尽管诺丁斯承认家庭的重要作用，但她的目标之一是像鲁迪克那样强调，在家庭中的关怀与在其他地方和环境中的关怀是相辅相成的。

这幅图景与儒家思想家所呈现的非常不同。虽然儒家对家庭的重视与仁等美德不无关系，仁包括一种与关怀伦理学进行了卓有成效的比较的关怀概念，但这种美德也有其他方面，包括它与孝和礼的深刻联系。虽然诺丁斯对亲子关系的讨论通常围绕着她对关爱的更广泛讨论，但尚不清楚儒家对亲子关系的讨论是否会同样以单一观点为中心的方式进行。如果有什么区别的话，儒家文本将亲子关系与孝道紧密联系在一起，但如果儒家对亲子关系的观点最终建立在更广泛的道德培养概念之上，那么仅仅强调孝道似乎是不准确的。虽然在关怀伦理中有一个优先的单一组织理念，但儒家的观点基于一个由许多不同的美德和实践结合起来发挥作用的道德培养概念。

人们可能仍会指出诺丁斯对亲子关系的广泛讨论代表了与儒家观点的共同立场。这是一个重要的相似之处，但我们也必须注意重要的差异，以及诺丁斯——像其他女性主义者一样——有意强调自己的那些观念。在《母性要素》一书中，诺丁斯简要讨论了她对关怀伦理和儒家伦理之间差异的看法，并对李晨阳的观点提出了批评。诺丁斯强调最激烈的区别在于儒家思想是"男性导向的"，角色和职责由男性定义，并且非常重视传统。她辩称，这些特征可能会阻碍必要的改革，以使儒家思想扩大其应用领域，实现女性平等。诺丁斯辩称，"儒家必须承认，女性是弱势的这一主张是错误的，然后耐心地根据这一主张定位并否定所有学说"。(Noddings 2010b：140)不管人们是否同意，关怀伦理学家的工作与儒家观点之间最深刻的差异之一仍然是，女性和女性关系在关怀伦理和女性平等相关目标中的中心地位。诺丁斯写道，"关怀他人可能被明确地认定为一种女性传统"，与鲁迪克一样，她非常关注母亲的经验，认为具有关怀的母子关系至少在某些至关重要的方面是一种道德生活的范式。(Noddings 2010b：138)虽然我在本书中强调了母亲在早期儒家道德培养中的作用，但儒家并没有以一种特殊的方式将母子关系视为超越父子关系的典范。尽管许多儒家文本强调母亲在道德培养中独特和不可替代的作用,并认为这种培养在伦理和政治的每一个主要领域都至关重要,但至少在大多数传统儒家文本中,儒家角色主要由男性扮演。我认为,如果我们将所有这些观点放在一起考虑,那么有充分的基础可以说,早期儒家认为亲子关系——包括父亲、母亲与子女各自的关系——有助于构成其他美德发展的基础。相比之下,像鲁迪克和诺丁斯这样的关怀伦理学家坚持认为,母子关系和女性关怀方式在我们对关怀的理解中具有特别独特的重要性,因此在我们对道德生活的一般理解中也具有独特的重要性。

这种差异非常显著,因为诺丁斯和鲁迪克既强调好母亲提供的独特关怀方式,也强调女性的关怀方式,而儒家则强调父亲和母亲的角色。对于诺丁斯和鲁迪克来说,母亲和孩子之间的关怀关系对我们的道德发展有着特殊的作用。对传统儒家来说,以孝道为特征的亲子关系在道德培养中发挥着特殊作用,因为孝道被理解为其他美德的根源。正如我们所看到的,诺丁斯拒绝接受这种观点,因为它强调孝道,而不是一种更互惠的感激之情,但除此之外,诺丁斯更关注关怀关系,而儒家则关注我们变善的能力的起源。儒家的这种关注是美德伦理和修身主义取向的共同作用。当然,儒家强调亲子关系是其他类型关系的典范,尤其是政治关系,统治者被视为"民之父母"。然而,儒家倾向于认为亲子关系是我们变善(通过发展孝道美德)的根源,这两者之间仍然存在着重要的对比,诺丁斯和鲁迪克强调的是,我们应该在什么样的关系上建立其他关系的模型（从他们关于专注、自然关爱和母爱的讨论中可以看出）。因此，尽管一些关怀伦理学家和早期儒家思想家都强调亲子关系，并认为这些关系在道德发展中起着基础性作用，但他们在对哪些关系是基本关系的描述上存在分歧，这体现在儒家对父母的重视和女性主义对母亲的重视，以及这些关系的基础，体现在儒家对孝道的重视和女性主义对典范关系的重视。这为我们提供了两个非常丰富和详细的论述，说明父母与孩子之间的关系应该如何影响我们对道德的理解，然而这些论述在根本上是不同的。

诺丁斯和鲁迪克研究工作的一个重要贡献是，他们帮助激发了大量专注于照护的研究著作，其中一些著作建立在母育的基础上，同时也延伸到了母育之外[①]。弗吉尼亚·赫尔德以新的方式发展了这样一种观点，即母子关系是道德和政治生活的基础，主张"母子关系应被视为首要关系，所有其他人际关系都应与之类似或反映这种人际关系"。（Held 1987：114–115）她认为，那些"深思熟虑地参与养育子女或关爱受抚养人的工作的人，不仅在效率方面，而且在体现相关价值观方面，可能会为儿童保育、教育、医疗保健、福利等设计更好的公共机构"。（Held 2006：78）此外，"通过从母子关系的角度而不是仅仅从自由理性的角度来考虑它们的设计，可以改进管理显然与护理相关的活动的政治机构"。（78）尽管儒家肯定了政治关系和亲子关系之间的联系，但

---

① 尤其值得注意的例子包括 Eva Feder Kittay（1999）和 Virginia Held（2006）；后者的著作在正文中进行了讨论。

这里有一个重要的对比：对于赫尔德来说，这不仅仅是培养孝道这样的特定美德的问题，而孝道反过来将有助于我们的其他美德发展。相反，父母与孩子的关系是我们必须不断借鉴和参考的，以便从道德的角度进行理性思考。这当然是在当代儒家思想启发下可以很容易地融入的一种观点，但它并不是传统儒家思想的明确组成部分。

赫尔德观点的另一个显著特征是，她非常强调人与人之间的关系和相互依赖的方式，这也是她认为母子关系是一种特殊的范例的原因之一。她写道：

> 每个人一开始都是依赖于那些照护我们的人的孩子，而与他人相互依赖则始终是我们一生中完全基本的存在方式。我们能否独立地思考和行动，这取决于一个使我们能够这样做的社会关系网络。我们的关系是构成我们身份的一部分。这并不是说我们不能变得自主；女性主义者做了很多有趣的工作，开发了一种替代自由主义个人主义的自主概念。女性主义者在拒绝或重建压迫性关系方面经验丰富。（Held 2006：13-14）

赫尔德在这里的发言强调了她的观点与儒家观点之间的异同。一方面，相互依存和社会关系是儒家观点的一个重要组成部分，这一观点在亲子关系的背景下开始（并继续），但另一方面，正如我们已经看到的和考普曼指出的，儒家并不像女性主义者那样准备好拒绝传统观点和做法。根据最近对关怀伦理和儒家思想的比较讨论,赫尔德指出了与儒家观点的另一个差异:"传统的儒家伦理,如果被视为关怀伦理,将是女性主义者无法接受的关怀伦理形式。"(Held 2006:22)正如我们所看到的,这也是诺丁斯共享的一个观点。然而,赫尔德也指出了一个共同关注的领域:

> 关怀伦理与儒家伦理确实相似的一个方面是它拒绝公共和私人之间的尖锐分裂。关怀伦理拒绝……一个相互无私平等的公共领域与一个女性关怀和男性统治的私人领域共存。关怀伦理倡导关怀是社会和家庭的一种价值观。这与儒家的公德观有一些相似之处,认为公德是私德的延伸。(Held 2006:21)

就像我们在本书前面所看到的,正如李博玲(Pauline Lee)所言,"儒家的内/外划分是渐进的和可渗透的,可以将其想象为一系列嵌套的同心圆,家庭是有序的政治和经济世界中心的道德能量源泉"。(Lee 2000:17)

关怀伦理学家的工作以对妇女的贡献以及她们被诋毁和贬低的方式的深切关注为标志。关怀伦理学家认为,母育的经验以及母亲和孩子之间的关系是理解我们作为人类的能力和发展的独特资源,尤其是关于我们关怀他人的能力。此外,关怀显然优先于关怀伦理学家的工作,他们对亲子关系的看法与他们的关怀

家庭美德:儒家与西方关于儿童成长的观念

观念密切相关。相比之下，儒家关于亲子关系和道德培养的观点并不以女性的经验为中心，也没有赋予（女性）独一的观念或角色优先权。

也许儒家观点和鲁迪克观点之间最深刻、最重要的对比是，几乎任何儒家观点至少都会承认与父母以及其他家庭成员有关的一些与众不同的特征、倾向和独特贡献。儒家观点也倾向于将母亲和父亲的角色视为相互关联和互补的，即使我们修正了早期儒家观点，构建了一种至少与某种形式的女性主义兼容的当代儒家观点。从这个角度来看，父母双方不仅倾向于有独特的倾向和风格，而且这通常对孩子和父母都有好处。与鲁迪克的观点形成对比的最后一个方面是，鲁迪克并不像早期儒家那样认为儿童生命的最初几年至关重要。这一点尤其重要，因为这本书的主要论点之一是，这些观点使儒家对我们理解亲子关系和道德培养作出了一些独特的贡献。

正如我们所看到的，诺丁斯的工作也有助于突出儒家观点在多个方面的独特性，甚至与其他强调亲子关系对道德培养重要性的观点一样。诺丁斯批判了儒家孝道的典型观点，包括强调父母权威在道德培养中的积极作用，以及孩子们应该对父母所怀有的那种特别的尊敬。在诺丁斯看来，就像孩子们应该感激父母一样，父母也应该向孩子们表达感激之情。相比之下，儒家的观点倾向于关注在道德培养过程中适合儿童和父母的不同类型的情感和表达。所有这些特征都有助于凸显这样一个事实：诺丁斯的关怀伦理和儒家的修身论旨在培养截然不同的人。对于儒家来说，掌握礼和孝是绝对必要的。对诺丁斯来说,女性主义价值观和对传统等级制度的摒弃具有本质重要性。所谓"本质"(essential),我的意思是,在每一种观点上,这些都是君子的特征。这些差异有助于表明,强调亲子关系在道德培养中的作用的观点可以是多么地不同。

毫无疑问,女性主义者的观点可以通过一些方式推动儒家的观点参与他们过去所忽视或缺乏讨论的话题。首先,也是最重要的一点是,女性可以有各种可能性,甚至父亲的角色和责任。鲁迪克认为,男人可以而且应该充分参与照护孩子的工作,任何致力于构建当代儒家观点的人都应该认真对待这一观点,在我们努力推动美国和其他西方国家在这一领域的变革时,人们希望,经过修正的儒家观点可能有助于推动当代东亚文化的变革,而在东亚文化中,遗憾的是缺乏父亲的参与。通过诺丁斯强调父母对子女的感激,儒家观点也能够以令人信服的方式得到修正和补充,这有助于我们认识到,儒家思想过于强调父母的贡献,以及他们值得尊重和尊敬的原因。赫尔德的观点也强调了通过她的观点来强化儒家观点的方法,即亲子关系不仅仅通过孝道这样的基本美德来培养我们的道德发展;相反,我们必须不断借鉴和参考亲子关系,以便从道德角度进行理性思考。当然,纳入这些观点的修正观点是否应该被称为"儒家"取决于人们如何理解成为"儒家"观点的必要和充分条件。就这部作品而言,我们是否将这一观点称为"儒家"或是否将其描述为包含儒家思想特征的观点并不重要;我的目的只是证明儒家价值观和思想可以帮助我们解决

　　　　家庭美德:儒家与西方关于儿童成长的观念

当代道德问题。

儒家传统也可以作为女性主义哲学的建设性资源。儒家的观点应该鼓励关怀伦理学家更加关注孕期和童年早期在道德培养中的作用。儒家的观点还应该引导女性主义哲学家审视她们的分析是否以容易被忽视的方式关注个人的福利和权利，而不是利用家庭中关怀和支持关系的作用。下一章我们将考察支持儒家观点的这些方面和其他方面的实证研究证据，我认为这为我们认真对待这些观点提供了很好的理由。

第三部分

为什么儒家关于亲子关系、儿童和道德培养之间关系的观点值得认真考虑,它们对我们理解这些领域有什么贡献?

第五章　童年早期发展与父母、儿童和道德培养的循证方法

到目前为止，我们已经看到，儒家对童年早期道德培养中亲子关系的具体作用及其对美好社会发展的影响提出了一系列独特的主张，其中包括这样一种观点，即我们在婴儿期和童年早期，甚至在产前期开始培养的一般性的道德情感是几乎所有美德的基础，家庭中的童年早期教育对社会质量有直接影响。此外，正如我们所看到的，儒家传统带来了一套独特、动人、有力的故事、轶事、实践与方法，以加强和鼓励对家庭及其在道德培养中的作用的道德理解。然而，独特性本身并不是接受某一特定观点的理由，尽管这可能是我们在研究某一特定主题时考虑这些观点的一个很好的理由，因为研究不同的视角可以帮助我们更充分地探索这一特定问题及其挑战，并有助于制定解决这些问题的潜在方案和新的进路。但为了让我们接受一组观点，我们通常想知道它们

本身是否真实。本章认为，儒家关于婴儿期、童年期、亲子关系和道德培养的观点与我们所掌握的有关儿童发展的证据一致，这些证据涉及儿童发展的各个方面，包括如何及何时发生，以及父母在这一过程中所起的作用。我认为，由于这种连贯性，我们有充分的理由认真对待儒家关于亲子关系的观点[1]。

虽然有很多关于亲子关系和家庭的出色研究，但这对这项工作提出了特别的挑战，这是一项旨在建设性地将科学融入和应用到人文学科中的工作。当有大量研究和理论材料可能与一个人的工作相关时，这种跨学科任务尤其令人望而生畏。因此，我压缩了本章的重点。为了在下一章中论证儒家观点可以作为促进社会和政策变化的资源，我将重点介绍一个非常成功的儿童干预计划，该计划已在政策层面实施，其理论基础为依恋理论和人类生态理论。我认为，支持这些理论的证据以及与该计划相关的政策研究有助于表明，早期儒学关于亲子关系和道德培养观点的几个关键特征是准确的[2]。

童年早期干预和父母照护的循证方法：护士—家庭伙伴关系计划

近年来，人们越来越认识到，在孩子出生后的头三年，大脑发育最快，而在这三年里，对孩子一生产生影响的机会最大。因此，政策制定者面临着越来越大的压力，需要为关注生命前三年的童

---

[1] 本书的最后一章探讨了认真对待儒家观点可能意味着什么，包括这些思想和方法可以为我们促进社会和政策变革的努力提供信息的具体方式。

[2] 我之前曾提出，护士—家庭伙伴关系（NFP）和儒家伦理之间存在重要的共鸣（Cline 2012；Cline 2013a：220 ~ 230）。本章更详细地研究了这些问题，并特别关注了 NFP 的理论基础以及这些理论如何支持早期儒家的主张。

　　　　　　　　　　家庭美德：儒家与西方关于儿童成长的观念

年早期干预项目提供资金。(Shore 1997；Olds et al. 2000；Olds 2002)童年早期干预计划都有这样的假设，"儿童生命的早期经验在塑造他们的生活机会方面起着根本性的作用，父母的照护是这些早期经历中最重要的"。(Olds et al. 2000：110)①尽管这些计划有着广泛的目标和服务要素，许多是旨在通过向有童年早期的高风险家庭提供服务来帮助他们的家访项目。一项由护士推进的特殊家访计划(一项称为护士—家庭伙伴关系[NFP]②孕产妇和童年早期健康计划)研究中的早期发现增强了对此类服务的兴趣，并促使家访计划激增。然而，很少有能与这一计划的成功相媲美的其他计划。(Olds et al. 2000：109，115)③事实上，许多新的研究对家访计划的有效性提出了质疑，这些计划不符合 NFP 试验中研究的模型要素，包括使用护士来访者和旨在促进适应性行为的循证计划协议。(Olds 2010：59)④正如 NFP 计划创始人大卫·奥兹(David Olds)指出的：

> 许多童年早期干预计划之所以失败，是因为它们没有基于对以下因素的透彻理解：① 目标人群中与利益相关的风险和保护特征；② 可能导致干预措施旨在预防的负面结果和他们计划促进的积极结果的发展途径；③ 基于可靠理论

---

① 有关童年早期干预的研究，参见 Karoly et al. 1998；Karoly，Kilburn，and Cannon 2005。

② NFP，即 Nurse-Family Partnership。——译者注

③ 该计划曾以"护士随访计划"(Nurse Home Visitor Program)而被熟知。

④ 关于其他家庭随访计划的效果，参见 Gomby，Culcross，and Behrman 1999；Olds et al. 2000。

和证据的机制,通过这些机制,他们的设计师期望程序发生行为改变。(Olds 2010:50;cf. Olds and Kitzman 1993)

相比之下,NFP 干预风险家庭生活的成功继续体现在三项随机对照试验的显著结果中,这不仅在母亲的生活中得到体现,也体现在母亲在出生前参加该计划、现在已成年的儿童生活中。

NFP 是一个有 37 年[①]历史的研究计划,旨在通过针对童年早期的密集(干预)努力以及父母在塑造儿童生活中发挥的关键作用,长期改善风险家庭的生活[②]。该计划为首次怀孕的低收入母亲提供公共卫生护士的家访,从怀孕早期开始,一直持续到孩子生命的头两年。NFP 计划中的护士会接受专业培训,让客户参与以下相关的活动:① 通过帮助女性改善产前健康来提高妊娠质量;② 通过帮助父母提供细致和负责的照护,改善儿童的健康和成长;③ 通过帮助父母制订未来计划,包括完成学业、找到工作和参与组建家庭,改善父母的生活方式和实现经济的自给自足。(Olds 2006:11 - 13)该项目已在三个独立的大规模随机对照试验中进行了测试,分别在纽约州埃尔米拉(Elmira,New York,1977 年开始)、田纳西州孟菲斯(Memphis,Tennessee,

---

① NFP 计划开始于 1977 年,至今已运行 45 年(截至 2022 年),书中所写的 37 年是以本书英文原版出版时间计算的。——译者注

② 社会人口学风险因素包括产妇年龄小、未婚、照护者教育程度低(少于 12 年)和失业。所有的试验都检查了该计划对以前没有顺产过的妇女的影响,每个试验都将招募重点放在低收入、未婚和青春期的妇女身上,因为该计划旨在解决的问题包括出生结果不佳、虐待和忽视儿童,以及父母经济自给自足的减少——都集中在这些人群中。参见 Elster and McAnarney 1980;Furstenberg、Brooks-Gunn and Morgan 1987;Overpeck et al.1998。

家庭美德:儒家与西方关于儿童成长的观念

1987 年开始）和科罗拉多州丹佛（Denver，Colorado，1994 年开始）展开。不仅这些研究的纵向维度令人印象深刻，其他特征也是引人关注的：随机对照试验是衡量干预有效性的最严格的研究方法，但由于其成本和复杂性，它们通常不用于评估复杂的医疗与人类服务。对三个试验中母亲和儿童的长期结果的后续研究今天仍在继续。自 1997 年以来，NFP 帮助其他社区在研究范围之外开发了该计划，该计划目前服务于 37 个州的初孕母亲及其婴儿，在全国 280 个县开展①。该计划的成功也增加了其他国家决策者的兴趣，自 2004 年以来，护士—家庭伙伴关系（NFP）国际计划已在海外多个国家进行了测试和实施，澳大利亚、加拿大、英格兰、荷兰、北爱尔兰和苏格兰目前都在其中②。

　　NFP 在减少当今美国低收入家庭的儿童面临的一些最具破坏性和最普遍的问题方面展现了非凡的前景，其中许多问题对社会其他成员以及我们整个社会的整体质量与特征具有深远的影响。与对照组中随机分配不接受该计划的母亲和儿童相比，持续的计划效果包括接受护士随访的母亲和儿童在一系列方面的改善。这些影响包括改善产前健康、减少儿童伤害、减少意外怀孕、增加生育间隔、提高父亲参与、增加产妇就业、减少家庭接受免费福利和食品券、改善婴儿情绪和语言发展、改善心理咨询资源匮乏的母亲所生子女的入学准备③。一项为期 12 年的随访研究发

① 参见 www.nursefamilypartnership.org/about/program-history。
② 参见 www.nursefamilypartnership.org/communities/NFP-Abroad。
③ 心理资源不足的母亲是那些在基线测试中智力、心理健康和掌握感测试（稍后将详细讨论）得分较低的母亲。

现，与对照组相比，有护士随访的母亲由于饮酒和其他药物的使用，以及更长久的伴侣关系、间隔较近的后续妊娠减少，在克服挑战方面更具掌控感，角色损害（在工作中、与朋友或与家人）更少。在参与研究的 12 岁儿童中，该计划成果减少了香烟、酒精和大麻的使用；降低了他们内化障碍（例如焦虑和抑郁）的可能性；并提高了心理咨询资源匮乏的母亲所生子女的学业成绩。（Kitzman et al. 2010，Olds et al. 2010）15 岁的后续研究发现：母亲被逮捕、定罪和监禁的天数减少了；虐待和忽视儿童的案例在减少（Olds 2006：5）[1]；19 岁儿童的随访显示：在 19 岁的孩子中，终生被捕和定罪的人数较少，性行为的约束和责任感更强，尤其是在接受护士随访的母亲所生的女童中，这一效果尤为显著。干预措施推迟了女孩（如果有的话）首次被捕的年龄，并降低了女孩因严重暴力犯罪被捕的概率。（Eckenrode et al. 2010）

家访的频率随着怀孕阶段的变化而变化，并根据父母的需要进行调整；当父母遇到危机时，护士被允许比计划协议规定的更频繁地随访。（Olds 2010：57）不迟于妊娠中期末，妇女被纳入 NFP 试验计划，之后，护士在母亲怀孕期间平均完成 9 次、7 次和 6.5 次随访，从孩子出生到两岁生日（分别在埃尔米拉、孟菲斯和丹佛）完成 23 次、26 次和 21 次随访。每次访问持续约 75—90 分钟。NFP 护士遵循详细的随访指南。在怀孕期间，他们致力于教育女性，并帮助她们改善导致妊娠并发症和不良生育结果的行

---

① 有关 NFP 已发布结果的样本，参见 Olds，Henderson，and Kitzman 1994；Olds et al. 1997，1998；Kitzman et al. 2000。

家庭美德：儒家与西方关于儿童成长的观念

为和做法,包括如饮食质量、适当的体重增加、吸烟、饮酒和非法药物的使用。护士们的活动包括教导女性识别妊娠并发症的迹象,鼓励她们就这些并发症寻求医疗护理,并使用预防性护理,以及帮助促进女性遵守医生的建议和治疗。(Olds 2010:57–58)护士们还通过讨论婴儿的行为和护理,以及讨论女性的希望和期望,以及她们自己与父母的童年经历,为准妈妈做好为人父母的准备。在孩子出生后的家访中,除了评估和提供有关婴儿或童年早期营养、健康和环境安全的教育外,护士还评估亲子互动、促进细腻的亲子互动示范活动,进而促进成长发展,指导家长建立社会支持网络。

研究的短期结果(计划完成后发生的变化,当孩子满两岁时)报告称,父母对婴童早期细腻而称职的照护有了实质性改善,包括与虐待儿童相关的育儿观念的减少,刺激性家庭环境的改善,以及父亲对育儿的支持与参与在提高。中期结果(在计划完成后2—6年内测量的变化)包括刺激性家庭环境的持续改善、更高的父母和孩子一起生活的比率以及更高的结婚率。长期结果(需要更长时间来衡量的变化,通常在计划完成后10年或更长时间)包括对涉及儿童的屡教不改的行为(例如逃学、破坏财产)的逮捕、判决与定罪,以及因为父母而入狱的时间的减少。除了减少母亲和儿童对刑事司法系统的参与外,护士随访的低收入、未婚的女性比对照组中女性更有可能参与工作。(Olds,Henderson and Kitzman 1994;Olds et al. 1998;Kitzman et al. 2000)重要的是要知道,在许多这些发现的情况下,护士随访的家庭和对照组之间的差异是巨大的。例如,在埃尔米拉的研究中,经过护士随访,在出生后的头两年,低收入、未婚青年所生的孩子,经证实的虐待和被忽视的案例比对照组中的同龄人少 80%;护士随访的家庭中有 1 例(或 4%)与对照组中有 8 例(或 9%)的差异。(Olds 2010:60)另一个显著的差异是母亲第一个和第二个孩子之间的出生时间间隔:护士随访的母亲的生育时间间隔比对照组的母亲长 30 多个月。(Olds 2010:61)在 NFP 服务的人群中,快速、连续怀孕的风险很高,这对这些家庭产生了巨大的影响,无论是在孕妇教育成就和工作参与方面,还是在孩子的健康和福祉方面——我们将在本节后面讨论。

兰德公司(Rand Corporation)对 NFP 的经济评估推断了埃尔米拉试验中 15 岁孩子随访研究的结果,该研究发现,在孩子的整个生命周期中,政府和社会为服务于母亲为低收入且登记时未婚的家庭所节省的资金超过了该计划成本的四倍。(Olds 2002:164)投资回报在孩子 4 岁生日之前就实现了,主要的节省来自福利和刑事司法支出的减少以及税收收入的增加。最近,华盛顿州公共政策研究所(WSIPP)[①]对预防性干预措施进行的成本效益分析依赖于 NFP 所有三项试验的数据,并估计在每个家庭的基础上,政府和社会在儿童的一生中实现了 17 000 美元的投资回报。(Aos et al. 2004;Olds 2010:69)相比之下,WSIPP 分析中检查的许多其他童年早期干预措施未能实现投资回报,尽管每个

[①] 华盛顿州公共政策研究所(Washington State Institute for Public Policy),缩写为 WSIPP。——译者注

儿童在生命早期就开始对预防服务被进行大量投入。这有助于表明，尽管早期干预措施有可能为政府节省一些投入，但并非所有干预措施都如此，决策者明智地投资于那些已证明其有效性的项目。NFP帮助降低政府支出的方式意义重大，不仅因为许多不同的支出来源受到影响，而且因为多年来一直可以看到的节约。例如，一项NFP为期12年的后续研究表明，与对照组的家庭相比，在孩子出生后的12年间，政府每年在食品券、医疗补助、对有受抚养子女的家庭的援助以及护士随访家庭对贫困家庭的临时援助上的支出较少。政府节省的资金超过了计划成本。（Olds et al. 2010）NFP的调查结果还表明，该计划的功能和经济效益对于高风险家庭来说都是最大的。正如奥兹所指出的：

> 该计划为政府所建议节省的成本分析主要归因于这一高风险群体的收益。在风险较低的家庭中，该计划的财政投资是一笔损失。这种结果模式挑战了这样一种立场，即应该针对高危人群普遍提供此类强化计划。（Olds 2010：68-69）

这种做法不仅从经济角度来看是浪费；由于资源不足，无法有效地为每个人提供服务，这将有可能稀释最需要NFP服务的家庭对此的需求。

NFP的一个显著特征是它以流行病学和发展理论为基础。在本节接下来的部分中，我将重点介绍NFP的一些理论基础，以及儒家观点如何与这些证据相结合。但重要的是，首先要指出，在许多更一般的领域，NFP 的方法与早期儒学关于亲子关系、道德培养以及家庭在创造和维持美好社会中的作用的观点产生了强烈的共鸣。NFP 致力于促进独特的父母关怀，从我们考察的早期儒家思想家的角度来看，这为孩子的道德发展提供了基础。NFP 研究的长期发现表明，该计划的影响远远超出了家庭，这表明儒家的信念，即家庭内部培养的良好品质自然会延伸到社会。NFP 和我们研究过的早期儒学观点都认为，许多社会问题（如果不是大多数的话）最深层的根源在于家庭，尤其是亲子关系。他们也至少有两个持这种观点的理由：第一，产前、婴儿期和童年早期共同代表着干预一个人生活的独特和不可替代的时机；第二，父母通过他们提供的照护对塑造孩子有着非常独特的作用。NFP 和我们在本书前面研究的早期儒家思想家对父母和孩子的修身过程都感兴趣，他们都赞同这样的观点，即努力加强家庭和社区内的照护和支持关系是解决一些最棘手的社会问题的最成功方法。这些方法与那些主要侧重于提供经济援助或为个人提供支持而不寻求家庭与社区支持的方法形成了鲜明对比，在适当的情况下，它们可能会比这些方法更有效。

早期儒家显然无法获得为 NFP 提供基础的科学证据，但他们的观察带来了一些与 NFP 相同的结论。对许多早期儒家思想家来说，关注儿童生命的最初几个月和几年是至关重要的，因为这是我们道德倾向和反应的开始，比如脆弱的萌芽，需要最大的照护和培养。贾谊对产前培养的描述及其对道德发展的影响进一步扩展了这一观点，我们将在本章中看到，他倡导产前培养的一些原因与 NFP 在招收孕期女性的原因产生了共鸣。NFP 和大多数其他的童年早期干预计划在这些早期儒家思想家的观点中有着相同的基本假设:"童年早期——从产前到上学的时期——是一个独特的发展时期,是以后生活中行为、幸福和成功的基础。"(Karol,Kilburn,and Cannon 1998:106)与 NFP 一样,一系列早期儒家思想家认为,这一时期作为干预童年生活的时机,具有更大的成功潜力。

除了强调婴儿期和童年期的独特性和关键性之外,NFP 和早期儒家思想家还进一步强调了早期亲子关系的作用。当孟子写道"孩提之童,无不知爱其亲者"时,他描述的是婴儿的一种可观察到的反应,他认为这表明了巨大的道德潜力,在区分"老吾老以及人之老"和"幼吾幼以及人之幼"时,他展示了一种意识,即我们与孩子互动和照护孩子的方式是独特的,孩子对父母的反应也是独特的。NFP 试图干预父母的生活,因为他们意识到父母在影响子女生活方面具有独特的地位,反之亦然。这就是为什么 NFP 寻求在孩子出生之前就干预父母的生活,并包括与母亲福祉有关的计划目标,包括继续教育、就业和未来怀孕。该计划的这一方面是基于这样一种认识,即如果不干预儿童父母的生活,就很难有效地干预儿童的生活。例如,参加工作的母亲更可能期望自己的孩子成年后工作。但比经济效益更重要的是,这表明护士随访的家庭更倾向于将自己视为社会的成员和参与者,从而更欣赏共同的社会标准和规范。父母有着无与伦比的能力向孩子灌输这种感激之情,NFP 在一定程度上通过帮助父母学习管教孩子的适当技巧和方法来鼓励这一点。护士随访家庭与对照组家庭在这方面存在显著差异。奥兹和他的同事写道：

> 我们认为，更高的参与率和惩罚率以及家庭安全的改善反映了他们更坚信，他们的孩子必须受到纪律约束和保护，才能在学校、工作和主流社会取得成功。我们假设，对照组中的母亲相对缺乏参与并较少使用惩罚，这反映了她们对孩子参与主流社会的期望较低，并减少了促进纪律、服从和安全的努力。（Olds，Henderson and Kitzman 1994：95-96）[1]

NFP 的发现受到了广泛关注，部分原因正如《美国医学会杂志》（*Journal of the American Medical Association*）所指出的，它们与其他一系列童年早期干预措施形成了对比。尽管其他一些计划旨在改善低收入家庭的经济状况和父母照顾，但大多数计划都失败了，或者收效甚微；事实上，几乎所有试图促进经济自给自足的家访计划都失败了。（Kitzman et al. 2000：1983）[2]该计划创始人大卫·奥兹指出，家访计划在许多基本方面都有所不同，NFP 和其他计划之间的对比在许多领域都很明显，包括计划目

---

[1] 有证据表明，在低收入社区，父母的纪律和限制程度越高，孩子进入青春期时的能力就越强。参见 Baldwin，Baldwin，and Cole 1990。

[2] 关于失败或效果最小的计划，参见 Maynard et al. 1993；Olds and Kitzman 1993；St. Pierre et al. 1995；Quint，Bos and Polit 1997。奥兹等人对有关这些计划的有效程度及其相对成功或失败的证据进行了最仔细和彻底的考察，Olds et al. 2000：109-141。对于基于失败计划的随访计划的强烈批评，参见 Gomby，Culcross and Behrman 1999。

标和目的基于发展研究和流行病学的程度；详细说明的行为改变理论在多大程度上构成了该项目临床实践的基础；提供服务的特定人群；以及家庭访客的背景、培训和资格。（Olds et al. 2000：110，137-139）NFP 的显著特点包括雇佣注册护士作为家庭访客，针对之前没有顺产的女性（此外，重点招募低收入、未婚和青少年女性），以及在怀孕期间开始该计划[1]。

与其他童年早期干预项目相比，NFP 最显著的特点之一是坚实的理论基础计划设计的影响程度。自从最初在埃尔米拉进行试验以来，该计划越来越关注其理论基础，因为它们展示了该计划的工作原理。因此，NFP 是理论如何影响实践的极好例子。通过整合心理学的理论观点，包括两个我们将在本章研究的人类生态理论和依恋理论，NFP"比建立在更有限的理论基础上或根本没有任何理论基础的计划更有效"。（Olds et al. 1997：24）[2]我们现在转向这些理论基础。

人类生态理论、儒家修身与家庭

NFP 的成功很大程度上取决于拥有一个精心设计的、可靠的行为改变计划，由于其目的是帮助女性改善产前健康行为（例如，减少使用烟草、酒精和非法药物；养成健康的饮食习惯；发现产科并发症并及时寻求治疗），并学习如何为她们的婴儿提供细

---

[1] 护士是该计划中的家庭访客这一事实是 NFP 比其他早期干预计划更成功的原因之一。我将在本章后面讨论这方面的证据。
[2] 自我效能理论是 NFP 理论基础的第三大部分。

致、称职的护理（例如，理解和回应婴儿的交流信息，以促进情绪和认知发展的方式与他们玩耍，创建一个对儿童安全的家庭）。此外，护士来访者"帮助女性展望与其最深刻的价值观和抱负相一致的未来；他们帮助女性评估不同的避孕方法、托儿选择和职业选择；他们帮助女性制订实现目标的具体计划"。（Olds 2010：54-55）所有这些都涉及帮助女性改变看待自己和孩子的方式，并在这些改变的结果和相关方面以积极的方式改变她们的行为。然而，正如 NFP 创始人大卫·奥兹所指出的，"改变行为具有极大的挑战性，通常需要的不仅仅是教育父母他们行为的后果……正是在这里，拥有行为改变的理论……对于设计有希望的预防干预措施至关重要"。（Olds et al. 2000：137）通过关注该项目的理论基础，NFP 旨在发展一种预防性干预理论，旨在促进适应性行为改变①。该项目的理论基础有助于解释该项目是如何运作的以及为什么会有效果的，但他们也会继续塑造该项目：

> 在描述这些理论如何塑造该计划的设计及其随着时间的推移而不断完善的过程中，我们强调课程的连续性和变化，以及理论在影响实践中所起的作用。我们将该计划模式视为一项正在进行的工作，将继续通过临床经验、科学证据以及与其实施和效果相关的理论发展来提供信息。（Olds et al. 1997：10）

---

① 适应性行为改变是回应一个人的环境而发生的行为改变。

儒家思想家可能会将解决行为变化方案的各个方面称为修身工夫,但儒家的修身方法与 NFP 的理论基础之间的一个重要区别是在技术科学意义上的"方案"或"方法"与"理论"之间的区别。理解 NFP 的理论基础不是普通语言意义上的"理论",这将使它们在某种程度上类似于儒家的修身"工夫"或"方法",这一点至关重要,尽管它们随着时间的推移得到了非正式的改进,但并没有进行系统的研究和测试,以确定它们的总体有效性。相比之下,构成 NFP 基础的理论是科学理论。正如杰里·科因(Jerry Coyne)所指出的:"在科学中,理论不仅仅是对事物的推测:它是一组经过深思熟虑的命题,旨在解释现实世界的事实。"为了使理论被视为科学,"它必须是可测试的,并作出可验证的预测。也就是说,我们必须能够对现实世界进行观察,要么支持它,要么反驳它"。(Coyne 2009:15)支持 NFP 的所有理论都经过了测试,他们的预测通过符合特定标准的研究(如随机、对照和在不同环境下复制)得到了反复验证;它们得到了大量经验证据的支持。理解这一点很重要,因为这些理论的大部分假设对普通观察者来说可能听起来像常识,但它们提供的见解和观察结果不仅仅是其创始人和进行研究的科学家的视角或观点,它们也不是仅通过少数研究得到证实的假设。

我将把 NFP 的行为改变理论称为修身理论,因为它涉及改变一个人的观点、态度、感受以及行为的过程。通过这种方式,NFP 对许多早期儒家所说的修身感兴趣。NFP 的许多修身理论都基于人类生态理论,该理论关注父母的社会环境在其养育质量中所起的作用,以及自我效能理论(self-efficacy theory),它关注的是一个人对潜在结果的信念和她自己的能力如何影响她改变某些行为的可能性。然而,我将重点讨论前者,因为它与本书关注的儒家观点有着特殊的联系。

布朗芬布伦纳(Urie Bronfenbrenner,1917—2005)的人类生态理论强调了一个人社会环境的不同方面之间不断演变的关系以及这些关系影响人类发展的方式的重要性。生态环境"被认为是一套嵌套的结构,每一个都在下一个内部,就像俄罗斯套娃。在最内层是包含发展中的人的直接环境",其他环境则向外延伸。(Bronfenbrenner 1979:3)不过,布朗芬布伦纳的目标是超越单一环境,审视它们之间的关系。根据人类生态理论,"这种相互联系对发展的决定性作用,就像在特定环境中发生的事件一样。一个孩子在小学阶段学习阅读的能力与其说可能取决于他是如何接受教育的,不如说取决于学校和家庭之间联系的存在和性质"。(3)此外,生态理论的基础研究表明,"人的发展受到发生在人甚至不在场的环境中的事件的深刻影响",例如父母就业条件对童年早期的影响。(3-4)不论父母是在家里还是在外面工作,他们找到的工作类型、工作环境,以及父母的雇主和同事对有孩子的员工的态度都会对孩子的成长产生潜在影响。此外,布朗芬布伦纳强调,生态环境中的某些变化,包括那些不是最接近或最深处的环境水平,可能会对行为和发展产生持久的影响:

例如,研究结果表明,影响母亲和新生儿关系的产科病房做法的改变,可能会在五年后产生仍可检测到的影响。在另

　　　　　　　家庭美德:儒家与西方关于儿童成长的观念

一种情况下,社会中发生的严重经济危机被视为对儿童在整个生命周期中的后续发展产生积极或消极的影响,这取决于家庭遭受经济窘境时儿童的年龄。(Bronfenbrenner 1979:4)

人类生态理论强调了我们的环境是多么复杂,尤其是不同的环境并不是完全隔绝的,尽管它们看起来可能是相互关联的,但往往以令人惊讶的方式相互影响。此外,人类生态理论强调了这些环境对我们产生深刻影响的方式的多样性,表明影响儿童发展的因素并不总是简单和直接的。

甚至布朗芬布伦纳的研究模型也考虑到了人类发展的这些特点。通过将人类生态理论应用于实验室和测试室,布朗芬布伦纳对研究方法产生了重要影响。尽管发展心理学的文献经常提到生态图式最深层的一个基本分析单元,即二元系统,或双人系统,但在实践中,由于传统上只关注一个实验对象,这一原则往往被忽视。正如布朗芬布伦纳解释的那样,这种处理二元关系的方式可能会有问题,因为数据通常一次只收集一个人的信息,例如,关于母亲或孩子的信息,但很少同时收集两个人的信息。然而,当同时为母亲和孩子收集数据时——

新出现的画面揭示了双方新的、更具活力的可能性。例如,从二元数据来看,如果一对中的一个成员经历了一个发展过程,另一个也会经历。认识到这种关系,不仅是了解儿童发展变化的关键,也是了解作为主要照护者的成年人的发展变

化的关键——母亲、父亲、祖父母、教师等。（Bronfenbrenner 1979：5）

这种方法强调了布朗芬布伦纳工作中所谓的儒家修身方面，他的研究与儒家的修身工夫产生共鸣的一个方面是，他对修身过程的社会性质的强调。布朗芬布伦纳强调了人际关系在我们改变和发展自己的能力中所起的作用，而不是仅仅关注个人及其意志、情感和智力资源。正如我们在本书前面所看到的，这是儒者们详细讨论的问题，但人类生态理论在一系列关于我们如何给自己和他人带来改变的研究中证明了这一观点。布朗芬布伦纳不仅强调成人和儿童的发展和培养能力，而且强调父母的修身（自我修养）对儿童发展的影响。在这些方面，人类生态理论不仅强调修身，而且强调亲子关系在其中发挥的关键作用，以及作为其一部分的更大家庭、社区和社会环境的作用。

从这个角度来看，父母对婴儿的照护受到多种因素的影响，包括父母生活的更大的社会背景：他们与家人和朋友的关系，以及他们的社会网络、社区、社区和文化的结构特征和相互关系。布朗芬布伦纳指出，"父母能否在家庭中有效地扮演养育子女的角色取决于其他环境中产生的角色需求、压力和支持"。（Bronfenbrenner 1979：7）父母对他们能力的发挥和对子女看法的评估——

与外部因素有关，如工作安排的灵活性、托儿安排的充分性、在大小紧急情况下能够提供帮助的朋友和邻居的存

　　　　　　家庭美德：儒家与西方关于儿童成长的观念

在、卫生和社会服务的质量，以及社区安全。支持性环境的可用性反过来又取决于它们在特定文化或亚文化中的存在和频率。通过采取公共政策和做法，创造有利于家庭生活的额外环境和社会角色，可以提高这种频率。（7）

这些影响在育儿质量、一个人改变和发展育儿技能的意愿和能力方面发挥了作用，并对婴儿和儿童的成长产生了巨大影响。正如布朗芬布伦纳的经济危机例子所表明的那样，这种影响可能是消极的，也可能是积极的。正如 NFP 的研究结果所显示的，"例如，在某种程度上，父母拥有对孩子有共同承诺的家庭成员和朋友网络，父母照顾孩子的努力得到了加强"。（Olds et al. 1997：11）

布朗芬布伦纳（1992）扩展了人类生态理论，通过人类发展的人—过程—环境（*person-process-context*）模型进一步完善了人与过程在人类发展中的作用。人类生态理论最初的表述主要关注各种环境如何塑造儿童和家庭，而布朗芬布伦纳的人—过程—环境模型则更关注父母有时在选择和塑造这些环境中所起的作用。这是通过关注与环境影响相关的人和过程的特征来实现的，该模型是 NFP 使用人类生态理论的重要组成部分，因为 NFP 护士的目标是帮助女性认知她们可以影响的环境方面，并教会她们如何在选择和塑造这些环境方面发挥积极作用。在这里，我们可以看到人类生态理论以另一种方式为早期儒家在讨论道德培养和亲子关系时所描述和争辩的观点提供证据。虽然儒家思想家指出，我们可以选择和塑造某些环境影响，例如在孔子看来，我们为改变自己所做的努力将受到我们寻找与我们共同致力于修身的朋友的影响，这种影响最有力的例子是关于父母努力塑造孩子成长环境的故事和轶事。孟母三迁，每次都是为了改善儿子的环境，因为她认识到自己选择的居住地对儿子的成长产生了影响。这是布朗芬布伦纳观点的一个具体例证，即父母有时在选择和塑造孩子的环境中起着重要作用。

人—过程—环境模式体现在 NFP 对计划过程的强调中，这体现在护士随访者与家长合作的方式中；父母本身的处理机制，即父母的心理资源（如发展史、心理健康、应对方式）对行为适应的影响；以及在父母与子女和他人互动的背景下发生的过程。(Olds et al. 1997：12)该计划将父母视为发展中的人，这使他们成为干预的主要焦点：

> 特别关注的是妇女逐步掌握作为家长和成年人的角色，对自己的健康负责，经济上自给自足。家访计划强调父母的发展，因为父母的行为对成长中的孩子构成了最强大且可能改变的影响，特别是考虑到父母对孩子产前环境的控制，以及他们与孩子出生后面对面的互动，它们对家庭环境的影响。(11 - 12)[1]

----

[1] 生态理论提供了强有力的实证证据，证明人性是"定型的"，如霍布斯在第三章讨论的观点。正如我们将在本章后面看到的，它还强烈挑战了卢梭（也在第三章中讨论）、爱默生（Ralph Waldo Emerson, 1803—1882）和萨特（Jean-Paul Sartre, 1905—1980）等思想家对自我、道德能动性和道德培养的个人主义观点。

家庭美德：儒家与西方关于儿童成长的观念

人类生态理论,不仅让 NFP 认识到并回应父母环境塑造和影响他们成为何种父母的方式,而且父母本身也是成长中能够改变的个体,能够以不同程度和不同方式影响他们生活的环境。人类生态理论的一个主要假设是,"亲子关系作为发展环境有效发挥作用的能力取决于父母可能拥有的其他关系的性质"。(Olds et al. 1997:12)当这些其他关系涉及相互的积极情感并支持亲子关系时,亲子关系会得到加强;当父母的其他关系触及对抗或干扰亲子关系时,亲子关系会受到损害。(Bronfenbrenner 1979:77)因此,人类生态理论尤其明显地体现在 NFP 对鼓励其他家庭成员和朋友参与母亲改善健康相关行为和为成为父母做好准备的重视程度上。NFP 的目标不仅是承认他们与家庭成员、朋友、邻居和社区其他成员关系的影响,而且还帮助父母协商这些关系。护士花费大量时间与母亲一起研究父亲的角色和责任,鼓励父亲参与计划的各个方面,只要母亲希望他参与,并且这种关系有建设性的基础。(Olds et al. 1997:11;Olds 2002:156)在该计划中,接受护士探访的女性结婚率较高,父亲的参与率也较高,这一点很重要,因为婚姻已被证明增加了经济自给自足的可能性,并降低了孩子出现一系列不同问题的风险。(McLanahan and Carlson 2002;Olds 2002)然而,正如奥兹指出的那样——

> 如果不考虑可能的关系质量和家庭暴力风险,就认为仅仅为未婚孕妇推广婚姻是正确的做法,那将是一个错误。结婚的决定很复杂,需要仔细考虑父亲(或其他潜在伴侣)是否

能成为好配偶和积极的照护者。(2010：54)

因此,护士帮助女性仔细思考她们的选择,以及她们在婚姻和父亲参与方面的许多不同决定。有趣的是,奥兹说道,尽管父亲有时情绪矛盾、毫无准备、虐待或参与犯罪活动,但在大多数情况下,父亲渴望成为子女的支持性伙伴和抚养者。(Olds 2010：54)这一点很重要,因为它有助于表明,尽管高风险家庭可能不知道如何提供支持,或者可能不相信自己有能力提供支持,但他们仍然希望提供支持。这就是 NFP 关注改善合作伙伴沟通和承诺的原因。

NFP 还努力让包括祖父母在内的其他家庭成员参与进来。在埃尔米拉的研究中,在孩子出生后第四年年底,其他家庭成员在照护孩子方面的作用大于对照组的家庭成员。(Olds et al. 1997：13)家庭成员和朋友的支持可以通过一些非常具体的方式改善儿童的环境,其中一些直接关系到儿童的安全和基本照护。与支持性的家庭成员和朋友隔离与更高的虐待和忽视率有关,这一点尤其重要,因为这表明仅仅鼓励女性更加独立或提供物质形式的支持并不是一个适当的解决方案。(Gabarino 1981)尽管 NFP 旨在解决失业、住房条件差和家庭条件等物质因素,所有这些因素都与较高的虐待和忽视率有关,尽管该计划也鼓励女性认识到她们对生活环境的掌控,这与帮助女性培养与他人的关系和依赖他人的过程是一致的。从儒家的角度来看,该计划的这一方面尤其有趣,因为该计划的目的不是关注孤立的个人,而是通过

　　　　　　　　家庭美德：儒家与西方关于儿童成长的观念

与他人的关系,主要是与家庭成员的关系来帮助他们。正如我们所看到的,儒家传统很早就开始强调家庭和社区成员应该相互依赖,培养互补的角色,以便和谐地运作。早期儒家思想家否认,主要或单独解决物质条件问题足以帮助改善人们的整体生活质量,他们认为,依赖他人,尤其是家庭成员,并与他们合作,对我们所有人都有益。从儒家的观点来看,这些家庭关系的核心是亲子关系,这种关系继续作为父母和孩子的特殊与独特的支持来源,不仅在童年时期,而且在我们的整个生命过程中。我们在本书中看到,儒家强调亲子关系在我们的一生中继续发挥重要作用,这一点与西方哲学史上的大多数观点是截然不同的。

早期儒学还认为,家庭在修身中起着特殊的作用,正确的人际关系可以帮助我们改变自己。生态理论的研究也为这一观点提供了支持。在人类生态理论中,家庭和朋友的非正式支持(或缺乏支持)有一些非常具体的方式。例如,女性在怀孕期间戒烟或减少吸烟的尝试"受到与她们关系密切的个人是否认为吸烟对孕妇和胎儿有害,以及她们是否积极支持女性戒烟努力的影响"。(Olds et al. 1997:13)同样,家庭成员、朋友、男友或丈夫的参与"在帮助女性实施避孕、完成教育和找到工作方面尤为重要"。(13)这类证据有助于表明护士来访者鼓励其他家庭成员和朋友参与并争取他们的支持是多么重要。当母亲的男朋友或丈夫在场时,护士会尽一切努力进行一些关于计划生育和避孕的讨论,并且意识到完成学业或找到工作取决于找到合适的育儿服务,护士会帮助母亲在其社交网络中确定安全的育儿服务,如果没有,则在其他地方寻找合适的带有补贴的照顾。这项任务非常困难，尽管 NFP 家庭比对照组做得好得多，但在护士随访期间，其他人的参与程度低于最初的预期。在孟菲斯计划中，只有 14% 的护士随访在祖母参与的情况下完成，尽管三分之二的样本在登记时年龄处于 19 岁以下，并且住在家里，虽然护士建议安排在晚上和周末探访。(13－14)部分原因是这些母亲没有生活在对她们支持的家庭和社会环境中，她们首先面对风险，但在许多情况下，这也是因为她们是主张独立的青少年。当 NFP 调查祖母没有更多参与的原因时，许多青春期母亲表示，她们更愿意让护士独处，不希望母亲在场。(14)然而，不管母亲们是否希望自己的父母支持，证据表明，当她们的社会支持网络参与时，母亲们的成功概率会提高。重要的是要理解，这些证据并没有破坏我们应该赋予妇女权力的观点，但它确实破坏了赋予妇女权力意味着总是鼓励她们独立做事的观点。相反，这一证据表明，当母亲得到家人和朋友的积极支持时，她们能够更成功地实现自己的目标，进而对自己更有信心。母亲有能力改变和提高，但适当的条件，尤其是有支持她们的家人和朋友围绕，让这些人认识到她们的贡献很重要，这对她们的成功或失败起着巨大的作用。

除了强调努力建立、加强和深化母亲的非正式社会支持网络及其引导与吸引家人和朋友的技巧外，人类生态理论还将 NFP 护士随访者的注意力集中在评估家庭需求和帮助他们利用社区服务上。这不仅包括各种形式的经济援助，还包括补贴住房和寻找服装以及家具的援助。该计划的一个特别重要的部分是护士随访者将母亲与其初级保健医生和护理人员联系起来的方式。在母亲允许的情况下,随访者与母亲和儿童的初级保健提供者保持联系,向他们发送书面报告,告知他们的健康和社会需求,并根据需要通过电话跟进,以制订护理计划。这在母亲看待医生的方式中起着更重大的作用,因为"随访者可以澄清和加强办公室工作人员提出的建议,从而帮助确保更好地遵守医生和护士的建议"。(Olds et al. 1997:15)护士们的工作是教父母在怀孕期间注意自己的健康,观察孩子的健康和疾病指标,指导父母如何使用体温计以及何时给医生办公室打电话。在这些领域提供指导时,护士的目标不仅是改善母亲和婴儿的整体健康状况,而且是增加预防护理,减少不适当地使用急救和初级护理。NFP 护士也改善了他们工作社区的健康和人类服务系统。例如,在埃尔米拉,护士们反对并帮助取消了分娩教育课程的强制费用,这使低收入家庭更容易获取这些课程。在孟菲斯,NFP 护士对一群不允许怀孕女孩上学的校长提出质疑,尽管这种做法与州法律相冲突。

　　人类生态理论影响 NFP 的另一个重要方式是它决定招收以前没有顺产的妇女,并且不迟于怀孕的第二或第三个月招收她们,并在孩子的第二个生日期间继续提供服务。这些因素很重要,因为根据人类生态理论,人们在经历被称为生态转变的重大角色转变时更有可能改变他们的行为。布朗芬布伦纳强调了生态转变的发展意义——"角色或环境的转变,贯穿整个生命周期"。(Bronfenbrenner 1979:6)例子包括弟弟妹妹的到来、入学、毕业、找工作、结婚、生孩子、换工作、搬家和退休。布朗芬布伦纳写道："生态转型对发展的重要性源于这样一个事实，即它们几乎总是涉及角色的变化，这与对社会特定职位相关的行为的期望有关。角色具有神奇的力量，可以改变一个人被对待的方式、她的行为方式、她的所作所为，从而改变她的想法和感受"。（Bronfenbrenner 1979：6）有证据表明，与生二胎或三胎的女性相比，初为人母的母亲确实更有可能改变自己的行为，而产前时期以及生命的头两年是新父母最重要的过渡时期。这说明了NFP以证据为基础的几种方式之一；支持人类生态理论的证据是为什么 NFP 会在怀孕期间招收第一次做母亲的女性，并且该计划会持续到孩子出生的第二年，而 NFP 的研究结果为这一研究提供了进一步的支持，特别是因为 NFP 比其他在怀孕后，不延伸到第二年，也不针对学龄前儿童才开始干预的计划更成功。

关于生态变迁的研究，对于我们理解亲子关系和道德培养具有非常重要的意义。生态理论有助于解释为什么父母的行为对发育中的孩子构成最有可能改变的影响，因为它基于人类必须改变他们的态度和行为的潜在证据，以及有助于促进成功改变的条件和过程。（Olds et al. 1997：12）这为构建道德培养提供了坚实的基础，也让我们有充分的理由关注早期儒家在道德培养方面强调的许多事情，包括亲子关系和胎教。虽然我们已经看到与早期儒家胎教相关的特定信仰与我们所知道的对胎儿发育的影响并不相符，但早期儒家正确地强调了胎教作为儿童发育开始的独特重要性以及父母对孩子的责任的开始。除了有证据表明怀孕是生态转变的一部分,这意味着女性在这个独特的时期特别能够改变自己,还有大量证据表明母亲在怀孕期间的行为和环境对胎儿的影响是显而易见的。未出生的孩子产前接触烟草、酒精和非法药物是胎儿发育不良、早产和神经发育障碍(例如注意力缺陷障碍或认知和语言发育不良)的既定风险①。这些风险反过来会产生连锁效应:

> 出生时因产前接触烟草和酒精等物质以及孕期母亲的压力和焦虑而产生轻微神经紊乱的儿童,在出生后的头几周更容易发怒、情绪不稳定,难以适应听觉刺激,让父母更难在照护中找到乐趣。(Olds 2010:53)②

这是一个说明在孩子出生后的关键几周和几个月内,子宫环境的质量如何直接影响亲子关系和父母照护质量的例子,这些因素也受到一个人的社会环境的影响:

> 与那些没有这些环境影响的父母相比,那些成熟、已婚、能够得到支持的配偶、有足够的收入和很少的外部压力来源的父母更有可能更好地照护困难的新生儿。不幸的是,有轻微神经脆弱性的儿童更有可能出生在没有这些有益条件的

---

① 关于母亲在怀孕期间使用烟草、酒精、大麻和可卡因等物质导致发育受损的儿童的研究,参见 Fried et al. 1987;Kramer 1987;Mayes 1994;Olds, Henderson, and Tatelbaum 1994;Streissguth et al. 1994;Millberger et al. 1996;Olds 1997。
② 有关这些困难的研究,参见 Saxon 1978;Streissguth et al. 1994。

家庭中,这增加了照护受到损害的可能性。(Olds 2010:54)

产前环境的影响也有长期的后果。早发反社会行为是一种破坏性行为,通常是成长为暴力青少年的儿童的特征,有时是长期犯罪者,他们更可能有轻微的神经发育缺陷,有时是由于产前健康状况不佳,加上早期虐待和缺乏照护。(Olds 2010:55)[1]进一步的证据表明,产前接触烟草是品行障碍和青少年犯罪的独特风险。(55)[2]胎儿发育的不良产前影响有时会因婴儿期的不良经历而加剧,但母亲在产前期间的行为(以及父亲和其他家庭成员对母亲的支持)对孩子的发育起着至关重要的作用。这包括母亲怀孕期间的行为对孩子未来道德发展的影响,例如,不良产前影响与青少年犯罪之间的既定联系。早期儒学认为母亲怀孕期间的行为和所处的环境会对其发育中的孩子产生直接和明显的影响,有时甚至会对孩子的道德品质产生长期影响,这是正确的。当然,在具体有害事物及其可能产生的影响方面,他们是不正确的。有关证据显示,这是儒家观点应该进一步修正和发展的一个领域。例如,虽然怀孕母亲所看的事物与孩子的身体和道德品质之间并不是简单而直接的关系,但当怀孕母亲成功地改变自己时,她会对孩子的身体和道德品质产生巨大影响。正如一些早期

---

[1] 关于年龄较大的儿童、青少年和青少年产前健康状况不佳(包括孕期母亲吸烟)的长期影响,参见 Moffit 1993;Raine, Brennan, and Mednick 1994;Streissguth et al. 1994;Millberger et al. 1996;Olds 1997;Wakschlag et al. 1997。

[2] 关于孕期母亲吸烟和成年男性犯罪结果,参见 Brennan, Grekin, and Mednick 1999. See also Moffitt 1993;Wakschlag et al. 1997。

中国思想家所认为的那样,虽然吃兔子不会导致特定的身体畸形,但母亲吃的东西确实会对成长中的孩子产生至关重要的影响,其中许多会产生长期影响。事实上,NFP 的循证实践之一是,护士帮助孕妇定期完成 24 小时的饮食记录,并在每次产前检查时绘制体重增加图。与对照组的母亲相比,参与 NFP 计划的母亲在怀孕期间的饮食质量得到了更大程度的改善,这与减少吸烟相结合,有助于改善她们的妊娠和分娩结果,与对照组相比,早产和出生体重偏轻的婴儿较少,神经发育障碍病例较少。(Olds 2010:58–68)这些类型的结果有助于将儒家关于产前培养的观点建立在一个当代受众可以接受的辩护和循证观点基础上[①]。

　　人类生态理论、NFP 调查结果和儒家的产前教育观念共同引导我们更仔细地考虑怀孕的经验,尤其是这种独特的经验可能对一个人的修身能力产生影响。关于生态转型和初孕母亲的研究有助于表明,亲子关系在道德培养中有着独特的作用,因为它们对父母和孩子都有着深刻的影响,证据表明,这一过程始于出生前。虽然这一证据可能涉及一些自由派和进步派,因为它有可能被用于堕胎权利的辩论中,生态理论和 NFP 的发现处理了归因人格的影响,将发育中的胎儿视为一个成长中的人,并据此行事,而不是一个人何时成为一个人的形而上学问题。NFP 招收了那些已经决定不终止妊娠的女性,正如布朗芬布伦纳的研究关

---

① 在下一章中,我将讨论儒家关于胎教的建设性价值;也就是说,我将讨论为什么我们应该修改和进一步发展这一观点,而不是简单地放弃它,而是讨论我们在这方面的科学数据。

注的是希望将孩子带到足月的孕妇所处的生态转变一样。研究表明,在这些情况下,越早出现归因人格,母亲和婴儿的结果都会越好。然而,我们不应该仅仅因为担心科学证据可能会破坏我们的政治或宗教观点而忽视科学证据。任何认真对待科学证据的人都应该愿意根据我们最好的科学重新考虑她的观点;这同样适用于持自由或保守观点的人。母亲怀孕期间的行为会影响未出生的孩子,而子宫内发生的事情会影响孩子的性格,这一事实是公认且没有争议的。这一证据是否应该导致人们支持限制堕胎,这是一个悬而未决的问题。

除了强调家庭和社区在我们生活中的作用和影响,特别是在修身方面,NFP 对人类生态理论的应用与儒家伦理产生共鸣的最明确的方式之一是,父母与子女的关系在修身中尤其具有特殊作用。人类生态理论和 NFP 研究结果支持这样一种观点,即父母不仅以无与伦比的方式塑造孩子的生活和性格,而且首次成为父母有助于塑造一个人的性格的独特潜力。对修身的兴趣是儒家伦理的一个决定性特征,也是 NFP 理论基础的一个核心特征。该计划的设计基于这样一个理论,即首次怀孕的母亲更有可能培养自己,这似乎是该计划成功的一个重要因素,这一事实表明了一些重要的事情[1]。首先,我们有充分的理由对修身的能力抱有希望,即使是在一些最具挑战性的情况下,成年人也是如此,因为 NFP 的目标人群一直是低收入人群,而且往往是未婚人群和青

---

[1] 奥兹指出,在怀孕期间开始为新母亲服务被认为为 NFP 取得如此成功结果的部分原因,参见 Olds et al. 2000:136。

少年。即使在高风险人群中，修身也是可能的，这一说法最有力的证据可能是，该计划对那些因测量问题而面临更大风险的母亲和儿童的影响始终更大。（Olds 2010：6）[1]该计划的经济效益对处于更高风险的家庭也非常好。（Olds 2002：153）这一证据表明，人们有可能在态度和行为上作出重大、持久的改变，但在某些特定情况下，这种改变更有可能发生，而这些情况在很大程度上是由社会角色的变化塑造的。所有这一切都很重要，因为这有助于表明儒家将如此多的注意力集中在修身的本质及其工作原理上是正确的。正如儒家所坚持的那样，即使是成年人，我们也有能力以深刻的方式改变自己，但这一过程是漫长而艰难的，我们需要大量的支持。

人类生态理论和 NFP 研究结果还表明，生育和抚养孩子的经历在影响一个人努力改变和提高自己的意愿方面是独特的。这应该促使我们考虑早期儒学认为拥有和抚养孩子是良好生活重要部分的一些原因。儒家思想的这一特征非常独特，与许多其他伦理观点形成了重要对比，这体现在孝道的中心地位上，也体现在父母在重要社会角色讨论中的角色。致力于呈现妇女生活与美德的文本，如《列女传》，清楚地表达了这样一种观点，即为人父母是美好生活的组成部分，并记录了母亲在美好社会中的关键作用。当然，儒家强调生儿育女的重要性有多方面的原因，包括"宗教"原因和对确保一个人在成年时照顾自己和家人的实际关

---

① 这一发现与其他预防性干预措施的结果一致，参见 Brooks-Gunn et al. 1992。

切。然而,生儿育女的另一个原因是,它深深植根于儒家伦理修身传统并受到其启发,这是因为它使我们成为更好的人。虽然早期儒家没有明确地支持这一观点,但儒家传统中的大量义理和故事说明了这样一种观点,即成为父母代表着一种独特的修身机会,包括对进行产前修养的母亲的描述,以及关于父母为孩子的福祉所作出的牺牲的故事。例如,在本书的开头,我们看到,根据多个早期儒家文本,文王的美德在一定程度上源于他的母亲太任在怀孕期间进行的产前修养,并在他整个童年时期继续展示各种美德。关于太任在怀孕期间和她儿子幼年时期的活动的描述包括遵礼,围绕着她自己的人和事,这些人和事都是鼓舞人心的、有道德的活动,这些活动一直是早期儒家道德培养的一部分,这肯定不仅促进了年轻的文王的道德培养,也促进了太任自己的修身。尽管她已经唯道而行,但这些故事中没有任何内容表明,她对产前培养的奉献和她儿子早年的美德行为没有带来她自己的修身;从儒家的观点来看,如遵礼等活动,如果以正确的方式进行,将持续对一个人的性格发展产生积极影响。事实上,关于太任的故事表明,她在怀孕时更注重道德培养的几个方面,这肯定不仅促进了她儿子的道德培养,也实现了她自己的修身。尽管儒家的观点没有像布朗芬布伦纳所说的那样具体,即生孩子的生态转型以一种独特的方式实现了修身,但这种观点肯定与我们所研究的早期儒家观点是一致的,并且可以用来支持和加强这些观点。事实上,这是儒家观点得以发展的一种方式,从修身的角度支持生儿育女对我们有益的主张。

人类生态理论与儒家的重要特征有着明确的联系,它强调我们可以称之为解决问题的整体方法,从对家庭和社群在帮助母亲成为好父母方面的作用的关注程度中可以看出。毫无疑问,儒家伦理的一个显著特点是它非常重视培养一系列美德,使人们能够在家庭和社群中蓬勃发展,同时也强调家庭、社群的福祉以及社会对个人福祉的狭隘关注。人类生态理论和 NFP 的调查结果也强调了这些事情的重要性。事实上,该计划的结果强化了这样一种观点,即照护一个人会产生有形的、可量化的好处,这对母亲和她们的孩子都是如此。正如我们所看到的,除了努力加强家庭内部的支持性关系外,护士还体现了关怀和关切,他们对家庭的影响说明了关怀和关切关系对家庭生活的影响。NFP 明确旨在减少社会孤立,促进支持和参与的家庭和社群,理想情况下,这些家庭和社群与女性一起参与护理和决策。(Olds 2006:12)尽管通过 NFP 计划,女性通常会变得更加自信和干练——这在经济上自给自足等领域可以看到——这主要不是通过帮助她们承认自己的个人权利或自主权来实现的,而是通过关爱、信任和精心设计的修身计划。该计划的优势之一是它让家人和朋友参与到共同的事业中;它不是只强调个人的权利,而是让她融入一个支持性的社群。在这样做的过程中,该计划以"单打独斗"或强烈自主的观点所不具备的方式促进个人的发展。

依恋理论与早期儒家思想中的童年早期与亲子关系

人类生态理论强调家庭和社群在道德培养过程中的作用,历史上儒家思想家比西方哲学家更强调这一点。然而,儒家的观点包括关于家庭角色更具体的主张,包括关于亲子关系在道德培养中的独特和不可替代的作用,以及这些关系在出生前、婴儿期和童年早期发挥的特别关键作用的主张。NFP 理论基础的另一个主要部分——依恋理论,通过关注父母和孩子之间的纽带如何影响孩子在发育的早期阶段,解释了亲子关系的这些特征。

在其 1969 年的开创性著作《依恋》(*Attachment*)中,约翰·鲍尔比(John Bowlby,1907—1990)认为,婴儿的社会、心理和生命能力的形成离不开与母亲的关系①。鲍尔比的依恋理论认为,"人类(和其他灵长类动物)已经进化出一系列行为,促进照护者与其婴儿之间的互动(如哭泣、依附、微笑、示意),这些行为倾向于让特定的照护者靠近毫无防备的年轻人,从而促进他们的生存,尤其是在紧急情况下"。(Olds et al. 1997:19)这种对婴儿主要照护者的行为组织是依恋,它源于我们的血亲;为了促进生存,人类在生理上倾向于在压力、疾病或疲劳的时候寻求与照护者的接近——这是我们与许多其他物种所共有的。因此,依恋是与自我保护相关的本能行为,是遗传禀赋和早期环境相互作用的产物。因此,毫不奇怪,它是特别明显的,并且"特别容易被母亲的离开或任何可怕的事情激活,最有效地终止系统的刺激是母亲的声音、视觉或触感"。(Bowlby 1969:179)依恋始于孩子生命的最初几小时和几周;正如我们将看到的那样,到 6 个月时,安全地

---

① Bowlby 1969 是三卷中的第一卷。有关 20 世纪末该领域的广泛概述,参见 Goldberg, Muir, and Kerr 1995;Cassidy and Shaver 1999。

依赖于主要照护者的婴儿和不依赖于主要照护者的婴儿之间的行为会有显著差异。鲍尔比假设,在生命的第三年结束之前,依恋系统很容易被激活,当"过了成熟的门槛"时,这不仅得到了依恋理论研究的支持,也得到了我们对大脑发育理解的支持。(Bowlby 1969：205)[1]

依恋理论进一步假设,儿童对世界的信任以及他们后来对他人的共情与回应能力,包括对他们自己的孩子,可以追溯到他们被照护和与依恋相关的经验,特别是他们与有爱心、积极回应和细腻敏锐的成年人形成依恋的程度。(Main，Kaplan and Cassidy 1985；Olds 2002：156，2006：14)达尔文(Charles Darwins，1809—1882)早期观察到,母亲和婴儿之间的第一种交流方式是面部表情和身体的其他示意运动,依恋理论的研究证实了"面部表情、姿势、语调、生理变化、运动节奏和初期动作"的重要性,所有这些都是"在价值方面,无论是愉快还是不愉快",以及"即使我们不知道,也可能积极地在运作"。(Bowlby 1969：120，110‐112)鲍尔比强调,母婴依恋关系"伴随着最强烈的情感和情绪,快乐或不快乐",婴儿应对压力的能力与特定的母性行为相关。(Bowlby 1969：242，344)在探讨依恋关系的基本动力学时,鲍尔比写道,婴儿积极寻求互动,母亲的母性行为与婴儿的依恋行为是相互的。依恋的发展与父母对婴儿暗示的细腻敏锐度以及互

---

[1] 有趣的是,早期儒家观察到儿童在生命的头三年特别依赖父母,并形成了关于孩子为父母服丧三年的适当性的观点,这表明至少在一定程度上表达了对父母的感激之情。认为孝道是对父母照护的回应,即使这与他们提出孝道基础的方式不一致。我将在本章后面讨论这个问题。

动的数量和性质有关。（Bowlby 1969：346）[1]因此，依恋系统的既定目标不仅是接近某种依恋形象，而且是接近一个情感上可用且有反应的人[2]。神经血亲学研究现在确定了鲍尔比用眶额皮质描述的控制系统，该区域已被证明调节"最高水平的行为控制，尤其是与情绪有关的行为控制"。（Price，Carmichael and Drevets 1996：523；see also Schore 1994，2003a and 2012）有安全感和没有安全感的个体在行为上存在显著差异，对积极的和消极的父母环境影响的心理神经血亲学研究也揭示了大脑组织的重要差异。

该研究至关重要，因为它表明，我们控制行为的能力和情绪健康等方面在很大程度上取决于我们与父母的早期经验，尤其是他们以细腻敏锐、反应迅速的方式照护我们的程度[3]。依恋理论帮助我们理解为什么最初几周、几个月和几年的亲子关系在改变孩子一生的潜力方面如此独特。依恋行为强调了儿童对父母独特的回应方式，以及称职的父母照护从一开始就对婴儿产生的影响。

依恋行为是在孩子生命的头几个月建立起来的，其长期结果都有迹可循。鲍尔比指出，孩子的依恋表现在许多不同形式的行为中，因为这些行为发生在各种情况下。（Bowlby 1969：334）例如，鲍尔比讨论了玛丽·安斯沃思（Mary Ainsworth，1913—

---

[1] 有关依恋理论的这些方面的有益概述，参见 Allan Schore(1973：xi‑xxii)为鲍尔比著作所写的前言。
[2] 如需进一步讨论，参见 Schore 在 Bowlby's Separation (1973：xvii)中的前言。
[3] 敏感度通常被定义为温暖和回应能力的结合，从父母的角度来看，是指能准确地感知所得到的信号，并迅速和适当地对这些信号作出反应。

　　　　　　　家庭美德：儒家与西方关于儿童成长的观念

1999)及其同事对儿童依恋行为发展的一项早期研究。在这项研究中,一个来自白人中产阶层家庭的 12 个月大的婴儿的样本被置于一个他们以前从未见过的陌生("奇怪")游戏室里观察,里面配备了大量玩具。当婴儿与母亲一起进入房间,并在母亲在场的情况下探索房间时,对婴儿进行观察;然后当一个不熟悉的成年人进入房间时,他们的母亲留下来;当他们的母亲离开房间时,另一个成年人留下来,当他们的母亲回到房间时,对婴儿再进行观察。鲍尔比解释道:"该程序呈现了一种累积的压力情况,在这种情况下,有机会研究婴儿利用其照护者作为探索基础的个体差异、他从她身上获得安慰的能力,以及在一系列变化的情况中发生变化时的依恋探索平衡。"(Bowlby 1969:336;see also Ainsworth et al. 1978)在最初的阶段,当婴儿只与母亲在一起时,大多数婴儿花时间探索游戏室,同时关注母亲,几乎没有哭声。虽然一个陌生人的到来减少了几乎所有婴儿的探索,但实际上仍然没有哭泣。然而,当母亲把孩子留给陌生人,然后短暂离开后又回来时,超过一半的孩子的行为突然发生了变化;他们行为上的差异变得更加明显,不同依恋模式的存在也变得明显。(Bowlby 1969:336-337)在其中一组婴儿中,他们自由地探索陌生的房间,将母亲作为安全的基地,不为陌生人的到来而苦恼,在母亲不在时知道母亲的下落,并在她回来时向她打招呼。一些婴儿在母亲短暂缺席期间表现出一些痛苦,而另一些婴儿则安然地渡过了难关。在另一组婴儿中,他们被陌生人吓坏了,在母亲不在时,他们"陷入无助和不知所措的痛苦",当母亲回来时,他们没有向她们打招

呼。其中一些婴儿甚至在母亲在场时也没有探索房间。（Bowlby 1969：337）

鲍尔比指出，衡量孩子依恋安全性的一个特别有价值的指标是，当母亲短暂离开再返回时，孩子对母亲的反应。安全依附的孩子表现出一系列有条理的行为：在欢迎和靠近母亲后，他们寻求被抱起、依赖或保持靠近。其他孩子的反应有两种：一种似乎对母亲回来不感兴趣，或者回避她，另一种则是矛盾的反应，一半想要靠近，一半抗拒母亲。当这些标准应用于婴儿在这类研究中的表现时，会出现三种主要的依恋模式：安全依恋型（*securely attached*）婴儿（在大多数这类样本中占大多数）在游戏中活跃，在短暂分离后感到痛苦时寻求联系，容易得到安慰，并很快回到专注的游戏中；在重聚期间，特别是在第二次短暂离开后，焦虑型依恋和回避型（*anxiously attached and avoidant*）婴儿（在大多数样本中约占 20%）会避开母亲，而且他们中的许多人对待陌生人的方式比自己的母亲更友好；焦虑型依恋和抗拒型（*anxiously attached and resistant*）婴儿（约 10%）在寻求与母亲的接近和接触，以及在抗拒与母亲的接触和互动之间摇摆不定。有些人明显比其他人更愤怒或更被动。（Bowlby 1969：337–338）

这一领域的研究已经发展并扩大到囊括不同人群，包括参与 NFP 服务的高风险家庭。研究依恋的长期后果对于强调依恋的关键重要性尤为重要，鲍尔比甚至在其早期工作中也注意到了这一点。在多项研究中，这些婴儿在 9 个月后，即 21 个月大时会再次接受观察，并有机会自由玩耍和与陌生成年人玩耍。那些被列

家庭美德：儒家与西方关于儿童成长的观念

为安全依恋型的婴儿"在游戏的每一阶段投入的时间更长，对玩具表现出更强烈的兴趣，对细节给予更多的关注，他们比之前被归类为回避型与抗拒型更频繁地笑或微笑。此外，安全依恋型的婴儿更容易合作，无论是与母亲还是与其他人"。（Bowlby 1969：362）该类研究进一步观察了在婴儿期被归类为安全型或焦虑型依恋的3岁半儿童。在母亲缺席的童年早期环境中，被归类为安全依恋婴儿的儿童"表现出比之前被归类为不安全依恋的儿童更善于社交、更善于玩耍、更有好奇心，也更同情其他儿童的痛苦"。（362）这些发现已在广泛的研究中得到重复。安全依恋型的孩子值得注意的特点包括，他们不仅在情感上，而且在社交和智力上都表现得更好。例如，正如我们将看到的，甚至像语言发展这样的事情也会受到依恋的影响。这有助于表明一个人的情感、社交和智力能力并不是完全独立的领域；情绪健康和幸福感与社会生活和智力发展密切相关。

这项研究还提供了证据来支持这样一种说法，即亲子关系为我们的道德发展奠定了基础，就像是许多其他美德以及道德能力或情感（如共情）的根源。这与早期儒家观点相比最为重要，因为儒家观点的一个显著特点是，他们把正确的亲子关系视为几乎每一种美德和道德能力的基础。由于依恋对很多领域都有巨大的影响，包括情感活力、共情和对他人的同情、社会参与和智力发展，这项研究支持了这样一种观点，即亲子关系不仅是我们发展的某几个方面的根源之一，而且是我们在人类生活的几乎每个领域发展的根源。因此，在这里，我们看到了儒家主张的实证根据，即对父母根深蒂固的爱、感恩和尊重不仅是互惠与同情理解等美德的根源,也是享受献身于学习和反思等活动,以及一个人对他人的信任和对自己信任的根源。儒家对好学的强调在这里并非无关紧要。虽然我们可能期望依恋理论只是为了确认亲子关系在让孩子们拥有健康的情感和社交生活方面的作用,但婴儿期的安全依恋与婴儿期和童年期的智力好奇心之间有着密切的关系,包括对环境的好奇和探索的意愿。

根据依恋理论,早期儒学关于这些问题的两个方面尤其需要进一步完善。首先是孝道的特殊性质,以及儒家倾向于更多地关注对父母的尊重和崇敬,而不是对父母的爱、感情和信任——这似乎很早就明确地体现了依恋关系的特征,尽管这肯定会唤起对父母的尊重。第二个是父母对孩子的爱、细腻敏锐和回应的情感与行动的重要性,这引起孩子的回应,因此是孩子发展的终极基础。由于孩子对父母的感情和态度是对父母照护的回应,最终是父母的美德(而不是孩子的孝顺)作为孩子成长的基础。尽管许多早期儒家文本讨论了好父母在孩子童年早期的作用,包括产前培养,也提供了关于好父母(尤其是母亲)的轶事和故事,但与好父母照护相关的美德,如"亲"和"慈"在儒家思想中仍然比"孝"受到更少的关注①。与好父母的照护相比,人们对孝道的关注程度,以及与孝道相关的传统故事和轶事的数量都不平衡,在这一

---

① 其他传统社会也没有同等重视与好父母和好孩子相关的美德和品质。例如,虽然圣经中的十诫规定孩子应该孝敬父母,但它们并没有包括任何关于父母应该如何对待孩子的具体诫命。感谢斯拉特(Michael R. Slater)指出这一点。

　　　　　　　　家庭美德:儒家与西方关于儿童成长的观念

领域,儒家关于亲子关系的观点需要通过更全面地讨论孝道依赖于良好的父母照护的方式来修正和加强。

在保持对孝道高度重视的同时,修正儒家观点的一种方法是解释孝道的起源,即孝最好是被理解为"当人们出于对孩子健康的关爱而养育、支持和照顾孩子时,孩子自然会感受到的感激、尊敬和爱的感觉"。(Ivanhoe 2007:299)如果我们将这一观点与儒家关于孝道是其他美德的来源或根源的主张联系起来,那么就出现了一种关于亲子关系和道德培养的特殊观点:好父母的照护有助于孝道的发展,而孝道反过来又有助于美德的发展。这种观点要求我们拒绝接受儒家传统中关于孝道的一个核心理由,即孩子应该孝顺父母的观点,仅仅因为他们的存在归功于他们。但一些早期儒家思想家也认识到,对好父母的爱和供养是孝道最有力的基础之一,这提醒我们,在接受这一观点的同时,我们拒绝了儒家对孝道的一个主要理由,同时也接受和肯定了儒家的另一个理由①。

这一论点可以通过更全面地描述好父母的照护并为这一观点提供实证支持来扩展。依恋理论是这种支持的极好来源,其中一些证据与早期儒家观点产生了共鸣,并以特别令人信服的方式对其进行了补充。例如,在《论语》17.21 中,孔子认为,父母在孩子出生后的头三年里为他们提供了无微不至的关怀与照护("子生三年,然后免于父母之怀"),这也是为什么孩子在父母去世后

---

① 正如我们在本书前面所看到的,有证据表明早期儒家认识到良好的父母关爱是孝道的强大基础,例如《诗经》和孟郊的《游子吟》等文学作品。

服丧三年是应当的（"夫三年之丧，天下之通丧也。予也，有三年之爱于其父母乎"）。正如我们所看到的，头三年是依恋最关键的时期，而且头三年大脑发育最快，这有助于解释为什么这是一个发展上特别关键的时期。孔子认为，父母在早年提供的持续照护是遵循服丧之礼的正当理由，因此，早年良好的父母照护应该让孩子们孝顺。孔子在这里提出了一个规范性的主张，但似乎可以合理地得出结论，这一规范性主张是基于对儿童及其在这些早期发展阶段对父母依赖的观察，尽管它肯定不是基于现代科学研究。我们可以在这里看到，一些早期儒家的文献如何为孝道提供或至少提出了一个更为合理的基础，而不是孩子的存在要归功于父母的说法。这个例子还展示了儒家关于童年早期和亲子关系的一些观察之准确，这是多么令人惊讶甚至令人震惊，比如对生命前三年的关注。

　　儒家的孝道观有很多方面都可以用依恋理论来解释，包括有证据表明，慈爱、支持性的亲子关系对儿童道德品质的发展有着不可估量的贡献①。亲子关系为儿童道德发展提供了基础，这一点与那些没有注意到的孩子的情绪、态度、情感和倾向相比较。依恋行为通常通过婴儿在出生后第一年的"情绪活力"的增长来评估，包括情绪表达（回应性）的双重特征和婴儿与照护者分享情绪体验（依赖母亲）的能力的提高。依恋理论突出强调的一点是，在孩子生命的最初几个月，主要照护者在支持情绪表达和调节方

---

① 加强亲子关系甚至被证明可以降低孩子容易受到负面同伴影响的可能性，参见 Emde and Buchsbaum 1990。

面发挥着关键作用："婴儿的情感活力是其在出生后第一年发展的一个显著特征。到 6 个月大时，情感表达已得到充分发展，并具有语境意义。情感回应通过反应越来越清晰的动机和情感体验的人际交流形成。"（Robinson and Acevedo 2001：402）在婴儿的面部、声音和身体性的线索，以及在表达情绪的持续时间中，都可以观察到情绪活力。（Thompson 1994；Robinson and Acevedo 2001）这些事情可以在婴儿最初几个月的过程中观察到，这一时期特定依恋的发展极大地影响了情绪活力。情绪活力是由与照护者的交流形成的，这些交流鼓励情绪表达，也有助于调节情绪，部分是通过分享情绪来实现的。越来越多的研究发现，情绪活力低下的原因可以追溯到成长的早期阶段，包括一些甚至在出生前就开始的阶段。孕期不良的饮食和药物滥用可能导致婴儿出生体重低和情绪活力低，即使在没有早产的情况下也是如此①。

目前，有大量研究对低收入、种族多样性、有其他高风险因素的家庭以及婴儿和童年早期与晚期的依恋理论进行了考察。许多研究调查了婴儿期情绪反应模式和对母亲的依赖与童年早期认知和语言发展之间的关系。例如，与表现出低情绪反应和低依赖母亲模式的婴儿相比，在 2 岁时，对积极、愤怒和恐惧情绪挑战表现出高反应性和高度依赖母亲模式的婴儿具有更高的认知和语言技能。表现出高度恐惧性痛苦、对母亲依赖程度低、母亲的

---

① 关于产前饮食和物质使用对情绪活力的影响，参见 Zuckerman and Brown 1993。关于依恋在情感活力中的作用，参见 Schore 1997；Robinson, Emde, and Korfmacher 1997。

心理资源较低的儿童在发育方面的结果尤其糟糕。（Robinson and Acevedo 2001：402－415）在罗宾逊（JoAnn L. Robinson）和阿塞维多（Marcela C. Acevedo）的研究中，通过婴儿的情绪反应以及在恐惧、喜悦和愤怒情绪刺激下看着母亲的倾向，测量了6个月大时的情绪活力和脆弱性。婴儿在面对不确定性时的社会参照或父母的视觉参与是依恋的一个重要指标。这种行为源于婴儿对反应灵敏、细心、细腻敏锐的护理的体验；婴儿这样做是因为他们在寻求抚慰、慰藉和帮助，而不求助于父母的婴儿在获得这些支持方面效率较低，可能会制定其他策略来减轻他们的痛苦，例如与其切割和恶狠狠地凝视。（Klinnert et al. 1983；Tamis-LeMonda and Bornstein 1989；Robinson and Acevedo 2001）事实上——

安全型依恋的婴儿期望情绪会得到积极的回应，因此，他们可以自由地交流消极和积极的情绪，并与照护者分享。将情绪最小化和将注意力从转移的模式被认为是不安全/回避型婴儿的典型特征，而提高恐惧表达则是不安全/矛盾型婴儿的典型特征。（Robinson and Acevedo 2001：413－414）

这项研究有助于表明，即使婴儿只有6个月大，寻找和接触父母等行为也是依恋的重要指标，这对孩子的情绪活力有持久的影响。如果婴儿对恐惧刺激有高度的痛苦反应，那么他们被归类为对恐惧刺激有情绪脆弱反应的婴儿，这与婴儿看母亲、寻求母

　　　　　家庭美德：儒家与西方关于儿童成长的观念

亲帮助或安慰的努力有限一致。如果婴儿缺乏欢快和愤怒情绪的生动表达，并且不与他人分享这些表达，则被归类为情绪活力低下。当婴儿受到恐惧、快乐和愤怒的刺激时，他们通常会提到（或看着）母亲，并观察母亲的表情。他们往往对恐惧刺激有较低的痛苦反应，对喜悦和愤怒刺激有活跃的反应，同时通过参考和交换感受与母亲分享这些反应。相比之下，有消极依恋经历的婴儿往往不提及母亲，对恐惧刺激有高度的痛苦反应，并且不以活跃的方式表达快乐或愤怒的情绪。

当然，这表明依恋行为不仅与一个人与父母或主要照顾者之间的联系有关，这一点可以从婴儿看母亲、寻求帮助或安慰的倾向中看出，而且还与一个人更一般的情绪健康有关，这一点可以从婴儿是否以生动的方式表达快乐和愤怒以及他们是不是容易受惊看出。一个关键因素是他们对恐惧、快乐和愤怒刺激的情绪反应如何与他们对母亲的反应结合在一起。当婴儿遇到新的、不确定的或害怕的事情时，他们知道父母会提供支持、安慰和指导，因为父母以细腻敏锐、积极回应的方式照护他们的婴儿。他们可靠地从父母那里得到这些东西，因为他们的父母可靠地提供了这些东西。同样地，当他们遇到令人愉快的事情时，他们也会提到他们的父母，因为他们已经学会了分享和鼓励快乐而生动的表达。婴儿喜欢看到父母的微笑，就像父母喜欢看到婴儿的微笑一样，这些都是依恋行为的重要方面。

婴儿 6 个月时的依恋相关行为与其随后在广泛领域的发展之间存在重要关系。NFP 发现："6 个月大的婴儿在对恐惧刺激

（高反应性和低关注母亲）的反应中被归类为'易受伤害'（vulnerable），在对喜悦和愤怒刺激（低反应性和低关注母亲）的反应中被归类为'活力低下'（low vitality）。"在 21 个月和 24 个月时，婴儿的语言和认知发展不如表现出高情绪活力（高反应性和频繁关注母亲）的婴儿。（Olds et al. 2002：489）在 6 个月大时，与对照组相比，接受护士随访的母亲的婴儿在恐惧刺激下表现出情绪脆弱性的可能性较小，而心理咨询资源较匮乏的女性所生的婴儿在快乐和愤怒刺激下表现出情绪活力较低的可能性较大。21 个月时，护士随访的儿童比对照组的儿童（491 名）表现出语言延迟的可能性更小。这清楚说明了帮助父母在孩子出生后的最初几个月里为他们提供更细致、反应更迅速的照护所产生的深远影响。

依恋理论进一步证明，良好的父母照护在一个人的整个生命过程中有多么直接和看得到的后果，这是 NFP 的一个主要重点，它不仅寻求培养婴儿的积极依恋经验，而且还寻求解决母亲的消极依恋经验及其影响。依恋理论认为，共情能力和对他人的回应能力起源于我们的育儿历史，尤其是我们与依恋相关的经验。与一个关心他人、回应积极、细腻敏锐的成年人建立依恋关系，通常是让一个人成为一个细腻敏锐、回应积极的父（母）亲的关键。（Main、Kaplan and Cassidy 1985；van IJzendoorn 1995）越来越多的研究表明，我们与依恋相关的经验被嵌入在自我和他人的"内在机制模式"中，这些模式会产生情感交流和关系的风格，在压力下缓冲个体，或导致情绪调节的不适应模式和无价值感。依

　　　　　　　家庭美德：儒家与西方关于儿童成长的观念

恋理论家认为,"内在机制模式"的差异对母亲发展细腻敏锐和回应性关系的能力有着巨大的影响,尤其是与自己的孩子。(Olds et al. 1997：19)这意味着,影响童年早期依恋经验的关键之一是找到解决和修复父母负面依恋经验造成的伤害的方法。因此,依恋理论在三个主要方面影响了 NFP 家庭随访计划的设计,其中前两个明确处理了母亲的依恋历史和倾向。重要的是不要忽视这一点,因为它再次表明,NFP 的目标不仅是影响儿童,还包括他们的父母。该计划承认,通过预防性干预改变儿童的生活需要改变他们父母的生活。反过来,这种变化的前提是成年人有能力以显著的方式改变他们的态度和行为(即证明道德培养的能力)。

NFP 护士通过讨论母亲和其他主要照护者在童年时是如何受到管教的,并通过确认他们认为在抚养子女方面做得很好的父母(他们自己或其他人)来帮助母亲和其他主要照护者回顾自己的育儿历史。(Olds et al. 1997：20)三项试验中的护士随访者在越来越早的阶段引入了这些话题。在埃尔米拉的计划中,讨论从婴儿 8 个月大时开始,预计孩子会逐渐自由行动,这时可能会出现纪律问题。在孟菲斯的研究中,护士在第 6 个月左右引入了这些话题;在丹佛,他们开始在怀孕期间与一些家庭进行讨论。尽管由于不同的家庭有解决某些特定类型问题的意愿,因此需要一定的弹性,但护士随访者经常发现,在怀孕期间讨论这些问题有助于妇女和其他照护者对婴儿的动机和沟通方法形成更准确的看法。(20‐21)这一点尤其重要,因为照护人员发现,有未被满足需求和伤害性治疗历史的父母"往往对自己、他人和关系有扭曲的信念（工作模式或归因），这可能会干扰他们准确解读孩子的信号和他们自己的回应性养育能力"。（21）最重要的是，让母亲反思自己的经历（以及他人的经历）可以帮助她们认识到自己应该以不同的方式做事。然后，护士们会帮助女性学习其他的互动策略和方法。这是该计划的一个组成部分，这一事实表明了规范性反思对自身和他人经验的实用价值。

依恋理论为该计划产生影响的另一种方式是"在孩子生命的早期明确促进细腻敏锐、积极回应和亲密的照护"。（Olds et al. 1997：19）计划的协议旨在系统地展示婴儿如何通过非语言提示和哭泣行为进行交流，以及母亲和其他照护人员如何有效地阅读和回应这些提示。人们非常重视有效应对婴童早期情感需求的方法，因为正是在这种情况下，婴儿才会依赖父母。（21）认识到该计划的这一方面非常重要，三个试验中的每一个都将越来越全面的亲子课程纳入了该计划①。重要的是不要低估这一进程的长期影响；支持依恋理论的证据表明，父母和婴儿之间的早期关系为孩子成长的方方面面提供了基础：

> 能够与孩子共情，细腻敏锐地阅读和回应他们孩子的交流信号的家长不太可能虐待或忽视他们的孩子。而且他们

---

① NFP 计划促进母婴之间健康依恋体验的另一种方式是通过其与计划生育和避孕有关的教育努力。由于连续快速怀孕会影响母亲成功养育子女的能力，这会对孩子的依恋行为产生重大影响，同时也会影响女性的教育成就和劳动力参与。（Olds 2006：12）关于这些问题的研究，参见 Furstenberg, Brooks-Gunn, and Morgan 1987；Musick 1993。

　　　　　　　　　　家庭美德：儒家与西方关于儿童成长的观念

更有可能准确地阅读孩子的发展能力,从而减少意外伤害。有能力的早期养育与更好的儿童行为调节、语言和认知有关。随着孩子们进入小学早期阶段,积极回应的育儿方式可以提供一些保护,使他们免受压力环境和消极同伴的外化症状和药物滥用的破坏性影响。一般来说,不良的养育方式与儿童血清素水平低有关,而儿童血清素水平低又与应激诱导的神经发育延迟有关。(Olds 2010:52-53)[1]

尽管如此,虽然帮助女性回顾和反思自己的育儿历史,帮助她们学习促进细腻敏锐、积极回应的照护策略和方法产生了显著的影响,但是依恋理论影响 NFP 课程设计最重要的方式可能是课程中一个不那么明确的部分:护士与母亲培养的紧密、关怀的关系。具体而言,护士随访者旨在与母亲建立共情关系,并尽可能与其他家庭成员建立共情关系。这种紧密的治疗联盟的发展向母亲们表明:"积极的、关怀的关系是可能的。父母开始把自己看作值得支持和关注的人,进而认为她的孩子也应该得到支持和关注。"(Olds et al. 1997:19-20)[2]依恋理论的这一方面对 NFP 计划的影响如此重要的原因是,母亲避免重复她小时候遭受的忽视和有害行为的决心,以及她以细腻敏锐、积极回应的方式照护自己孩子的承诺在某些重要方面取决于她自己被照护的经验。

[1] 有关这些问题的研究,参见 Baumrind 1987;Hart and Risley 1995;Peterson and Gable 1998;Bremner 1999;Grant et al. 2000;Pine 2001,2003;Bremner and Vermetten 2004。

[2] 本章稍后将进一步讨论护士在 NFP 中的独特作用。

事实上，由于许多 NFP 母亲在始终如一的照护和支持关系方面缺乏经验，这可能是整个 NFP 计划最重要的方面。通过与女性的关系，护士们为好母亲提供的照护和支持树立了榜样，让母亲们亲身体验到以这些方式受到照护的感受。我们的目标是为那些在自己的童年经历过忽视和虐待关系的人提供一种"矫正"经验，不幸的是，在许多情况下，在她们迄今为止的整个生活过程中都经历了这种关系。在进行的每一项研究中，相当数量的母亲报告说，她们从未经历过从随访护士那里得到的那种始终如一的关怀和支持。许多人指出，随访护士对她们的关怀不同于她们自己的父母与她们的关系。(Olds et al. 1997：20)

父母的关怀行为与护士通过共情和关怀进入他们寻求帮助的人的生活方式之间有着重要的相似之处。NFP 报告称：

> 该计划过程的一个关键特征是护士和母亲之间建立了密切的治疗联盟。我们假设，这种关系使她们能够参与并理解彼此的世界。通过她们之间的关系，她们各自的社会系统之间的联系加强了该计划的力量，使随访护士的生命历程发展和照护发生了重大变化。(Olds、Henderson and Kitzman 1994：96)

护士不仅是教师，而且为如何照护提供了榜样或范例；她们给母亲们一种被照护的感觉，这触发了一种感激之情。像好家长一样，护士的行为表达了照护优先于权力和特权。因此，它们构

　　　　家庭美德：儒家与西方关于儿童成长的观念

成了她们试图从母亲和其他人那里获得的那种关系。由于受到了这些方式的照护,母亲们更倾向于将这种照护"回馈"给孩子,这不仅仅是因为看到了护士对婴儿的照护行为,还由于她们自身就是护士始终如一的照护和支持的接受者。

　　NFP计划的这一方面与早期儒家关于美德或道德力量(德)的观点产生了强烈的共鸣。正如我们在本书前面所看到的,一些早期中国思想家认为,人类有一种见贤思齐的倾向。护士在照护妇女时,会激发母亲以更大的愿望和能力来照护自己的孩子,这就是这种影响的一个例子。当然,在NFP计划中,护士和妈妈之间的关怀关系并不是灵丹妙药;其他形式的干预也是必要的,即使护士和母亲之间出现了养育、关爱的关系,女性仍然必须努力工作以改变自己。但是儒家观点认为道德行为源于其他人同样的道德行为,并且由于NFP计划的主要部分是护士与母亲建立关怀、共情关系的方式,NFP的研究结果为此观点提供了切实的证据。

　　由于是否雇用护士作为家庭随访者是NFP和其他不太成功的家庭访问计划之间的主要区别因素之一,因此需要进行一项以评估护士作为家庭访客是否比准专业人员(那些没有接受过正式专业培训的人)更有效的研究。(Olds et al. 2002)研究中的护士和准专业人员都在NFP计划模型中接受了相同的家访指南、培训和支持性监督。对于准专业人员或护士来访产生显著影响的大多数结果,包括母婴回应性互动,准专业人员产生的效果通常约为护士达成的效果的一半。事实上,护士对一系列孕产妇和儿童的结局产生了更显著的影响,在随访的家庭中辍学率更低,女性不在家的尝试性随访次数也更少。(Olds et al. 2000:136,2002:486,494)在讨论护士有效性的原因时,NFP引用了他们的临床经验,他们因在妇女和儿童健康方面接受正式培训而被视为权威的事实,以及公众对护士的评价,认为他们在所有专业人员中具有最高的诚信和道德标准。(Olds et al. 2002:494;Olds 2006:15)[1]然而,这种解释可以通过讨论与护理明显相关的美德来加强。对有助于护士在其职业中取得成功的性格特征以及护理提供独特机会培养的性格特征的描述,可能有助于我们更全面地了解使护士能够帮助改变高风险母亲的生活因素和其他群体的人。这样的讨论也可能揭示如何更有效地培养他人的这些美德[2]。

　　NFP研究的几个方面表明,早期儒家认为孩子对好父母在最早时期提供的独特养育和照护的反应是正确的。发展阶段是一系列其他道德(甚至智力)美德和能力的基础。正如我们所见,依恋理论表明,父母作为照护者的行为直接影响孩子的情感和道德发展。正如奥兹和他的同事所指出的,"依恋安全被认为是父母照护质量的反映,并和随后与同龄人的行为适应有关"。(Olds et al. 2000:135;see also Carlson and Sroufe 1995)依恋理论为儒家观点的一些重要方面提供了证据,包括认为亲子关系为一

----

① NFP引用了盖洛普2000年11月27日的"护士在诚实和道德调查中处于领先地位"的报告。参见 http://www.gallup.com/poll/2287/nurses-remain-top-honesty-ethics-poll.aspx。
② 关注与优秀护士相关品质的作品,参见 Kuhse 1997;Sellman 2011。另见 Noddings 2003:139。

个人的道德发展奠定了基础,并且这种基础大部分是在婴儿的最初阶段建立的。毫无疑问,依恋理论确立了这样一种观点,即父母在孩子童年早期的照护质量对孩子的发展具有独特且不可替代的重要性。

当然,在依恋理论或 NFP 研究结果中,没有任何一项必然表明,孝顺是源自对良好的父母照护的回应,尽管很明显,孩子确实寻求靠近他们的照护者,而且良好的父母照护促进了他们的情感、智力和道德发展①。尽管人们可以利用这一证据对孝道作出令人信服的解释,但也可以用其他方式描述孩子对父母良好照护的反应。儒家观点和依恋理论之间的另一个重要区别是,尽管NFP 关注亲子关系,《论语》和《孟子》反复讨论孝和悌,这表明兄长在童年早期道德发展中与父母一起发挥着关键作用。事实上,《论语》1.2 在讨论仁之"本"时,既包括亲子关系,也包括兄弟关系。尽管 NFP 积极鼓励其他家庭成员的参与,这是其生态理论应用的一部分,但干预针对的是有第一个孩子的母亲,依恋理论没有提供证据表明父母和兄弟姐妹扮演着类似的关键角色,正如一些早期儒家文本所暗示的那样。广泛的跨文化研究支持依恋理论,并肯定了儿童与母亲依恋经验的独特重要性,但兄弟姐妹在儿童道德发展中的作用是一个值得进一步考虑的领域,即使其最终与依恋理论无关。事实上,支持兄弟姐妹以及祖父母、阿姨、叔叔和其他家庭成员重要性的观点可能会在生态

① 这是一个非常值得进一步研究的领域。与对照组相比,了解更多关于受益于 NFP 的孩子对父母的态度和行为会很有趣。

理论中找到①。

　　本章研究的证据支持了早期儒家关于家庭在我们生活中扮演的关键角色的一些主张,尤其是父母在孩子的生活和道德发展中扮演的角色。这些证据突显了婴儿期和童年早期亲子关系的独特和不可替代的重要性,并向我们展示了在儿童生命的最初几周、几个月和几年中,细腻敏锐、回应积极的父母照护所带来的无与伦比的结果。正如儒家所说,即使在产前阶段,母亲的行为也会对孩子未来的发展产生巨大影响。这项研究支持儒家的观点,儿童对父母照护的回应是他们性格发展的基础。

　　儒家进一步认为,这些问题与政治问题无关,关于家庭、亲子关系和童年早期道德教育的讨论也不属于单独的私人领域。相反,正如许多儒家思想家所说,如何在儿童生命的早期支持和培养正确的亲子关系是创造和维持一个美好社会需要解决的最重要问题。本章研究的证据也支持这一观点,但正如我们将在下一章中看到的,我们在美国的政策和社会实践甚至还没有开始与证据相符。目前,美国用于儿童的大部分公共支出不是在童年早期阶段,而是在学龄期。美国是唯一不要求雇主为新父母提供带薪假的国家之一,与其他西方国家提供的带薪假相比,新父母的无

---

① 兄弟姐妹在一个人对自己和世界的观念中起着重要作用的观点得到了广泛认可,而"独生子女"的父母有时在帮助孩子从更广阔的角度看待问题、认识到并非一切都围绕着他们这一事实上也面临着独特的挑战。这些挑战是美国文化和中国文化共同关注的问题。事实上,由于"计划生育"政策导致中国独生子女数量增加,这是中国社会日益关注的一个领域。

薪假期非常短。这些以及我们公共政策中与父母和童年早期有关的许多其他方面,不仅从培养好公民和维持好社会的角度,还是从财政责任的角度来看,这些与证据告诉我们应该做的事情不一致。

现在,我们已经看到儒家关于亲子关系、童年早期和道德培养之间关系的观点是如何与众不同,以及这些观点的一些核心原则如何得到我们最好的科学的支持,一个重要的问题仍然存在。与上述挑战相关的儒家观点的建设性价值是什么?儒家观点如何能成为一种资源,让我们了解并加强对这些问题及其潜在解决方案的理解,以及我们不仅努力促进公共政策的变化,而且在我们自己的家庭、社区和我们所生活的更大文化中促进积极的社会变革?在本书的最后一章,我思考了这些重要的问题。

第六章　实践人文：儒家关于社会和 政策变革的资源

　　早期儒家关于亲子关系和童年早期道德培养的观点如何成为我们今天的建设性资源？我认为，儒家思想可以帮助我们重新考虑在一个美好社会中亲子关系的作用，如果我们认真对待儒家思想，我们将被引导支持某些类型的社会和政策变革。首先，我将讨论早期儒家对这些问题的观点是如何有助于当代政治哲学的讨论的，但在本章的剩余部分，我认为儒家观点可以作出超越理论讨论的贡献。我强调了文化态度和规范与公共政策一起在促进变革方面发挥的关键作用，并阐述了儒家观点如何成为我们在政策和实践中认真对待的独特资源，在孩子生命的最初几年亲子关系的核心作用。我关注的是一些具体领域，比如说，虽然美国应该强制要求新父母休一段长时间的带薪假，但新父母也必须明白，为什么在生完孩子后休一段长时间的假是重要和值得的,他们必须确信自己不会因此受到惩罚。新父母对这些问题的感受、态度和信念是由他们的家人、朋友、雇主和同事的态度与信念决定的,我认为儒家思想可以作为促进这一领域所需变革的有用资源。我进一步认为,这有助于说明人文学科如何成为促进社会与政策变革的重要资源。事实上,在论证早期儒家观点的当代相关性时,我举了一个例子,说明科学和人文如何以相互支持的方式结合起来,促进真正的变革。

父母、儿童和正义:儒家思想如何影响政治哲学的工作

约翰·罗尔斯(John Rawls,1921—2002)是 20 世纪最有影响力的政治哲学家之一,他强调了政治制度,尤其是正义原则(principles of justice)在解决三种不同的道德偶然(moral contingencies)导致的不公正形式方面应该发挥的作用。在罗尔斯看来,以下每一种偶然事件都以关键的方式塑造了公民的生活:

(a) 他们的社会出身阶层:他们在出生和成年之前成长于其中的阶层;

(b) 他们的自然禀赋(与他们的现实禀赋相对);以及受出身社会阶层影响而发展这些禀赋的机会;

(c) 他们一生中的幸与不幸,好运或厄运(他们如何受到疾病和事故的影响;以及,比如说,受到非自愿失业和区域

经济衰退时期的影响)。(Rawls 2001：55)①

罗尔斯认为,社会结构包含了各种社会地位,人们开始生活的社会地位并非他们自己选择的,也不是他们自己行动的结果。这些社会地位塑造了我们的希望和期待,我们实现这些希望和期待的机会部分取决于政治制度以及经济和社会环境。罗尔斯写道:

> 社会制度就使人们的某些起点比另一些起点更有利。这类不平等是一种特别深刻的不平等。它们不仅涉及面广,而且会影响到人们在生活中的最初机会;然而人们大概并不能通过诉诸功过来为这类不平等辩护。假使这些不平等在任何社会的基本结构中都不可避免,那么它们就是社会正义的原则的最初应用对象。(Rawls 1999：7)②

对罗尔斯来说,社会正义的概念意味着公民不应该因为并非出于自己的选择而面临的劣势而自动受到惩罚。当罗尔斯说公民为所有人的正义理想而努力时,他提出了一种他们都珍视的善——对自己的生活有选择权和控制权的善,以及不因偶然事件

---

① 罗尔斯的《作为公平的正义——正义新论》(*Justice as Fairness: A Restatement*)的中译本,我参考的是姚大志中译本,上海三联书店,2002 年,译文略有修改。——译者注

② 罗尔斯的《正义论》(*A Theory of Justice*,Cambridge,MA：Harvard University Press,1999)的中译本,我参考的是何怀宏、何包钢、廖申白中译本,北京：中国社会科学出版社,2001 年。

家庭美德：儒家与西方关于儿童成长的观念

导致的人生前景不平等而受苦的善。

　　在罗尔斯的整个讨论中，当涉及一个人能力的发展，包括道德能力的发展时，他不断回到出身的社会阶层去讨论，而不是一个人成长的家庭。的确，罗尔斯所讨论的道德偶然并不包括家庭，但它将是儒家可能关注的第一个，也是最重要的道德偶然[1]。当然，我们可以假设，罗尔斯在提到阶层地位时，意味着我们的生活前景深受我们出生家庭的阶层地位的影响，阶层地位确实对家庭的生活有重大影响。然而，很多情况下，一个人对其出生在什么样阶层地位的家庭并没有明确的意识，这标志着出生在一个社会中的个人之间的不平等比任何其他单一因素都更深[2]。此外，罗尔斯讨论的其他意外事件，包括天生的禀赋和一生中的好运或厄运，都是由我们的家庭戏剧性地塑造的。我们已经看到，有大量实证证据表明，母亲在怀孕期间的行为和经验，包括营养、药物滥用以及并发症的诊断和治疗，可以以非常重要的方式塑造我们的"天生禀赋"或出生时的能力。在许多情况下，生活中的好运或厄运都源于家庭，如果一个人在遭遇厄运时有一个支持和可以供养他的家庭作为安全网，那么厄运的影响肯定会大大减轻。当然，一个家庭的阶层地位也很重要，因为这决定了我们在遭遇厄

---

[1] 如需详细研究罗尔斯正义论的这些方面，并与《论语》中的观点进行比较，参见 Cline 2013a。

[2] 有很多研究支持这一点，包括 NFP 的发现。尽管 NFP 服务的家庭通常来自相同或相似的社会经济阶层，但他们之间仍然存在深刻而重要的差异，从基本生活条件、对儿童保育和父母责任的看法，到家庭动态和支持水平。事实上，在试验中，随访护士发现，家庭需求和力量的巨大差异构成了帮助家庭的最重大挑战之一。关于进一步的讨论，参见 Kitzman et al. 1997：102 - 103。

运时可以利用的财力。但重要的是,不能只从财务状况角度考虑家庭资源。NFP 的调查结果表明,即使家庭的财政资源仍然有限,其他方面也会有显著的改善。例如,该计划已被证明可以帮助高危家庭减少对公共援助的依赖,实现经济自给自足,但这并不意味着他们的阶层地位发生根本性转变。然而,在这些家庭中,父母对婴童早期细致而称职的照护往往有显著的改善,虐待和忽视儿童的情况也有所减少。后面几种品质不是以阶层地位来衡量的,但它们却以无与伦比的方式影响着孩子们的发展。

此外,正如我们所看到的,如果一个人希望解决不公正问题,家庭是一个更有效的干预环境。这里最重要的一点是,NFP 的发现实际上表明,从该计划中受益最多的是风险最高的家庭。这一点很重要,因为它表明,通过循证计划在家庭层面进行干预,特别是那些在出生前两年处理亲子关系的计划,在解决罗尔斯讨论的道德偶然事件以及由此产生的深刻不公方面,它比许多其他形式的支持更有效。现在,这对罗尔斯的"差别原则"(difference principle)产生了一些有趣的影响,因为它说明,当我们考察至少某些形式的基于证据的政策时,有经验证据支持罗尔斯的观点,即那些境况最差的人应该得到最大的帮助。NFP 调查结果一致表明,风险最高的家庭从该计划中受益最多。在这些情况下,该计划的经济效益也最大。这些数据支持这样一种观点,即应该接受此类服务的人是风险最大的人,因为它们表明,这些家庭实际上从干预中受益最多。反过来,针对此类家庭的童年早期干预措施对社会的益处最大,最重要的是社会的整体质量,比如犯罪率较低,但也因为财政节省,在理想情况下,这将使政府能够以其他方式将更多的资金投资于支持家庭。

不过,我想说的更重要的一点是,从儒家的角度来看,在处理道德偶然事件时,家庭应该是我们的首要关注点。它比罗尔斯讨论的任何其他道德偶然事件都更具基础性,也更具影响力,这可以从干预家庭生活对罗尔斯提到的其他偶然事件产生重大影响这一事实中看出。值得注意的是,正如我们在本书中所看到的,这也是童年早期经历中最有可能改变的方面。一个人绝对不能控制自己作为婴儿或童年早期出生时或被收养时的家庭,也不能选择离开自己的家庭;即使在那些罕见的选择疏远或遭受疏远的情况下,一个人仍然会经历早年生活在特定家庭中的后果。正如我们所看到的,这些后果对我们在情感、身体和道德上的影响都是巨大的。综上所述,这些因素使家庭成为我们在调查不公正根源时应该关注的最重要的道德偶然事件的绝佳选项。这并不是说我们不应该关注其他道德偶然事件;显然,那些因阶层地位或受伤或残疾而遭受苦难的家庭,应该得到各种形式的支持,以解决这些不利条件,而这些不利条件往往会导致普遍存在的不公正现象。阶层地位和社会经济地位也很重要,因为它们可以帮助我们确定哪些家庭最有可能从 NFP 这样的计划中受益。但是,由于一个人的阶层地位、禀赋以及生活中的好运或厄运所造成的不平等,都会被家庭深深地塑造、减轻或加深,此外,由于家庭(尤其是早年亲子关系的质量)比任何其他单一因素对一个人的总体生活能力有更大的影响,我们有充分的理由将家庭放在解决社会不公根源的任务的优先位置。虽然我曾在其他地方指出,罗尔斯对家庭的关注比他得到的赞扬更多,但在他的政治哲学的这一特定领域,以及当今大多数西方政治哲学家的作品中,家庭的作用都被忽视了。这代表了罗尔斯对正义原则应该解决的问题的论述中的一个缺陷,在这一领域,儒家不仅可以帮助我们对家庭在基本结构中的作用作出更合理的理论解释,而且可以通过循证政策加以支持和实施。我并不是说儒家观点为我们提供了所有答案;然而,它们可以作为一种建设性的资源,突出并努力改进政治哲学中有所欠缺之处。

现在,其他学者坚持认为,家庭应该在政治理论中占据更重要的地位,并详细讨论了其中的一些问题。例如,奥金(Susan Moller Okin,1946—2004)认为公正的家庭在社会制度中是第一位的,并且是公正社会的重要基础,因为它在维持正义中起着基础性的作用。(Okin 1991:17)[①] 她认为家庭最重要的事情是教导公正,包括性别平等(gender equality)。然而,正如艾文贺所说,奥金的观点的困难之一是,它将狭隘的自由主义社会议题强加于家庭,模糊了人们在家庭生活中发现的许多益处。(Ivanhoe 2010a)虽然家庭在培养许多不同的道德态度方面发挥着重要作用,但它们的存在并不仅或主要是为了促进正义、性别平等或其他特定的政治目的。正如我们在这部作品中所看到的,儒家观点与奥金提出的观点形成了对比。儒家认为,以家庭为特征的爱与

---

① 有关奥金作品的大量二手文献颇有帮助的介绍,参见 Satz and Reich 2009。

关怀为我们的道德发展奠定了基础。正是在支持性亲子关系的背景下，孩子们才第一次经验到，出于爱本身的被爱和被关怀意味着什么。根据我们研究过的一些早期中国哲学文献，这种经验激发了一种感激和欠恩（indebtedness）感，并开始渴望以这种方式回应他人——这一观点得到了大量社会科学研究的支持①。

儒家观点的这些方面为我们提供了很好的理由认为家庭是一种特殊的社会机制（social institutions），其独特之处在于建立在亲密、相互关联的人际关系之上，而这种人际关系是我们大多数道德能力的基础。（Ivanhoe 2010a）在本书中，我们看到有大量证据支持这样一种观点，即这不仅适用于儿童，也适用于父母；成为父母代表着一个通过加强个人的改变能力来进行修身的独特机会。与罗尔斯和奥金的观点相反，儒家的观点背离了正义的独特重要性或中心地位。虽然早期儒家的文献承认家庭帮助我们培养了一种最初的正义感，但这种能力只是在这种环境下培养的诸多道德能力之一。虽然有充分的理由认为正义感指导我们未来对社会其他成员的思考和关怀，但正义在我们早期的道德发展中并没有独特或基础性的地位。正如我们所看到的，父母提供的独特的支持、回应、养育和爱，以及儿童随后对他们所接受的照护的回应，在婴儿和儿童的早期道德发展中发挥着最重要的作用。儒家的论述强调了我们在家庭中的早期经验的这些方面，因此，他们提供了一种不把正义作为我们早期发展核心的论述模式。

---

① 正如我们所看到的，儒家的孝道观念以及德性观念在他们的观点中起着重要作用。

早期儒家观点与我们关于早期发展及其长期后果最好的科学密切相关,这一事实表明,我们有充分的理由质疑那些将正义置于家庭政治哲学和伦理讨论中心的观点。它还表明,家庭应该被视为一种特殊的社会机制,在社会的基本结构中起着绝对关键的作用。这意味着,并非所有与家庭有关的事务,尤其是与照护儿童有关的事务,都应被视为私人领域的一部分,而不应受到管理公共领域的各种法律与政策的干预。鉴于儒家关于这些问题的一些核心主张得到了循证方法的支持,政治哲学家应该给予作为社会基本结构一部分的家庭更多的支持和关注。具体地说,我们的社会和公共政策应该通过为家庭提供比目前更进一步的某种形式的支持。以证据为基础的政策(NFP 是一个很好的例子)表明,早期儒家正确地认为儿童发展早期的亲子关系是培养社会成员和更广泛地影响社会质量的独特且不可替代的机会。与任何其他社会机制相比,家庭代表着一个可以以真正不同的方式干预未来和当前社会成员生活的机会。在下一部分中,我将详细说明这种方法将支持特定类型的政策,但现在我想指出,在将私人和公共领域视为可渗透的领域,以及在赞同家庭是一种值得支持的特殊社会机制的观点时,我并不是说应该对家庭进行监视(monitor)、控制(regulate)和管制(police),也不是说我们的公共政策应该迫使个人就其家庭作出某些类型的选择。正如我将在下一节中指出的,早期儒家政治观点的一个显著特征是,他们明确反对强调法律和政策的方法。然而,我呼吁采取一种更为温和的观点,即家庭作为社会机制的独特作用会得到更多的支持。正

　　　　　　　　　家庭美德:儒家与西方关于儿童成长的观念

如我们将看到的那样,这种支持应该为希望作出培育和加强家庭关系与儿童发展的选择的家庭提供更多选择和更大的灵活性(例如,为新父母提供带薪假);它绝不会将体制强加给家庭或迫使家庭作出某些选择。不过,我们应该给家庭一些选择,帮助他们理解为什么善加使用这些选择是值得的。正如我将在下一节中所谈到的,这一过程不仅涉及某些形式的政策变革,还涉及我们的一些文化态度、信仰和实践的变革。

这里要指出的更重要的一点是,我们有充分的理由认为,培养亲子关系与创造以及维持一个美好社会的任务之间的关系比大多数政治哲学家对此的观念要更密切,早期儒家的观点可以为我们提供一种帮助我们扩大对我们应该如何根据这种关系看待社会基本结构理解的资源。不过,这不仅应该引起政治哲学家的兴趣;我们应该以更顺畅、更具渗透性的方式处理私人领域和公共领域之间的界限的一个原因是,在家庭环境中培养的相同美德,包括对他人的态度和行为,在我们作为更大社会成员的生活中很重要。儒家认为,我们对自己深爱的家庭成员的态度是我们与他人互动的基础。这些应该扩大我们的能力,以更同情的方式对待他人,并以反映这种态度的方式行事。尤其是亲子关系往往会以深刻的方式塑造我们对他人的看法和与他人的关系。有爱而细心的父母对其他受伤的孩子会尤其关怀,这源于他们对自己孩子的爱和关怀。同样,热爱并认可自己的父母为他们所做的事情的孩子,也会因为对自己父母的感情而对其他父母产生更强烈的担忧。这些是公民不可替代的能力,因为它们使我们能够更同情地理解我们的同胞,即使我们实际上没有关系。当看到一个失去亲人的孩子时,慈爱的父母会更愿意帮助孩子与父母团聚,因为他们知道自己的孩子也可能处于同样的境遇;当看到一对需要指导的老年夫妇时,孝顺的女儿会更愿意提供帮助,因为她知道自己的父母也可能处于同样的境遇。在这里我们可以看到孟子所描述的那种"推恩"(extension);一个人因为关怀自己的父母和孩子而更关怀别人。这个例子也说明了拥有某些美德是对我们的角色和关系的必要补充。并不是所有的父母和孩子都经验过这种"推恩";那些拥有一些与好的亲子关系相关的美德的人,比如孝顺,通常会有这样的经验。此外,这种类型的"推恩"有助于说明为什么道德和政治哲学不应该被分割开来,而必须像儒家主张的那样,相互影响和支持。

在回顾了儒家观点和奥金的观点之间的一些差异之后,将这种比较分析扩展到关系伦理将是有帮助的。儒家对这些问题的观点与当代关系伦理学家的观点有何不同?尽管奥金的工作指向了不同的方向,但通过阅读和学习当代女性主义哲学,我们难道不能获得儒家所提供的一些启示吗?对儒家和许多女性主义者来说,家庭在创造和维持美好社会中的关键作用并不是无关紧要的;它应该是伦理学家和政治哲学家最关心的问题之一。这意味着,我们可以从阅读他们的作品中获得一些相同的东西,因为他们要求伦理学家和政治哲学家认真对待这些问题。但正如我在第四章中所说,儒家关于亲子关系、童年早期和道德培养的观点与当代女性主义观点有着广泛而深刻的差异,虽然没有认真参

家庭美德:儒家与西方关于儿童成长的观念

与家庭角色的伦理学家和政治哲学家最初可能会听到所有这些关于家庭的说法都是一样的,但本书的目标之一就是鼓励哲学家们认识到这些说法的独特价值。正如对正义的不同论述有着重要的差异,对家庭的不同描述也有着重要的差异,它们同样值得政治哲学家们对正义等主题进行深入研究。

特别是考虑到当代女性主义和早期儒家思想在这些问题上的重要差异,我认为他们对家庭的共同重视不应该被视为对研究其中任何一种观点的价值的威胁。相反,当代女性主义者挑战当代伦理和政治哲学的一些相同特征的事实有助于表明,早期儒家和当代关怀伦理学家都没有讨论只与他们自己所处的时空有关的问题,他们也没有描述属于某些特定文化中的或完全与我们无关的价值观。这可以为他们引起其他哲学家注意的努力提供额外的支持。与当代哲学中的许多问题不同,这一系列问题并不是特定文化、社会或时代的反映。此外,有人可能会说,当代女性主义和早期儒家思想等不同观点都肯定了亲子关系的核心重要性,这一事实表明,在美国这样一个多元化的现代发达国家,在其中一些问题上有可能达成一致。这不是一个无关紧要的问题,因为它突出了我将在本章下一节描述的那种社会和政策变革的潜力。

政策变革,社会变革:儒家思想如何帮助改变我们对待家庭的方式

即使人们接受这样一种观点,即儒家关于亲子关系、童年早期和道德培养的观点能够以某些独特的方式对伦理和政治哲学的工作作出贡献和指导,人们可能仍然想知道,儒家的观点如何有助于在实践层面上为我们的社会带来变革这一更大的任务。在本书中,我为基于证据的公共政策辩护并提供了实证支持。那么,有人可能会问,为什么我们不能仅仅依靠我们所拥有的科学证据来推动这些领域的变革?为什么我们一定要寻找人文学科的资源,更不用说中国哲学了?儒家在这些问题上的观点可以帮助我们在促进真正变革的层面上实现什么?除了儒家哲学能为促进社会和政策变革作出什么贡献这一具体问题外,还有一个更大、更一般性的问题,即人文学科的哪些工作能为我们促进变革的努力作出贡献。我认为人文学科的人应该从事科学研究,特定领域的科学证据有时可以给我们提供充分的理由,让我们更认真地对待特定的观点,但人们可能会想,这是否会导致科学的特权化(privileging),那些致力于推动社会和政策变革的人往往不会将人文学科视为他们工作的资源,至少不会像科学作为他们的资源那样。在本章的这一部分,我将认为儒家关于童年早期道德培养的观点是一个说明人文学科如何能够加强科学工作,帮助促进社会变革的很好例子。儒家思想不仅可以支持在公共政策层面推动变革的努力;更重要的是,它可以作为促进社会变革的有益资源,正如早期儒家所说,社会变革是法律和政策变革的必要补充。

然而,我们必须考虑的另一个问题是,为什么我们应该关注其他文化中的资源以解决当代道德和政治问题,包括非常古老、不熟悉的文化。在本书中,我一直主张,我们应该关注早期儒家的家庭观,这不仅是因为我们在儒家思想中找到了比西方哲学和

　　　　　　　　　家庭美德:儒家与西方关于儿童成长的观念

宗教文本中更多、更丰富的资源,而且是因为儒家思想更符合我们现在熟悉的亲子关系、童年早期和道德培养。正如我们所看到的,早期儒家思想家就亲子关系在儿童生命早期道德发展和美好社会发展中的具体作用提出了一系列独特而微妙的主张。这意味着儒家思想家为NFP等项目提供了直接而有力的理论依据。此外,正如我所指出的,儒家传统带来了一套独特、特别尖锐和强大的故事、轶事和方法,以加强和鼓励对家庭及其在道德发展中的作用的道德理解。这些实例展示了家庭如何在我们的道德和政治生活中扮演这一角色,这些主题不仅存在于关于孟母的著名故事中,而且贯穿于中国传统的哲学、宗教、艺术和文学中。这些文献提供了实际的灵感和指导来源。与美国文化中关于这一主题的文献相比,儒家文献不仅更加广泛而坚实,而且还为我们提供了一个反思我们自己文化中的观念,以及我们持有自己观点的理由的机会。

例如,正如我们在本书前面所看到的,一系列早期儒家思想家坚持认为,社会变革始于(并存续于)亲子关系,但他们也指出,人们往往倾向于将遥远的事物视为变革的关键①。这种做法并不局限于古代社会。这种观点在美国的一个当代表达是倾向于对那些将多数人的需求(或努力实现"大多数人的最大利益")优先于他们特殊关系的需求的人的特别钦佩,尤其是他们的家庭需求。这有时会导致个人将工作生活置于家庭生活之上,因为他们

---

① 道在迩而求诸远,事在易而求之难。人人亲其亲、长其长而天下平。(《孟子》4A11)

觉得如果他们通过工作影响更多的人，与他们将要生的相对较少的孩子相比，他们的影响会更大①。但这仅以产生影响的数量来衡量，而事实上，我们还必须衡量一个人影响的深度和广度。在绝大多数情况下，父母对子女生活的影响的广度和深度将远远超过他们对他人生活的影响的广度和深度，尽管我们肯定有可能以有意义和深刻的方式影响他人，并受到他人的影响。例如，像马丁·路德·金（Martin Luther King, Jr, 1929—1968）和纳尔逊·曼德拉（Nelson Mandela, 1918—2013）这样的人的生命，我们中的大多数人都不会有这种广泛的影响。然而，我们大多数人都将有机会塑造我们孩子的人生历程，他们将成为什么样的人，他们将珍视什么，以及他们将如何回应他人和周围的世界。正如我们所看到的，有大量证据表明，父母对子女的影响是非常独特的，在深度和广度上都非常显著。在绝大多数情况下，没有其他人会在塑造我们的性格，包括我们的情绪健康和幸福方面发挥如此基础性的作用；我们的共情能力；我们的智力和生活能力；以及我们对生活和遇到的其他人的总体态度。这对父母来说是非常有意义的工作。几乎没有人能像领导民权运动那样伟大，但我们可以帮助建立一个伟大的家庭。

然而，在我们的文化和社会中普遍存在的态度、信仰和实践

---

① 当然，许多人之所以愿意花更多的时间与家人一起工作，仅仅是因为他们想赚更多的钱和/或想晋升到一个更有声望、更有影响力的职位。这些动机，比如认为最好为最多的人促进最大的利益的观点，反映了某些类型的态度和信念，这些态度和信念导致个人最小化家庭优先的重要性。在本章后面的部分，我认为我们有充分的理由在这些领域进行变革，但这些态度、信念和实践不能简单地通过法律或政策变革来解决。

并没有反映出人们对亲子关系的独特和基础重要性的认可。尽管许多美国人(如果不是大多数人的话)都会同意,好母亲和好父亲以及有爱心的儿子和女儿应该得到更多的赞扬,但人们并不普遍倾向于对好母亲和好父亲的故事怀有特别的敬仰,并从中寻求道德启示①。事实上,我们常常钦佩那些将促进社会和政治变革的努力置于与家人共度时光之上的人。这种优先顺序往往被视为令人遗憾,但是值得称赞的是,当个人作出这样的选择时,往往被视为他们对他人特别关心的标志,并愿意为了更大的利益牺牲自己的个人关切。这些观点中特别有趣的是,照护孩子被视为一种"个人"关心或偏好,而不是像儒家所坚持的那样,(将照护孩子视为)牵涉到对他人的重大牺牲和投入,或服务于社会的更大利益。这种假设似乎是认为,人们更容易照护自己的孩子,这样做符合个人偏好和愿望,而为他人谋福利则更难,而且涉及一种"无私",因为这与个人的欲望和喜好不符。然而,这种观点显然存在缺陷。好的父母绝不关注自己的个人愿望和喜好;事实上,这正是细腻敏锐、回应积极的父母与同龄人的典型区别。好的母亲和父亲经常为了孩子的幸福而放弃和牺牲自己个人和职业的需求与愿望,这样做很少会赢得帮助很多人时所带来的关注和赞扬。此外,那些长期与家人一起选择人道主义工作的人没有做他们个人希望做的事情的假设是有问题的;这些人作出了个人选择,将

---

① 例如,考虑一下甘地(Mohandas Karamchand Gandhi, 1869—1948)、特蕾莎修女(Blessed Teresa of Calcutta, 1910—1997)、马丁·路德·金、施韦泽(Albert Schweitzer, 1875—1965)和曼德拉被广泛认为是道德灵感来源的原因。

他们的时间和精力奉献给某些事业。虽然他们可能有相互冲突的愿望，并对错过与家人相处的时间感到后悔，但暗示他们没有按照个人的愿望和偏好行事，并不能准确描述影响我们生活选择的复杂动机和愿望。

如今，在中国古代找到这类范例并非不可能。正如我们在本书前面所看到的那样，据说早期儒家和墨家都非常推崇的圣王大禹为了治服肆虐大片土地的洪水，离开了他的家人好几年。尽管他的行为无疑造福了最多的人，并且被认为是有道理的，但是儒家文本仍然强调了这对他的家庭造成的损失，这在大禹的妻子涂山氏的传记中可以清楚地看到。事实上，尽管儒家肯定钦佩那些为更大的利益而牺牲的人，他们往往把这些利益理解为人性的表现，但他们也对好父母和好孩子深表钦佩，这就是为什么甚至今天在整个东亚有更多将好母亲、好父亲、好儿子和好女儿们视作灵感源泉的故事。正如我们所看到的，在流行的成语"孟母三迁"中时常提起的孟子母亲的故事就是一个著名例子。相比之下，在美国文化中，这种著名的成语故事相对较少。这种差异是儒家观点可以作为一种新的有用资源的另一个原因，即可以帮助我们重新考虑我们对家庭的态度，并在政策和我们自己的日常生活中创造更具建设性的家庭观。

还有其他的原因让我们认为儒家思想是我们在这方面特别好的资源。正如我们所看到的，儒家传统包含丰富多样的资源，可以帮助我们探索并努力理解家庭的重要性。早期儒家思想中关于家庭的许多哲学讨论都非常容易理解，不仅哲学家可以阅读与认可，更广泛的读者也可以阅读与认可。这在一定程度上是因为它们往往伴随着说明性的故事和轶事，以高度个人化的方式吸引读者。这也是因为许多早期中国哲学家更感兴趣的是带来治疗效果，而不是证明一个理论观点，这导致他们在教学和写作时接触到听众，帮助他们反思自己的态度、感受、信仰和实践。例如，艾文贺认为，孟子使用"思想实验"（thought experiments）作为让读者反思自己的感受和经验的一种方式：孟子"援引假设性情景，然后让我们想象如果获得这些条件会发生什么"。（Ivanhoe 2000a：19）例如，为了论证自然道德情感的存在，孟子告诉我们想象一个人突然意外地看到一个孩子即将掉进井里，并问我们这个人是否会因为对一个无辜的孩子的真诚同情而感到震惊和担忧（"今人乍见孺子将入于井，皆有怵惕恻隐之心"）。

这种道德思想实验的一个有趣方面是，如果孟子是对的，我们所有人在思考这个假设情景并反思它时，都会富有想象力地体验我们自己的道德萌芽。也就是说，我们将感受到一种"不忍人之心"的感觉，这证明了我们自己对人类同胞的同情。孟子会鼓励我们在修身上迈出第一步。（Ivanhoe 2000a：19）

同样，正如我们在本书前面所看到的，其他早期儒家文本充满了引人入胜的故事、轶事，以及对日常生活中的方法和经验的描述。当然，对于当代读者来说，由于时空的不同，这些故事有时可能很难理解，但早期儒家文本真正不同寻常的是，即使在当代西方背景下，读者也能阅读他们的文章，不仅能理解他们正在努力传达的很多内容，而且发现他们能够让人信服。许多儒家故事和轶事都有一种独特的性质,使它们具有广泛的可及性和吸引力,这种性质使它们与西方哲学史上出现的许多作品(尽管肯定不是全部)不同。这种性质不仅可以追溯到早期儒家文本的书写方式及其作者和编者的目的,还可以追溯到这样一个事实:事实证明,早期儒家在他们主张的一些事情上是正确的,包括他们对亲子关系在美好生活和美好社会中的作用所说的很多话。这与我已经提出的理由相结合,构成了我们应该把它们作为一种潜在资源,帮助我们重新思考并努力重塑我们自己社会中与家庭有关的态度、信仰、做法和政策的进一步理由。

我认为儒家思想可以作为一种建设性资源来帮助促进这一领域的社会和政策变革的论点,当然是基于这样一种主张,即有必要改变我们与父母相关的观念、实践与政策——亲子关系、童年早期和家庭在美好社会中的作用。我提出了相当广泛的经验证据,证明亲子关系,尤其是在童年早期,是我们道德发展独特和不可替代的环境,这在许多方面对社会的质量和成功有直接影响,但重要的是要了解美国文化和社会目前在多大程度上不承认这一现实。我的意思是,如果我们关注与父母、孩子和童年早期生活相关领域的公共政策,并且如果我们审视我们社会成员中关于亲子关系在儿童生命的最初几年中的角色的广泛态度、信仰和实践,我们找不到与我们最好的科学告诉我们相一致的观点、做法和政策。很多例子表明,亲子关系的关键作用在美国的法律和公共政策中并未得到充分承认或认真对待。目前,美国儿童方面的大部分公共支出发生在学龄期,以小学和中学、刑事司法、青年就业和其他青年项目的支出形式出现。(Karoly，Kilburn and Cannon，1998：108；Isaacs 2009)联邦法律只要求雇主为新父母提供 12 周的无薪假，并且由于法律规定的资格要求，只有大约 60% 的美国雇员符合资格①。这些例子并没有反映出这样一种观点，即儿童生命早期的亲子关系是美好社会的基础，虽然我们有大量的科学证据表明这些关系是多么重要，尽管最近童年早期项目的资金有所增加。

尽管许多美国人(如果不是大多数的话)会说，他们知道亲子关系在一个重要的方面是我们的基础，童年早期在发展方面尤其重要，但这些观点并没有反映在我们的政策中，也没有反映在我们文化中普遍存在的态度和做法中。正如我将论证的那样，这两个领域密切相关：在许多情况下，人们无法将更多的时间花在孩子身上，因为他们的雇主在孩子很小的时候不给他们带薪假，也没有为他们提供反映对亲子关系重要性的理解的后续调整。此外，与工作相关的成就以及它可能带来的满足与回报的文化态度和信念有时会导致人们决定将更多的时间用于工作而不是家庭。事实上，将婴童送入全日制日托是一种普遍的做法，而且这种做法得以延续：人们更有可能接受自己的大家庭和朋友所接受的选择。同样，这些因素都不是孤立的。对于许多家庭来说，除了让他们的孩子接受全日制日托之外别无选择，因为请假在经济上

---

① 有五个州提供的产假超出了联邦法律的范围：加利福尼亚州、夏威夷州、新泽西州、纽约州和罗得岛州为生育后的妇女提供部分工资补偿。只有大约四分之一的美国雇主提供任何形式的全薪产假。参见 Ray，Gornick and Schmitt 2009。

是不可行的。从长远来看,这也可能对一个人的职业生涯有害。此外,当然,许多婴儿和儿童在日托班表现得很好,因此许多家庭可能并不认为这是一个紧迫的问题。然而,我感兴趣的问题是,我们如何优化在孩子生命的早期培养亲子关系的资源,因为我们知道这是非常值得的投入。因此,问题不在于如果父母没有(或不接受)一段长时间的带薪育儿假,孩子们是否还能茁壮成长,而是在于大多数情况下,考虑到所有因素,如果这一选择真的存在,并得到所有人的支持,不仅包括父母,还包括他们更大的支持网络和社会环境,对所有参与的人来说都会更好。如果我们大多数人确实已经"内心深处"知道生命早期的亲子关系具有独特且不可替代的重要性,那么早期儒家观点具有当代意义的方式之一就是它们可以帮助我们认识和说出我们自己的道德情感隐含地告诉我们的东西,并促使我们努力确保我们的公共政策以及我们的态度和日常生活更准确、更有效地反映这些情感。

正如我们在本书前面所看到的,早期儒家思想家认为,一个社会仅仅通过法律和政策来解决问题是不够的。借鉴儒家传统的这一方面,我的论点不是我们应该主要或完全关注与童年早期和家庭有关的公共政策改革,而是这些努力应该与促进社会变革的努力相平衡和补充——可以见之于我们日常生活中的态度、信仰和实践中。可以肯定的是,社会变革非常难以实现,因为它涉及改变公民的思维和行为方式。确实,正是由于让人们反思和重新考虑自己的观点所涉及的挑战,人文学科的资源在社会变革中发挥着重要作用。科学也为我们努力理解在我们生命的早期阶

家庭美德:儒家与西方关于儿童成长的观念

段亲子关系的重要性带来了许多所需的东西。经验证据是我们努力改革政策和促进社会变革的必要指南。然而，由于我们的观点和实践在很大程度上受到文化的影响，因此利用科学和人文学科的资源来实现不仅包括我们的公共政策，还包括各个家庭的观点和实践的变化也将是有帮助的。在这个过程中，儒家思想可以作为一种新的、重要的、高度独特的资源。在儒家思想，以及更广泛的人文学科丰富多样的著作中，我们发现文本以生动的方式吸引我们的心灵和想象，促使我们反思自己和我们在世界上的存在方式。我们需要公民重新考虑他们对孩子生命早期重要性的看法，以及在这些早期阶段，正确的父母照护方式可以深刻的、切实的方式影响一个人的整个生命过程。我们在早期儒家文本中发现的各种故事、轶事和具体方法可以对这一过程作出重要贡献。

我的论点并不是说为政策变革而努力和为社会变革而努力是完全独立的、互不关联的。相反，它们是相辅相成的。正如法律和政策通常有助于促进社会变革一样，公民态度、信仰和实践的转变可以促进政策变革。在下文中，我提供了一些社会和政策变革的具体例子，我认为早期儒学关于亲子关系和童年早期（以及我们最好的科学）的观点支持这些例子。我还描述了儒家思想如何成为推动这些领域变革的有益资源。我的目的不是全面概述与家庭有关的需要社会和政策变革的领域，而是提供一些例子，说明儒家观点和经验证据所推荐的变革类型，以及儒家思想可以如何加强我们在这些领域促进变革的努力。

支持和加强护士与家庭的伙伴关系

一个认真对待早期儒家思想家提出的观点并致力于将其应用于当代语境的人将坚持认为，我们应该投入更大比例的资源和关注，不仅要用于儿童方面的支出，还要用于预防性干预，特别是关注亲子关系和儿童生命的最初几年，甚至产前时期。正如我们所看到的，NFP 是这类高效计划的一个代表性例子。与 NFP 调查结果相关的证据，包括影响公民生活质量及其成为社会贡献成员的愿望和能力的短期与长期利益、财务与质量利益，表明我们的社会作为一个整体，将从该计划的投入中以多种方式受益。NFP 是一种值得大力支持的计划模式，因此它可以服务于更多已被证明从该计划中受益匪浅的家庭，并且该计划可以在必要时加大力度。

法学家和立法者，以及我们的公民同胞，需要看到像 NFP 这样值得投资的项目，对早期儒家思想家关注的质量问题的讨论可以进一步加强传递该计划价值的努力。虽然该计划的科学和经济评估数据可以帮助我们了解该计划带来的可量化差异，以及为什么投资该项目具有经济意义，在人文学科（如儒家传统）中发挥作用，可以帮助我们更充分地理解 NFP 给家庭生活带来的质的变化。该项目不仅帮助家庭减少对公共援助的依赖，减少他们与少年和刑事司法系统的接触，尽管这些都是重要的结果；它的作用远不止为政府节省资金，尽管这是衡量该计划有效性的一个指标。然而，NFP 最重要的成就是它帮助家庭过上更幸福、更令人满意和道德上更好的生活。当然，这种差异部分是由于该计划在经济自给自足等领域的数量差异造成的,但该计划的成就不能归结为其成功的这些可量化方面。为了充分了解该计划的价值,我们需要了解它不仅在家庭物质生活条件方面,而且在参加该计划的父母和孩子的整体生活质量方面所带来的差异。

我们在此可以看到一个例子,说明人文学科和科学如何以相辅相成的方式合作,解决当今美国等地社会面临的一些问题。NFP 已经带来了多个鼓舞人心的成功故事和有据可查的统计数据,以支持我们对该计划的投资。单是这些就足以让法学家、政策制定者、立法者和其他公民相信该计划值得我们支持。然而,获得支持和努力改变政策的任务是具有挑战性的。我的目的只是想表明,儒家思想中有富有成效、有益的资源,可以帮助我们思考在一个美好社会中亲子关系的作用,以及故事、轶事,儒家传统带来的方法有可能通过为 NFP 等计划提供进一步支持,以有利于促进变革的方式赢得人心。儒家传统的资源可以增强现有的努力,向法学家、决策者、立法者和其他公民传达在儿童生命的最初几年投资于亲子关系的重要性。儒家资源可能会加强或促使我们更深入地思考支持 NFP 这样的项目的原因,从而为我们的观点提供更多的力量。人文学科的一系列其他资源也可以用来帮助我们完成这一过程,包括写过关于家庭在社会政策中所起的作用的伦理学家的著作。当然,NFP 的发现及其理论基础必须是这些努力的主要焦点,但儒家传统的资源可能会起到支持作用,帮助公民意识到我们有充分的理由支持 NFP。

在某些方面,儒家观点也有可能成为与 NFP 相关的建设性资源。计划发起人奥兹指出，该计划希望在某些领域改进和扩大其努力。（Olds et al. 1997：23）在孟菲斯试验中，NFP 研究了随访者面临的常见挑战，发现许多挑战源于护士努力满足家庭的独特需求，同时满足该计划的广泛目标。（Kitzman et al. 1997）塑造家庭独特需求的诸多因素之一是他们的文化背景，而 NFP 在考虑文化影响和差异方面有着出色的记录。例如，为了完善孟菲斯非裔美国人家庭的计划模式，NFP 依靠非裔美国人家庭生活奖学金（scholarship on African American family life）、国家项目咨询委员会（National Program Advisory Committee）、当地社区咨询委员会（Local Community Advisory Committee）、参与者焦点小组和参与者个人反馈。同时，培训课程强调，并不是所有的东西都可以提前学会，因为在特定种族和阶层的家庭中存在着很大的多样性，护士必须在工作过程中努力了解各个家庭的价值观、目标和需求。（Kitzman et al. 1997：97）儒家思想可能成为 NFP 有用资源的一种方式是与亚裔美国家庭合作。那些在东亚和东南亚有民族根源的人拥有深受儒家价值观影响的文化传统，早期儒家对亲子关系和家庭的观点将是与这些文化背景的家庭一起工作的护士随访者的丰富资源。事实上，正如我们在本书中所看到的，儒家传统中的许多故事和轶事广为人知，为许多东亚血统的父母和家庭提供了灵感。因此，除了帮助随访护士更好地了解东亚家庭的文化背景外，儒家传统中的一些具体故事和轶事可能会成为随访护士明确加以利用的潜在资源。此外，NFP 将继续探索该计划在其他国家的潜力，如果 NFP 将其产品扩展到

　　　　　　　　　　家庭美德：儒家与西方关于儿童成长的观念

东亚部分地区,儒家思想将成为了解和解决东亚家庭独特需求和挑战的丰富资源。

新父母休假、母乳喂养支持和产前护理

如果我们认真对待 NFP 的研究结果和该计划的理论基础告诉我们的内容,那么我们将看到我们的政策应该在一些关键领域进行改革。事实上,NFP 的研究结果可以作为进一步政策改革的有用指南,因为 NFP 家庭遇到的一些困难是我们整个社会家庭遇到的更普遍的问题。新父母重返工作或学校所面临的挑战就是一个很好的例子。正如 NFP 的报告——

> 正如所预期的那样,有时母亲们无法同时解决她们的照护责任以及她们在学校、工作和家庭生活中的个人目标。重点关注哪个目标是护士们最关心的问题。例如,对于青少年,护士是否应该将精力集中在帮助青少年重返学校上,因为她知道早期与婴儿分离可能会妨碍她们充分参与照护婴儿并充分发挥母亲的作用。在老年妇女的职业培训或就业目标方面也存在类似的紧张关系。当家庭义务进一步使有关优先事项的决定复杂化时,这些紧张局势就加剧了。即使对拥有大量个人、社会和物质资源的女性来说,同时兼顾照护幼童和上学或工作也是一项挑战。鉴于资源有限,该计划中的许多年轻女性面临的挑战更大。(Kitzman et al. 1997: 104)

在这一领域,我们的法律可以通过强制所有希望休带薪育儿假的新父母休假,从而对家庭生活产生重大影响。显然,许多NFP母亲面临着不同的挑战,比如失业、参加职业培训项目或仍在读高中,而这些情况需要获得形式更加具体的支持。但带薪育儿假将是一个良好的开端。大多数其他西方社会做得比美国好得多,不仅仅是因为他们要求雇主为新父母提供带薪假;他们还提供了更长的假期,这与经验证据告诉我们的有关父母和孩子在孩子生命的最初几周、几个月和几年中建立的关系的信息更为吻合。美国在世界范围内是不寻常的,因为它不强制规定带薪育儿假,在西方国家(尤其是欧洲国家)也是不寻常的,因为育儿假的期限很短(12周)。英国为母亲提供39周的带薪假;瑞典为母亲和父亲提供16个月的带薪假。这些例子很重要,因为它们表明国家可以有更好的政策[1]。

如果我们认真对待证据告诉我们的关于儿童生命早期几周和几个月的信息,以及在这些早期阶段投资于亲子关系质量的方式,不仅对个人和家庭,而且对更大的社会来说,将转化为各种各样的商品,我们将支持更长时间的法定带薪育儿假。在美国,有三分之二6岁以下孩子的母亲在外工作。(Bok 2010:150)然而,尽管有这些数字和大量证据表明育儿假的重要性,但美国有

---

[1] 我想强调的是,我并不是说我们应该效仿东亚国家在这方面的法律和政策。在育儿假政策方面(包括产假长度和除产假外的育儿假),欧洲国家往往比东亚国家做得更好。一些东亚国家的文化因素部分解释了这种差异。例如,在中国,人们普遍预期祖父母将为婴儿和儿童提供家庭照护。关于妇女平等和妇女待遇的观点和标准也有助于解释规定有相当长一段时间带薪休假的国家与没有规定带薪休假的国家之间的差异,这是美国在这方面远远落后于其他国家的另一个可耻原因。

　　　　　　　　家庭美德:儒家与西方关于儿童成长的观念

关育儿假的法律尚未改变。正如德里克·博克（Derek Bok）所
指出的——

美国在鼓励父母和新生儿之间的互动方面尤其落后，研
究表明，这种互动对孩子的后期发展至关重要。大多数有工
作的父母在孩子出生时都希望休假，但美国是唯一一个不要
求雇主提供带薪育儿假的发达工业化国家。此外，它只允许
休假 3 个月。与美国形成鲜明对比的是，其他高度发达的工
业化国家平均需要 10 个月的带薪育儿假，而斯堪的纳维亚
国家实际上提供 18 个月到 3 年不等的育儿假。美国没有令
人信服的理由不效仿这些案例——坚持让所有家庭休至少
6 个月的带薪育儿假。这一要求将把父母和婴儿的福祉置
于其他发达国家没有说服力的、令人质疑的加重商业负担和
阻碍经济增长的说法之前。（Bok 2010：146）[1]

博克在这里提出的一个重要观点是，美国有一种强烈的倾
向，即我们对法律和政策的支持基于其促进经济收益的潜力。事
实上，为旨在改善美国父母和孩子生活质量的计划提供理由时，
无论是从他们的物质生活条件还是他们的整体幸福和福祉方面，
都有一种强烈的倾向，即关注这些计划在财务上是不是"良好投

---

[1] 如需进一步讨论，请参阅 Waldfogel 2001：99。关于美国带薪育儿假的财务可行性
的论据，参见 Heymann and Earle 2009。我将在本章后面讨论这个问题的财务
方面。

资"。因此，在讨论各种形式的法律和政策变化时，考虑的主要问题通常包括是否会在经济上有"投资回报"，如果会，需要多长时间才能看到回报。投资于旨在改善家庭生活的计划所节省的资金往往是立法者和决策者为此类计划提供资金的主要理由。显然，这些问题需要成为是否投资任何计划的讨论的一部分；政府应该是公民税收的好管家，并对预算问题负责。但计划的财务价值不应该是立法者和决策者关注的唯一或主要问题。我们还必须考虑公民的生活，包括他们的幸福和全面繁荣的方式，可以通过特定的法律和政策与个人的生活质量对整个社会的后果来改善。育儿假的问题凸显出，当一项计划的财务价值成为其社会价值的主要决定因素时，育儿假对社会的危害有多大。事实上，主要是对促进经济增长的担忧，而不是对儿童及其父母福祉的担忧，导致美国在育儿假方面采取落后的政策。

人文学科在创造和维持一个美好社会的任务中可以发挥的独特作用之一是提醒我们不要忽视与人类繁荣有关的事情，而要为经济利益着想——在资本主义如此强烈地塑造的文化和社会中，这可能是一种特别强烈的诱惑。在计划上投资缺乏人文或定性原因，是人文资源（比如儒家传统中关于亲子关系的资源）能够增强我们推动法律和政策变革以及社会变革的努力的原因之一。这并不是说这些原因与一个社会的整体福祉，包括其财务福祉脱节；正如我们在这项工作中所看到的，例如，在儿童生命的最初几年，支持性的亲子关系与经济自给自足和较低的监禁率等因素之间存在直接关系。但是，我们不应该仅仅或甚至主要基于童年早

　　　　　　　　家庭美德：儒家与西方关于儿童成长的观念

期干预计划将有助于我们降低刑事司法和监狱系统的支出而主张对其进行投资。我们应该反思、主要由改善我们公民的整体生活质量和幸福感的愿望所驱动，并提出理由。博克指出，育儿假可以做到这一点的方式很明确，"如果父母可以休足够长的带薪育儿假，他们可能会在工作的必要性和恰当照护婴儿的愿望之间感到不那么痛苦"。（Bok 2010：146）这将增加父母的总体幸福感和满意度，家庭也将过上道德上更好的生活。他们将能够充分体验和认同在孩子成长的最初阶段能够每天照护孩子所带来的丰富多样的好处，父母也将受益于成长和道德发展的机会，这些机会来自对父母的要求和挑战的回应。也许最重要的是，正如我们在本书中所看到的，培养型、支持型的亲子关系给孩子带来的好处是无与伦比的，对孩子发展的几乎每个方面都有影响。如果父母在孩子生命的最初几周、几个月和几年里有更多的机会培养与孩子的关系，这些好处将得到加强。而这些好处反过来又会传递给社会，不仅体现在青少年和刑事司法等领域的财政储蓄上，而且体现在更健康、更幸福、更有共情心、更能反思自己和周围世界的公民身上。后者对个人和社会都有好处，这与改善入学准备等方面有关，这些方面可以帮助儿童从教育中受益，使他们成为更好的公民。

除了强烈关注法律、政策或计划的经济价值，有时甚至完全关注法律、政策或计划的经济价值，立法者和公民还表现出抵制循证政策的倾向。例如，禁止在开车时使用手持手机以及将"免提"手机作为替代品的法律激增就是明证。证据表明，免提手机不会显著降低驾驶时使用手机的风险，因为风险的来源是分心。

(e.g.，Strayer、Drews and Johnston 2003)在这个例子中，立法者似乎正在接受允许使用免提设备的立法，因为他们的选民(包括手机行业和公民个人)会更喜欢这个选项，因此他们的立法者也会更喜欢这个选项，而不是严格禁止开车时使用手机。尽管这种立法方式并不罕见，但却是危险的。但在这里，我们可以看到人文学科可以在法律和政策制定方面为政治进程作出贡献。必须让公民反思他们的态度和信仰，以及他们与手机使用相关证据的关系。对故事和轶事的批判性反思在这里发挥着重要作用：公民需要反思那些因手机相关事故而失去亲人的人的故事，以及那些为了接电话而意外杀害或致残他人的故事，他们需要了解，通过他们的行动，他们可以在多大程度上增加或减少此类事故的发生率。也许更重要的是，公民应该反思自己需要随时使用手机的原因：这是否反映了上级、同事和客户的不合理(有时是危险的)期望？它是否反映了对工作的不健康的依恋，或是试图在不与爱人实际在一起的情况下"出现"在爱人的生活中？还是仅仅反映了一个人养成的习惯，因为这是一种方便、省时的办法？反思这类问题只是第一步，但这是帮助公民改变行为过程中重要的第一步，这种反思不仅有助于创建一个更安全的社会，还可以帮助人们找到改善生活质量的方法，他们与他人相处的时间，以及他们平衡工作和家庭需求的方式。人文学科是一种丰富的资源，有助于培养公民进行此类反思的技能，以及他们改变的意愿和能力，并可以增强科学提供的证据，所有这些都是为了鼓励公民过上更安全、更富裕的生活。

在某些方面,说服立法者和公民有必要休带薪育儿假应该比说服他们有必要禁止开车时使用手机容易,尽管大量经验证据支持这两种立法。这是因为一般人认为亲子关系从根本上是重要的,这并不是大多数人都会反对的观点。经过深思熟虑,几乎所有人都认识到父母在重要的方面塑造了我们。因此,取而代之的是,为这类立法争取支持的挑战可能主要是财政方面的,因为人们担心政府对雇主的补贴可能会导致更高的税率。然而,有很好的证据表明,拒绝给员工带薪的新父母假期实际上不会带来长期的经济收益。相反,提供良好的工作条件,包括各种形式的带薪休假,会使各国在经济上更具竞争力。(Heymann and Earle,2009)[1]此处,关注证据可以帮助我们作出更好的法律和政策决策。此外,关于带薪休假有多种可供选择的方案,我们可以在许多国家寻找实际的政策和成果来指导。例如,不同的国家提供了与育儿假有关的员工工资的不同百分比,以及不同的假期长度[2]。

对强制带薪育儿假的抵制可能还与这样一个事实有关,即不是每个人都能立即看到他或她个人将如何受益,但尽管我们中没有人能从管理工作场所的所有法律和政策中受益,但我们中的大多数人都以各种方式受益,而我们并不完全了解这些方式。例如,保障安全的工作条件和政策,防止基于种族背景、种

---

① 我并不是说,因为会带来经济收益,我们就应该强制要求带薪育儿假。相反,我要指出的是,实证依据并不支持带薪育儿假对一个国家在经济上不利的观点;因此,拒绝规定的带薪休假并不是一个很好的理由。

② 瑞典以工人工资的 80% 提供 16 个月的育儿假,而加拿大以 55% 提供 17 周;日本以三分之二的工资提供 14 周。任何向这些国家政策方向迈进的改革都会对美国家庭的生活产生巨大的影响。

族,或者性别为我们大多数人提供了祖父母(甚至父母)所不具备的福利①。但有些人可能也怀疑,在孩子生命的最初几周和几个月里,父母的照护是否真的有必要,或是否比日托更优越,从而使这样的投资物有所值。除了支持育儿假的经验证据外,儒家观点还可以作为帮助立法者和公民反思这些问题的一种资源。正如我们所看到的,NFP 和早期儒家哲学的理论基础都强调了在儿童生命的早期,支持性亲子关系的独特和不可替代的重要性。除了帮助立法者和公民理解,经验证据确实支持这样一种观点,即在儿童生命的最初几个月对儿童的父母照护进行投资是值得的,不仅对个别家庭是值得的,而且对社会未来的短期和长期结果也是值得的——在许多方面,有必要帮助公民理解这些证据告诉我们的社会性质。儒家观点在这方面可以提供帮助,因为它们清楚地表达了这样一种观点,即单个家庭与更大社会的关系就像同心圆一样。家庭与社会不是分离的;是家庭构成了社会;我们为家庭和成长中的孩子所做的事情对社会有着直接和明显的影响。儒家的观点应该促使我们更仔细地审视这些政策及其好处,反思我们对工作、家庭和照护幼童的态度和信念。儒家思想家鼓励我们想象自己处于他人的位置,并不仅在当前的位置上,而且在一生中思考我们自己和我们所爱的人:在我年轻时,我的父母在照顾我时遇到了什么挑战和经验? 当我的孩子还小的时候,我作为

---

① 重要的是要记住过去 150 年来对来自欧洲、英国和爱尔兰不同地区的移民的猖獗歧视,因为这可以提醒我们,不久前我们大多数人还曾是与工作有关的歧视的受害者。在这里,我们看到了另一个例子,说明人文学科如何通过仔细研究历史,为我们促进社会和政策变革的努力作出重大贡献。

家庭美德:儒家与西方关于儿童成长的观念

父母的经验是什么样的？我希望我的孩子、侄女或侄子、孙辈和朋友的情况是怎样的？在这里，作为儒家传统一部分的各种故事、轶事和进路可以作为一种丰富的资源，帮助我们更深入地思考我们相信什么，为什么相信，以及如何将这些信仰转化为行动。我们有充分的理由认为早期儒家对父母与子女早期互动的生成性（formative nature）是正确的，这些关系为社会的有形基础提供了直接的影响。在孩子发育的早期阶段，支持和培养亲子关系的一个明确而直接的方法是确保所有父母都能够照护他们的幼童，如果他们愿意的话。

最后一个条件很重要，因为它提醒我们，即使带薪育儿假的延长期被广泛使用，一些家长可能仍会犹豫是否完全利用它。当然，我们的行动并非完全或主要由法律和公共政策决定。这就是为什么儒家思想家会强调，仅仅改变我们的法律和政策是不够的；我们还必须努力在更深层次上推动社会变革，包括努力改变人们对工作和家庭的态度，以及对那些为了照护年幼子女而休假的人的态度。这是一个明确的例子，说明除了政策变化之外，我们还需要努力改变公民对家庭的思考方式及其相应的行为。即使法律要求雇主为新父母提供长时间带薪休假，也无法保证雇主会鼓励员工这样做，或帮助他们在作出这一选择时感到支持。一个人的同事和客户的态度，以及他们如何看待一个人对工作的投入和优先事项的正确顺序，也发挥着重要作用。父母决定休一段长时间的假来照护自己的孩子，与此相关的是关于工作的文化态度和信念——家庭平衡、对事业表现出无条件奉献精神的人值得赞扬,以及照护婴儿和童年早期的要求和回报。没有孩子、没有或不能请假陪孩子的员工的态度尤其重要,因为这些人有时倾向于将育儿假视为给予某些人"休假"的特殊待遇,或视为可笑的事情。

关于儿童保育的文化态度和信念还有更多的挑战要考虑,尤其是那些在孩子们很小的时候不能或没有休息或无法充分休息的人。那些将孩子安置在全日制日托、儿童早教班或学前班的人,如果他们觉得效果良好,可能会鼓励其他人也这样做。但是此处,特定的态度、情感和信仰是复杂的;我们经常选择强调和关注我们出于必要而做的事情的好处,尤其是在没有其他选择的情况下,以及当它关系到我们内心深处的事情时,比如照护我们的孩子。在某些情况下,家长会向其他家长强调日托或童年早教班的积极特征,因为这使他们能够对不可避免的情况作出更积极的解释。由于美国大多数婴儿、学步儿童和学龄前儿童在父母工作期间接受某种形式的家庭外照护,因此人们越来越期望所有家庭都会将他们的孩子置于家庭外照护,尤其是当他们成为学步儿童时,不这样做的父母可能会受到其他父母的压力,因为这样对他们的孩子更有利[①]。

---

① 家庭外照护是否比由自己的父母照护更有利于儿童的问题是复杂的,取决于多种因素,包括儿童的情况和需求、儿童父母的背景(包括他们的教育背景和情感资源),家庭外照护的质量(包括教师的教育水平和背景、照护者—教师—孩子的比例,以及课程),以及孩子在那里花费的时间。大多数研究人员都同意,高质量照护的认知效果始终是积极的,但如果有机会(如果他们愿意并致力于这样做),许多父母有能力为他们的孩子提供高质量的照护。然而,也许最重要的是,大多数高质量中心的收费对大多数家庭来说都是遥不可及的。然而,有大量证据表明,来自低收入家庭的幼儿可以从特定类型的计划中受益。例如,佩里幼儿园计划(Perry Preschool)为低智商的低收入非裔美国儿童提供了两个半小时的低师生比例课程,以及每周探访父母和孩子。该计划之所以成功,部分原因在于它努力加强亲子关系和父母与孩子的互动,而不是简单地将任务委托给其他人。相关概述,参见 Schweinhart 2010。

家庭美德:儒家与西方关于儿童成长的观念

这些社会态度和信仰反映了美国已经确立的父母职场文化。除了在育儿假等领域推动法律和政策变革外,公民还需要反思自己在儿童保育方面的态度和做法。父母应该可以选择在不牺牲职业的情况下照顾孩子,至少在相当长的一段时间内如此。此外,那些选择待在家里陪伴年幼孩子的人应该感到支持,不应该被迫作出其他选择①。

不仅鼓励和支持很重要,工作场所的主管和同事也应该接受良好的政策教育,并确保新员工和客户都了解相关信息。这些都是应该亲自跟进的事情,而不仅仅是发布给员工的大量书面指南。这里更重要的一点是,任何影响家庭的政策都不应被视为另一项政策;其影响实在太大,值得所有人进行更大的投资。这些都与我们的政策内容无关;他们关心的是在我们的社会和个人工作场所中常见的对父母和孩子的态度、感情和信仰。虽然其中一些问题可以通过修改我们有关这些问题的法律、政策和指导方针来缓解与塑造,但帮助公民批判性地反思自己关于家庭及其在美好社会中的作用的假设、态度和信仰这一艰巨任务是无可替代的。由于早期儒家不仅认为法律和政策不足以改变一个社会,而且强调努力改变我们自己的本性和可能性,包括我们的态度、感

---

① 只要有可能,雇主还应在工作时间和对工作职责的选择方面给予幼儿父母更大的灵活性。由于技术进步,员工越来越有可能至少完成部分工作,甚至远程参加会议。应该为全职员工提供各种灵活性,但可以通过扩大幼儿父母可用的职位种类来加强。博克建议,例如,"还可以加大努力,为有小孩的母亲增加公共部门的兼职工作,这样她们就可以工作,但仍有足够的时间养育子女。瑞典在这种方法上取得了巨大的成功,瑞典母亲比美国母亲花更多的时间陪伴年幼的孩子,尽管受雇比例更高"。(Bok 2010: 147)

情和信仰，这清楚地说明了他们的观点对我们今天的意义。

　　除了我们在这项工作中已经回顾过的与亲子关系有关的各种好处外，为母亲提供长时间带薪育儿假来照护婴儿还有其他好处。一个例子是母乳喂养率和育儿假之间的既定关系。研究表明，产假的长短是母亲决定最初尝试母乳喂养以及提前停止母乳喂养的一个重要因素。这些数字意义重大：在家待 13 周或更长时间的新妈妈开始母乳喂养并在 6 个月后继续母乳喂养的概率更大，而且她们在 3 个月后以母乳喂养为主的概率大约是现在的两倍。(Ogbuanu et al. 2011)在儿童（和妇女）健康方面，这不是一件小事。正如美国儿科学会（AAP）[①]所说，"母乳喂养和母乳是婴儿喂养与营养的规范性标准。鉴于母乳喂养的短期和长期医学与神经发育优势，婴儿营养应被视为一个公共健康问题，而不仅仅是一种生活方式选择"。(AAP 2012)AAP 建议母乳喂养时间为六个月左右，然后根据母亲和婴儿的共同意愿，继续母乳喂养一年或更长时间。AAP 强调，母乳喂养的禁忌症很少见，但由于母乳喂养支持在我们的社会和文化中不是应有的，美国的母乳喂养率很低。根据美国疾病控制和预防中心（CDC）[②]2011 年的统计数据，在美国出生的婴儿中，只有 35% 的婴儿在 3 个月大时完全母乳喂养，23.8% 的婴儿在 1 岁时仍然母乳喂养。(CDC 2011)虽然许多美国人倾向于将母乳喂养视为个人事务，但 AAP

[①] 美国儿科学会：American Academy of Pediatrics。——译者注
[②] 美国疾病控制和预防中心：Centers for Disease Control and Prevention。——译者注

家庭美德：儒家与西方关于儿童成长的观念

强调这是一个公共卫生问题。事实上,母乳喂养是另一个例子,说明为什么公共和私人之间的截然分离是不足够的。了解美国低母乳喂养率对整个社会的影响很重要。根据最近的一项针对所有母乳喂养所引发的儿童疾病成本分析的研究"如果美国90%的家庭能够遵守医学建议,在 6 个月内完全母乳喂养,美国每年将节省 130 亿美元,并防止超过 911 例死亡,几乎所有死亡都发生在婴儿身上"。(Bartick and Reinhold,2010)当然,比节约成本更重要的是被拯救的生命,这对家庭幸福和满足的能力有着不可估量的影响。

我们在这项工作中研究的早期儒学文本强调了培养母婴之间独特关系的道德上的重要性。因此,重要的是要认识到,努力促进带薪育儿假和母乳喂养的好处既是有形的——因为它们与经济和健康相关——同时也是道德的。此外,这些好处不仅延伸到个别婴儿、母亲和家庭,而且延伸到整个社会。虽然有些人可能会担心试图迫使女性进行母乳喂养,但我们很快就会看到,大多数女性都渴望母乳喂养,但要么最初不成功,要么比她们希望的更早放弃。因此,我们的目标应该是提供资源,通过提供更大的支持和鼓励,使女性能够在这一重要的努力中取得成功。美国女性停止母乳喂养或不尝试母乳喂养的原因可以帮助我们了解政策变革需要如何与社会变革齐头并进,包括文化态度和信仰的改变以及更好的婴儿营养教育和成长。研究发现,女性通常认为母乳不能满足婴儿的营养需求,即使是在孩子生命的最初几个月——这种信念在美国低收入家庭中更为普遍。(Li et al. 2008)年轻女性和社会经济资源有限的女性更有可能在第一个月内停止母乳喂养，停止母乳喂养的主要原因包括身体疼痛和不适、担心母乳供应无法充足、婴儿有吮吸的困难以及担心婴儿不能饱足。（Ahluwalia、Morrow and Hsia 2005）这些发现很重要，因为它们证实女性总是希望继续母乳喂养，但由于一些问题而中止。

通过适当的关怀、教育和良好的支持，许多这类问题都是可以预防的。随机对照研究的回顾表明，为母乳喂养的母亲提供额外的支持，无论是来自专业人士还是受过培训的准专业人士，都会促进女性继续母乳喂养的时间增加（无论是纯母乳喂养还是添加辅食后）。无需女性提出要求即可提供的面对面支持最为成功；仅在女性寻求帮助时才提供的支持不太可能有效，这表明应该向女性提供可预测的、有计划的、持续的随访。（Renfrew et al. 2012）此外，家庭和亲密朋友在女性成功哺乳方面发挥着重要作用。特别是，拥有成功母乳喂养孩子的家庭成员或朋友的母亲更有可能成功，部分原因是女性更有可能在家人和朋友的网络中分享担忧。（Dix 1991：222 - 225；Kuan et al. 1999：4 - 5.）[1]一项研究发现，丈夫和祖母提供了最大限度的情感和工具性支持，而医生和护士提供了更多信息，这对建立哺乳期也发挥了重要作用，"长期母乳喂养的母亲是那些最适合怀孕和做母亲的人，最有可能在产前和产后第一年将他们的婚姻描述为令人满意和充满爱的，并且对丈夫支持的性质和程度最满意"。（Isabella

---

[1] 这项研究还证实了护士家庭随访者在母乳喂养成功中可以发挥的重要作用。

家庭美德：儒家与西方关于儿童成长的观念

1994)这再次凸显了家庭成员的态度和信仰在母婴生活中的重要作用。现在,家庭是医疗提供者良好教育支持和照护的不可替代的补充。这是一个有益例证,说明政策层面的变革和社会变革就家人和朋友的态度、信仰和经验而言可以相互支持,需要齐头并进从而实现成功的变革。

所有这些都支持这样一种观点,即通过政策促进母乳喂养只是其中一部分。雇主必须明白,为母乳喂养和工作场所哺乳支持提供专门的空间和时间会为雇主带来许多关键好处,包括更好地留住员工、减少父母的病假、降低医疗和保险成本①。此外,正如我们所看到的,为女性提供更长的假期可以实现母乳喂养,而且还需要为基于证据的哺乳支持服务提供更多的公共资金。但这个问题也必须通过努力改变公民对母乳喂养的态度和信念来解决。除了了解母乳喂养对母亲和儿童的益处之外,人们还应该了解对母乳喂养的女性的显著要求,包括婴儿出生后最初几个月每两个小时进行一次母乳喂养。雇主和同事需要了解母乳喂养母亲的独特需求和时间限制,即使她们白天在工作场所喂奶。也许最重要的是,必须鼓励并帮助父亲和其他家庭成员理解他们在母乳喂养成功中所起的关键作用。在新的育儿假和母乳喂养的情况下,文化和社会变革需要伴随政策变革,这清楚地说明了儒家的观点,即法律和政策不足以改变一个社会,这一观点对我们今

---

① 参见"母乳喂养商业案例"(*The Business Case for Breastfeeding*),这是一项由美国卫生部和人类服务办公室(Department of Health and Human Services Office on Women's Health)赞助的综合雇主教育计划:https://www.womenshealth.gov/breastfeeding/government-in-action/business-case-for-breastfeeding.pdf。

天仍然具有现实意义。早期儒家对童年早期亲子关系的观点不仅应该引导我们支持这种社会和政策变化,而且儒家观点也可以作为一种资源,帮助促进这些形式的变化。

以这些方式应用儒家观点的另一个好处是,它展示了如何在当代语境中修正和扩展儒家观点以适应女性的经验。这在早期儒学文本中有一个基础,这些文本广泛涉及产前培养和母亲在儿童道德教育中不可替代的作用等主题。但儒家传统在其整个历史中也一直具有强烈的父权制色彩。在这项工作的早些时候,我注意到诺丁斯的主张,即儒家思想需要否定与使女性自卑有关的所有学说。识别和批判儒家思想使女性地位低下的观点得以延续的方式是一项重要任务,开发儒家思想中赋予女性权力并强调尊重和重视女性经验的现有资源也是一项重要任务。我认为,早期儒学思想中的许多观点和实践可以用来指导政策,以及在当代环境中支持母亲的态度、信仰和实践。提供带薪育儿假和支持母乳喂养的愿望和选择,是我们应该修改法律和政策以支持社会中的妇女及其家庭的两种方式。我们还应该努力在我们的文化和社会中培养更多的支持,支持那些选择休假照护婴儿和学步儿童的女性,努力在养育早期儿童与工作或职业之间取得平衡的女性,以及选择母乳喂养的女性。这包括努力改变那些在家庭、社区和工作场所围绕女性的人的态度、感受和信仰。这些目标应该得到我们文化和社会中不同视角和背景的人的支持。虽然我所讨论的许多问题乍一看似乎对保守派和社群主义者最具吸引力,他们强调与生儿育女以及更广泛的家庭生活相关的好处,正如我

　　　　　　　　　　家庭美德:儒家与西方关于儿童成长的观念

在本章中所展示的,这些问题也直接关系到妇女在我们社会中的地位,尤其是在工作场所。事实上,我在这里描述的许多目标与女性主义哲学家的目标是一致的。鲁迪克写道:

> 在社区通过免费有效的医疗服务、日托中心、灵活的工作时间和对孕产妇工作的普遍尊重来支持育儿工作和儿童福祉之前,最有诚意的个人几乎无法超越性别。重构工作生活需要承认女性仍然要为做母亲负责,而且这种性别化为男性提供了压倒性的经济和职业优势。(Ruddick 1995:45)

鲁迪克应该会同意我所描述的受儒家影响的观点,即强调社会变革和政策变革的必要性,特别是社区以新的、切实的方式支持父母和儿童的必要性。许多女性主义哲学家为关怀伦理的政治含义进行了辩论,她们也得出了类似的结论。特朗托(Joan Tronto)认为,我们应该将关怀视为一种道德和政治理想,以及"最高的社会目标"。(Tronto 1993:113)她写道,"关怀活动被贬低,报酬过低,被社会上相对弱势的人不成比例地占据了"。(Tronto 1993:113)狄莫特·巴蓓科(Diemut Bubeck)和伊娃·基蒂(Eva Kittay)都认为,关怀应该被视为一个公共问题,而不是女性或私人慈善机构的私人责任。(Bubeck 1995;Kittay 1999)赫尔德写道:"鉴于关怀是一种具有尽可能广泛的社会影响的价值观,不幸的是,许多关注关怀伦理的人仍然将其视为'家庭伦理',局限于'私人'领域。"她接着说:

一个有爱心的社会可能会看到养育儿童、教育其成员、满足所有人的需求、实现和平与珍惜环境的任务理应享有最高的财富和权力,并尽可能以最好的方式做到这一点,这是所有人都应该对社会付出最大努力的地方,而不是将企业部门、军事力量、政府和法律视为社会中最重要的部分。(Held 2006:18-19)

除了重点强调关怀之外,从关怀伦理角度工作的女性主义哲学家强调认识到我们当前安排的性别歧视特征的重要性,并且往往更渴望解决法律和政策问题,而儒家则更加强调家庭的作用和家庭内部关系与个人和更大的社会的关系,但在许多方面,这些都是互补的策略,每一个都带来了所需的优势。他们支持许多相同的解决方案,同时提供不同的理由以及一些不同的替代方案和潜在的解决方案。在带薪育儿假和支持母乳喂养等领域,女性主义和儒家进路可以联合起来以一些创新的方式促进变革,突出人文学科如何帮助我们批判性地反思自己和周围的世界,并引导我们为自己的家庭和社区以及法律与政策层面的变革而努力。

早期儒家观点可以增强和鼓励促进社会与政策变革努力的另一个领域是产前护理。早期儒家的童年早期观的一个显著特征是,他们强调产前阶段,并认为亲子关系,包括母亲对孩子的责任,在出生前就开始了。因此,早期儒家的观点应该鼓励我们在产前阶段为女性提供更多支持。在美国,及时、持续地接受产前护理的孕妇比例仍然落后于其他几个发达国家,这在很大程度上

　　　　　　　家庭美德:儒家与西方关于儿童成长的观念

解释了美国在婴儿死亡率和早产发生率方面要比大多数其他主要发达国家严重的事实。美国目前的婴儿死亡率在世界上排名第 43 位，平均每 1 000 名活产婴儿中有 7 人死亡[①]。同样，美国的低体重早产儿数量超过了大多数其他富裕国家。（Reichman 2005：91 - 92；Bok 2010：149）除了支持 NFP 和其他已证明有效改变这一领域的计划外，其他立法还应加强我们的努力，以确保所有准母亲都能获得足够的产前护理。第一步必须提供更多资金来资助低收入妇女的产前保健。正如博克所指出的："虽然联邦政府长期以来一直努力为低收入母亲和婴儿提供适当的营养，但该计划的资金从来没有足够容纳 60% 以上的合格母亲，尽管人们普遍认为它可以节省医疗补助和其他成本，而这些成本可能会超过额外的成本。"（Bok 2010：149）

正如儒家思想家指出的那样，通过立法，为负担不起产前护理的人提供足够的资金，尽管这是必要的，但这只是第一步。在这里，我们可以再次看到人文学科如何为我们理解产前护理等领域的家庭生活的真正差异作出重要贡献。虽然许多从事政策工作的人倾向于主要通过提供经济援助来解决诸如产前保健的可用性和可负担性等问题，但我们在此类领域最好的科学表明的事情之一——这在 NFP 的调查结果中清楚地看到了——是一旦支付了产前护理费用，仍然存在许多挑战。必须对孕妇进行教育，

[①] 数据来自联合国 2010 年修订版《世界人口展望》(2005—2010)。将美国的排名与排名第一的国家新加坡（每 1 000 名活产中有 2 人死亡）进行比较；日本（每 1 000 名活产中有 3 人死亡，排名第六）；法国（排名第十二，每 1 000 名活产中有 4 人死亡）；英国（排名第三十一，每 1 000 名活产中有 5 人死亡）。

让她们了解为什么产前护理很重要,鼓励她们进行预约,并在需要时提供帮助,帮助她们寻找往返预约护理的交通工具。此外,必须对妇女进行有关妊娠并发症以及何时应就医的教育。还必须对她们进行教育和支持,以努力改善她们的营养和在家中进行产前护理的其他关键点。显然,确保妇女健康怀孕不仅仅是为她们的医疗和食物买单的问题,尽管这应该是我们解决产前护理工作的一部分。关键是,在这些领域提供财政援助是解决婴儿道德水平、低出生体重和早产等问题的必要但不充分的解决方案。这些问题通常在孩子出生之前就开始了,再多的经济支持也无法取代对怀孕母亲的一对一的支持和护理,例如,看护人员和他们努力鼓励和培养的家庭支持系统。要在这些领域有所作为,不仅要在经济上,还要以关爱、支持的形式,对家庭生活进行"投资"。

在产前培养领域,儒家观点和关怀伦理观点之间存在一些潜在的共同点,尽管由于女性主义者对堕胎权利的担忧,人们可能认为这是最不可能引起共鸣的领域。诺丁斯写道,"当我们转向社会政策时,很明显,首先要考虑的应该是被关怀的胎儿以及将生育和照护他们的母亲的健康。显然,在每一种文化中,生下健康的孩子并保持照护者的健康符合每个人的最佳利益"。(Noddings 2002b:121)诺丁斯在这里的观点凸显了一个事实,即强调产前阶段的重要性不应被视为对堕胎权利的威胁。然而,儒家观点的扩展可能指的是想要的孩子或婴儿,因为儒家观点通常旨在强调父母和孩子之间的独特关系,怀孕期间的归因人格在帮助父母理解孩子的生活取决于他们的选择和行动的方式方面发挥着重要作用。相比之下，女性主义者往往担心使用这种语言的政治影响，因为美国的堕胎辩论集中在人的形而上学地位上①。然而，正如诺丁斯的评论所显示的那样，女性主义者有充分的理由支持对产前护理要更加重视，这应该与女性主义者对堕胎权利的担忧分开。

婚姻

尽管女性主义哲学家和儒家思想家在这些重要领域达成一致，但我认为，儒家观点在一些更独特的领域确实指出了与家庭相关的社会变革的必要性。事实上，一些女性主义者无疑会抵制儒家观点支持的某些类型的变革，婚姻就是一个例子。在《华盛顿邮报》(*Washington Post*)2012 年的一篇文章中，布鲁金斯学会(Brookings Institution)儿童和家庭中心的高级研究员兼联合主任伊莎贝尔·索希尔（Isabel Sawhill）的研究重点是家庭贫困者和单身母亲，她认为我们有充分的理由担心美国的人口结构发生了重大变化②。在过去的 20 年中，美国非婚生子女的数量急剧增加，从 1992 年的大约 30%增加到 2009 年的 41%。30 岁以下女性所生的婴儿中，有一半以上是非婚生子女，而唯一继续以婚姻为常态的父母群体是受过大学教育的人。（Sawhill 2012：np）由于非婚生子女数量的增加，生活在单亲家庭的儿童比例有所上升。（Bok 2010：141）③乍一看，这些统计数据可能让人觉得

---

① 这标志着与儒家方法的进一步不同。参见 Ivanhoe 2010b。
② 索希尔是全国预防青少年怀孕运动的主席和《儿童的未来》(*Future of Children*)的高级编辑。
③ 博克写道，与单亲家庭一起生活的儿童比例从 1960 年的 8%增加到 2005 年的 28%。

是良性的,但正如索希尔指出,有重要的经验证据表明,父母的婚姻状况会在多个方面影响孩子的幸福感。索希尔强调了我们应该关注的三个理由。首先,她写道,婚姻涉及一种同居所没有的承诺,包括在朋友和家人面前发誓相互支持,这"表明了一种不能轻易忽视的共同责任感"。这一观点得到了证据的支持:"同居的父母在五周年之前就分道扬镳的大约是已婚父母的两倍。通常,这是因为父亲不仅没有给母亲足够的支持而独自前行,而且未来结婚的可能性也很小。对她来说,婚姻需要找到一个愿意为别人的孩子承担责任的伴侣。"其次,索希尔指出:

> 大量研究鲜明地指出婚姻对孩子有好处。那些与亲生父母住在一起的人在学校表现更好,意外怀孕或坐牢的可能性更小。他们的自杀率较低,受教育程度较高,成年后收入较高。同时,在单亲家庭中度过时光的孩子更有可能行为不端、生病、辍学和失业。(Sawhill 2012:np)[1]

索希尔写道,目前尚不清楚为什么与未婚父母一起生活的孩子表现不佳。结婚的成年人可能比那些在婚外有孩子的人有不同的倾向和性格特征:"例如,婚姻稳定的人可能有更好的人际关系技巧,或者对婚姻有更大的哲学或宗教承诺,进而对养育子女

---

[1] 博克写道,即使在控制了收入、教育和其他观察到的因素之后,这些因素仍然存在。有关母亲和父亲参与对童年早期发展的影响的经验证据,请参见 Ryan、Martin and Brooks-Gunn 2006;Martin、Ryan and Brooks-Gunn 2007、2010。

家庭美德:儒家与西方关于儿童成长的观念

有所改善。"还有一些实际的考虑："抚养孩子是一项艰巨的责任。两个忠诚的父母通常有更多的时间和资源来做好这件事。"第三,索希尔写道,婚姻带来了经济利益："这通常意味着两个养家糊口的人,或者一个养家糊口的人和一个全职父母,没有大量的育儿费用。"虽然这种差异并不能解释已婚父母的孩子和同居父母的孩子之间的差异,但这些事情确实转化为生活在单亲家庭中的大多数孩子生活中的明显差异。事实上,单亲家庭的儿童贫困率更高。还有一些有趣的研究指出我们如何在这一领域带来积极的变化,例如,正如索希尔指出的那样："如果个人只做三件事——完成高中、全职工作和在生孩子之前结婚——他们贫穷的概率会从 15% 下降到 2%。"这些统计数据特别重要,因为它们表明一系列相互关联的问题会影响一个人的社会经济地位;婚姻不是灵丹妙药,但它是以深刻与切实的方式塑造家庭生活的重要因素之一。

重要的是要理解:索希尔提出的观点,以及她提出主张所依据的经验证据,并不意味着没有优秀的单亲父母和子女能够茁壮成长,即使他们没有与已婚的亲生父母生活在一起。一个孩子没有必要拥有已婚父母才能茁壮成长,但有证据表明,与那些没有已婚父母的家庭相比,孩子与已婚亲生父母生活在一起的家庭的生活在统计学上存在显著差异。这不应被视为诋毁单亲家长的努力和成功;相反,它表明,当单亲父母养育出茁壮成长的孩子时,他们在很大程度上战胜了困难,这让他们更加令人钦佩。离婚和再婚的家庭也是如此;当孩子们在这些情况下茁壮成长时,家长们在抵消通常给孩子们带来困难的因素方面做得特别好,这是一项重大而令人钦佩的成就。这一证据也不应被视为对女性的损害。例如，没有经验证据表明，当女性继续处于虐待婚姻中时，女性或儿童会受益。但同样重要的是要记住，施虐者并不总是丈夫，包括同居男友。

事实上，索希尔的许多观点应该被视为女性主义，因为她们致力于赋予女性权力，而不是削弱她们。她强调，单亲家庭需要更强大的公共支持，包括儿童保育补贴或税收抵免以及劳动所得税抵免。索希尔的观点不应被误认为是许多保守派共和党人宣扬的"家庭价值观"。然而，她也指出，从经验的角度来看，某些事情是现实。如果我们对证据告诉我们的情况诚实，我们就必须认识到，"没有哪个政府计划能够像让婚姻成为抚养孩子的更好方式那样减少儿童贫困"。这里有各种各样的观点，尤其是关于这样一个事实，即这种观点不应被视为破坏或反对女性主义。大多数女性不会选择做单亲，这是一种自主的表达，也不是一种简单的生活方式选择。相反，这是一种人们通常希望事情有所不同的情况。鼓励婚姻的努力不应被视为伤害单身母亲，而应鼓励男性对子女的母亲和子女负责，而不仅仅是在经济上。在所有其他条件平等的情况下，这一点不仅有助于女性完成照顾孩子的艰巨任务，而且有助于她们在职业生涯和生活的其他领域。人们可以坚持认为，女性完全有能力独自抚养孩子，但仍然捍卫这样一种观点，即这对我们所有的女性、男性和子女来说都是更好的，当有两位父母分享这段经验，当这两位父母在一生中都致力于共同分享这项任务的喜悦和挑战时，孩子们也会如此。也许最重要的是，在婚姻中得到爱和照顾，我在这里说的是婚姻而不是"承诺关系"，因为统计数据表明，最成功的承诺关系通常是婚姻，这对我们人类来说是有益的，而不仅仅是经济上或家庭劳动方面。以这些方式被爱和照护有助于我们过上更快乐、更满意的生活。

博克认为，婚姻背景下父母之间深厚而持久的关系是影响父母和孩子幸福感的最大因素之一。经过反复的调查发现，"已婚夫妇比单身、离婚、分居或同居但未婚的人更满意自己的生活。已婚者往往寿命更长，比离婚或分居者抑郁、自杀或有健康问题的可能性更小"。（Bok 2010：17）事实上，正如博克指出的那样，婚姻对寿命的影响比收入的影响大得多。（Bok 2010：216n30）现在，博克意识到许多人会争辩说婚姻不一定会带来幸福；也许结婚的人本身就更快乐，而且他们的性格有助于婚姻的成功。研究人员对此进行了研究，证据表明这种因果关系是双向的："结婚的人，至少在 30 岁以下的情况下，平均比单身的人更快乐。但对人们结婚前后的研究也表明，婚姻和结婚前的求爱往往会显著提升幸福感。"（Bok 2010：7）

成功婚姻的影响似乎对孩子有更持久的影响："在一项根据父母婚姻质量将成年人分为七组的研究中，调查人员发现，最幸福的群体是在父母满意且很少相互冲突的家庭中长大的人。"（Bok 2010：140；see Gohm et al. 1998：319）乍一看，这似乎是平凡和不显眼的；当然，如果父母满意且相处融洽，人们当然会期望孩子会更快乐。但这一证据特别值得注意的是，它表明良好的婚姻对孩子的幸福有持久的影响，甚至到成年。鉴于我们在这项工作中研究的证据表明童年早期经历对其整体发展具有独特且不可替代的重要性，这不足为奇，但它表明父母的婚姻是儿童生活和发展的重要组成部分。我们所掌握的证据表明，婚姻不应被视为与孩子一生中的幸福无关，而应被视为影响他们当前和未来幸福的直接而有力的因素。

这一证据明确支持这样一种观点，即如果政府希望帮助促进公民在各个领域的幸福和福祉，就应该支持组建和维持有已婚父母的家庭。为了鼓励和培养健康的婚姻，作为支持美国儿童和家庭的一种方式，我们可以做些什么？博克认为，"和谐的人际关系对幸福非常重要，值得考虑的是，是否存在可以通过促进关怀关系和儿童健康发展的方式加强婚姻和家庭的政策"。（Bok 2010：139）他坚持认为，教育工作可以起到作用，特别是在减少少女怀孕方面，这将减少非婚生子女的数量，此外还有"在结婚前和结婚期间向年轻夫妇传授更好的沟通和避免冲突的技能，或向即将迎来第一个孩子的夫妇传授育儿技能"。（Bok 2010：143）旨在帮助青少年了解如何避免怀孕以及为什么避免怀孕的有效计划可以将青少年怀孕减少 50%，而且此类计划的成本很低。（Amato and Maynard 2007）正如博克指出的那样，减少少女怀孕对增加年轻女性的机会和改善她们的幸福感有很大作用，而且对儿童也有好处，因为少女母亲所生的婴儿早产和低出生体重的风险更高。正如我们所见，这些早期风险因素与未来的其他问题相关。当然，针对少女怀孕的目标是减少非婚生子女的数量，但提供婚姻和婚前教育的循证项目也有可能降低离婚率；一项针对此类政

家庭美德：儒家与西方关于儿童成长的观念

府项目的研究发现，只有 4% 接受过教育的夫妇在五年后分手，而没有接受教育的夫妇中这一比例为 25%。由于在美国，只有约 40% 的新婚夫妇接受各种咨询或教育，以帮助他们建立成功的婚姻，博克指出，扩大和改进我们支持加强婚姻的循证计划的努力是一种很有前途的进路。(Bok 2010：144)

博克还指出，美国现有的一些政策实际上不鼓励低收入夫妇结婚。他写道：

> 绝大多数贫穷的女性都希望有一个丈夫，并同意持久的婚姻对她们和她们的孩子来说是最好的。她们不结婚的原因更可能是经济方面的，而不是对家庭和父母的轻浮态度。她们要么无法承受失去育儿补贴、劳动所得税抵免，要么无法找到一个有稳定工作、收入足以养家糊口的伴侣。(Bok 2010：145；see also Edin 和 Reed 2005)

在一项研究中，超过 80% 的被抽样夫妇将经济因素作为不结婚的原因，78% 符合夫妇经济门槛的男性在未来四年内与孩子的母亲结婚。(Bok 2010：238n27)这一证据表明，政策变革可能会对低收入家庭的结婚率产生重大影响。博克建议采取多种措施，可能有助于缓解这些情况下婚姻的经济障碍，包括提高最低工资、改善就业培训计划，以及减少贫困女性面临的对婚姻的经济抑制因素。(145)

然而，正如索希尔所指出的："政府可以发挥的作用有限。它可以通过预防青少年怀孕、计划生育、为处境不利的年轻人提供更多机会或鼓励负责任的关系的计划,支持地方计划和非营利组织,努力减少未婚早育。"但鼓励和培育健康婚姻的任务并不是主要通过法律或公共政策来解决的;相反,我们必须努力改变公民的态度、信仰和做法。这就是为什么索希尔建议"让媒体、家长和其他有影响力的领导人庆祝婚姻是养育孩子的最佳方式"是很重要的。

除了说明儒家的观点,即法律和政策不足以实现我们社会所需的全部甚至大部分变革,早期儒家支持这样的观点,即我们不应该"单打独斗",而是要利用家庭包括父母和其他相互支持的家庭成员的互补作用。此外,儒家思想家鼓励我们不要从个人的角度来思考人类的繁荣,而是关注对家庭成员最有利的事情,或者因为与个人自由或自治有关的原因,将家庭成员的利益视为优先于其他成员,但要考虑到家庭的全面繁荣,特别要注意每个成员的幸福与其他人的幸福息息相关。正如我们在这项工作中所看到的,儒家认为家庭成员的命运是紧密联系在一起的,在作出关于家庭的决定时,应该考虑一个人的决定对所有家庭成员的影响。父母有一项特别紧迫的义务来优先考虑孩子的需求,因为父母与孩子的关系在孩子的成长中发挥着独特的、不可替代的作用。这反过来意味着父母应该尽其所能确保他们以各种可能的方式出现在孩子的生活中;在孩子的成长过程中,没有其他因素比这更重要。做到这一点最有效的方法是让两位家长作为一个团队,在相互支持、互补的角色中一起工作,这样一来,两位家长

家庭美德:儒家与西方关于儿童成长的观念

都不会完全或一直不知所措。事实上，出于这个原因和其他原因，一个互补的育儿模式有助于让每一位父母成为更好的父母。

儒家思想家倾向于接受婚姻等传统，并主张尽管传统会随着时间的推移而演变、变化、改进和完善，但我们应该将其视为资产，而不是负担。它们不应被轻易抛弃，也不应轻视变化，因为尽管随着时间的推移，文化发生了变化，但我们仍然是人类，我们的许多传统都是为满足人类的独特需求而设计的。表达悲伤的仪式是一个重要的例证，在人类文化中，悲伤被公开和共同地表达和承认的治疗价值并没有随着时间的推移而改变。我们在情感上仍然有着相同的基本需求，但由于一些文化太快抛弃了与悲伤有关的传统和仪式，许多人无法以健康的方式表达悲伤。婚姻是另一个很好的传统例子，经验证据表明——只要它涉及支持性的关系——对我们有益，原因多种多样。

具体来说，儒家观点如何成为推动婚姻方面社会变革的资源？正如我在本章中所说，社会变革是通过帮助社会成员批判性地反思他们的态度、信仰和实践而形成与推动的。儒家关于家庭的讨论要求我们更多地思考自己的承诺，以及在我们自己的文化和社会中是否存在某种态度、信仰和实践。正如我已经指出的，（儒家的）这些作品中有很多都是可以广泛获取的，它们可读性强，引人入胜。最重要的是，早期儒学思想一直认为家庭是美好生活的核心。他们强调了父母与孩子之间的关系对我们道德发展的独特和不可替代的重要性，这种关系甚至在我们出生之前就开始了，并在整个婴儿期和童年期以非常重要的方式延续下去。

在婚姻关系中,夫妻双方都有各自的优势和能力。虽然我们今天很少有人愿意采纳早期儒学文本中所见到的丈夫和妻子的角色,但仍有许多东西可以从这些文本中吸取,并且它们可以促使我们思考。在这一章中,我认为人文学科的工作可以帮助我们更深刻地反思自己和世界,也有助于激励我们在家庭等领域为改变自己和社会而努力。有效实现这些目标的作品不一定总是描述我们希望全盘接受或采纳的观点或实践。事实上,通常情况下,提出和考察在某些方面存在缺陷和需要修正的观点是可行的,这为我们提供了一些最好的机会,让我们认真思考并以批判性和建设性的方式回应婚姻等制度及其在美好生活中的作用。

现在,特别是在婚姻这样的话题上,许多人希望避免证据的力量,因为证据可能不容易与某些自由主义价值观、信仰和态度相吻合。但是哲学上的易错论者(philosophical fallibilists)和自然主义者(naturalists)应该愿意修改他们的价值观和信仰,以便使它们与我们最好的科学相一致。在本节的开头,我承认一些女性主义者不会像我在本章中讨论的其他一些变革那样渴望接受这种社会变革。一些女性主义者对支持加强和鼓励健康婚姻的努力犹豫不决,部分是因为女性主义和儒家思想之间存在着深刻而重要的差异:她们各自对传统的态度。许多女性主义者担心传统,因为她们中的许多人都有压迫妇女的漫长而令人不安的历史,而这种压迫在今天的传统中仍在继续。这种差异的另一个表现是儒家对孝道的重视,以及儒家认为等级关系在道德发展和修身中具有建设性和必要作用的观点。对儒家来说,父母和孩子之

　　　　　　　　家庭美德:儒家与西方关于儿童成长的观念

间的权力差异,以及孩子对父母的尊重和崇敬,以及爱和感情,是这种关系的主要特征,使其在道德培养中发挥特殊作用。正如我们所看到的,许多女性主义思想家不同意这一观点,部分原因是等级制度和传统在历史上一直是女性受压迫的根源。

女性主义思想家在这些问题上所做的工作值得我们关注,尤其是因为它可以提高我们对传统有时会出现的问题的认识。然而,从道德培养的角度来看,儒家关于等级关系的建设性价值的观点并非没有价值。NFP 是研究这些问题的有用资源。正如我们之前在本书中看到的那样,当 NFP 进行一项研究,衡量作为家庭随访者的准专业人员的有效性时,她们接受了与护士随访者相同的指导、培训和支持性监督,后者在促进积极成果方面更加成功。这项研究的一个有趣之处是,尽管为该计划选择的准专业人员更接近于女性的同龄或同辈人,但由于她们缺乏促进职业的正式培训并且来自相似的背景,她们在帮助女性为自己和家庭带来积极变化方面效果不佳。一个关键的区别是,女性将护士视为权威,数据表明这对她们有积极的影响。更有趣的是,至少在许多情况下,女性开始认为护士在某些重要方面与她们从未有过的母亲相似,女性注意到她们从未有过像护士随访者那样敏感、支持和始终如一的人照顾她们,这种关心和支持与父母提供给她们的形成了鲜明对比。尽管护士们没有"凌驾于"这些女性,也没有明确强调她们是权威,但她们认为护士是权威,她们这样做是正确的。这就是为什么护士们可以更有效地干预这些妇女的生活,尤其是帮助她们认识到自己成功改变的能力的原因之一。

从儒家的角度来看，这说明了等级关系对于道德培养的重要性。尽管以互惠和平等为特征的关系在我们生活的许多领域肯定占有重要地位，但以某些形式的权威和等级制度为特征的关系也是如此。我们大多数人都经历过并从中受益的这种关系的一个例子是教师和学生之间的关系。好老师的例子就像 NFP 护士（她们也在该计划中担任教师）的例子，表明权威不必是严厉的或权威兜售者才能被视为权威并受到尊重。相反，当教师或护士等权威不以严厉的方式行使或使用他们的权威时，他们通常会唤起更多的尊重，因此能够更有效地完成他们的工作。这也是好父母的特点，早期中国思想家的很多观点都认为这也是好统治者的样子。《论语》10.2 说，孔子"朝，与下大夫言，侃侃如也"。

在婚姻中可以找到一个重要的相似之处。就像与表达悲伤相关的传统的某些方面以及与等级关系相关的传统的特定方面一样，有证据表明，婚姻传统对我们今天具有救赎价值。现在，我们应该明智地关注女性主义者对婚姻的担忧，因为它们可以作为我们努力解决和修正伤害女性的传统婚姻方面的有用资源。但早期儒家的文本也可以作为有用的资源，鼓励我们不要完全拒绝有价值的传统。儒家会强调支持婚姻的各种有意义的好处，并认为婚姻是我们通过深化对家庭生活所带来的独特和不可替代机会的承诺与认同，来丰富我们的生活和深化我们自我实现的又一个例子。

家庭美德：儒家与西方关于儿童成长的观念

结论

在本书中，我认为，早期儒学关于道德培养中亲子关系作用的论述可以教给我们很多。与西方哲学史上的哲学家相比，儒家思想家独树一帜地承认并持续关注亲子关系在道德培养中独特和不可替代的重要性，尤其是在我们生命的最初几年。即使与当代女性主义哲学家强调父母与子女关系的独特价值的作品相比，儒家思想家的作品也非常突出地强调了我们发展的早期阶段，即产前和婴儿早期的重要性，而源于正确亲子关系的孝道则是几乎所有美德和道德能力的基础。与其他观点相比，早期儒家思想家的工作也很独特，因为儒家认为亲子关系的质量与社会质量之间存在直接关系，并强调道德培养的性质和可能性，以及道德培养是如何发生的。他们进一步提出，除了母亲在儿童道德培养中扮演的高度独特的作用外，家庭中的其他成员，包括父亲、兄妹和祖父母，也有特定的角色。

我认为，除了在哲学史上独树一帜之外，早期儒家思想家针对这些主题所写的内容以及为这些主题所提供的大量文字中对亲子关系、童年早期和道德培养的论述值得我们关注，因为它们与我们当代最好的科学告诉我们的关于这些领域之间关系的大部分内容一致。与此同时，虽然儒家关于父母、子女和道德培养的观点的几个重要特征得到了我们在这些问题上最可靠的经验证据的支持，但其他一些特征可以通过持续参与这些证据而得到补充、修正或进一步发展。为了支持这一观点，并展示科学如何帮助我们改进早期儒家思想家提供的一些观点，我试图展示科学如何以一些重要的方式对人文学科的工作产生影响。我还认为，这项工作是值得的，因为早期儒家的观点可以作为一种独特和有益的资源，促进与家庭有关的政策变革和社会变革，并且因为允许科学工作者对这些观点的发挥影响有助于让它们更容易应用于当代语境中。

正如我致力于展示科学如何增强人文学科的工作一样，我也致力于展示人文学科如何有助于理解和应用于我们所知的亲子关系、童年早期和道德培养。本书的目标之一是提供一个例证，即说明人文学科如何以重要方式帮助我们理解通常主要被视为发展心理学等领域的问题，同时也为我们解决这些问题的努力作出了贡献，这实际上是通常被视为公共政策领域的事情。虽然政策制定者在倡导某种形式的政策变革时，往往很容易利用科学研究成果，但他们往往不把人文学科视为有用的资源。在促进社会变革方面，人文学科工作的建设性价值往往被忽视，部分是因为

　　　　　　　　家庭美德：儒家与西方关于儿童成长的观念

对政策变革的激烈强调（与促进社会变革的其他方法相反），以及随之而来的对支持家庭计划的"投资"的经济效益的强调，尤其是对孩子们生命早期计划的"投资"。由于科学衡量的结果往往是可量化的，因此在收集此类政策变革的支持时，科学通常是一种更具吸引力的资源。

遵循儒家的观点，即仅靠法律和政策的改变不足以带来广泛的社会变革（尽管我认为它们肯定是必要的），讨论早期儒学关于亲子关系、童年早期和道德培养的观点，我举了一个例子，说明人文学科的工作如何成为一种资源，不仅可以为某些形式的政策变革而努力，而且还可以与促进个别家庭、社区和工作场所内的社会变革的艰巨任务相关。有一些很好的理由认为，在本书中，我所描述的态度、信仰和实践的改变比政策的变革更难实现，即使我们考虑到在政策变革中所面临的有时几乎不可逾越的官僚主义。首先，要改变社会中各个家庭和社区的态度、信仰和做法，需要根据不同的环境和受众调整自己的信息，给他们与之相关的理由，让他们觉得有说服力，让公民个人对自己和周围的世界进行批判性反思。相比之下，推动政策变革通常需要为更小、更具体、更一贯受过良好教育的受众（如立法者）精心设计论点。不过，也许最重要的是，我在本书中指出，政策变革往往在很多重要的方面依赖于社会变革。我们需要认真考虑，在儿童的整个生命过程中，亲子之间的关系在何种程度上是重要的，以及父母对子女的养育方式的重要性。来自成功的循证计划（如 NFP）的科学证据，以及依恋理论等理论观点，应该在说服公民和决策者相信社会变革是必要的方面发挥重要作用，而我们在早期儒学文本中发现的各种故事、轶事、进路与实践也可以对这一过程作出重要贡献。这是一个可以说明人文学科能够与科学一起为我们促进社会变革和政策变革的努力作出贡献的很好案例。

儒家亲子关系和童年早期发展观的一个最独特之处是，他们关注的是充满爱与支持的亲子关系在我们的生活中可以产生的质的差异。我援引了一些证据，这些证据往往是支持儿童生命早期阶段亲子关系的计划、政策和法律最容易给出的理由：它们导致了政府在福利和犯罪等领域节省的金融投资回报。然而，早期儒家关注的是，这些孩子和他们的父母正过着更幸福、更充实、道德更高尚的生活；他们表现出更大的共情能力，更容易想象自己站在另一个人的角度批判性地反思自己的决定，并顶住同侪的压力。与倾向于更多关注利润的学科相比，这些是人文学科试图在我们身上培养的东西。

努斯鲍姆在《功利教育批判：为什么需要人文教育》（*Not for Profit: Why Democracy Needs the Humanities*）一书中强调了不仅在政策制定方面，而且在教育方面都关注利润和经济价值的强烈趋势——这一趋势反映在主修人文与科学专业的学生比例急剧下降，而专业本科学位却相应增加上。努斯鲍姆引用了哈佛大学前校长德鲁·福斯特（Drew Faust）的以下观点："高等教育可以为个人和社会提供一种深度和广度的视野，而这是不可避免的短视现实所没有的。人类不仅需要工作，还需要意义、理解和视角。现在的问题不应该是我们是否有能力相信这样的目的，而是

　　　　　　　　家庭美德：儒家与西方关于儿童成长的观念

我们是否有能力不相信。"(Nussbaum 2010：124)努斯鲍姆指出，经济增长的压力导致许多大学——尤其是欧洲和英国的大学，以及美国的大学——对人文学科内的系科施压，这些学科对利润的贡献并不明显，"强调其自身范围内更接近利润的部分，或者可以使其看起来更接近利润的部分"。例如，在许多情况下，哲学系被鼓励——

> 关注高度实用和"有用"的领域，如商业伦理，而不是柏拉图的研究，或逻辑和批判性思维的能力，或对生命意义的思考，这些最终可能对年轻人理解自己和他们的世界更有价值。"影响"是当今的流行语，政府所说的"影响"显然是指最重要的经济影响。(Nussbaum 2010：128)

这种将"影响"主要理解为经济影响的倾向，表达了我所强调的同一种趋势，即"投资"儿童和家庭的价值主要是用经济术语来衡量的①。

这种趋势和激发这种趋势的假设不该不受挑战。为什么支持父母和孩子的计划要证明他们会从我们对父母和孩子的"投资"中获得经济回报？在孩子的早期生活中，这项政策的有效回

---

① 事实上，努斯鲍姆指出，奥巴马总统为童年早期干预进行了辩护，他说："我们在这些项目上投入的每一美元，都会在减少福利、减少医疗保健成本和减少犯罪方面获得近10美元的回报。"(Nussbaum 2010：137)努斯鲍姆和我希望看到更多地强调这样一个事实，即此类有效的计划可以使人类过上更幸福、更令人满意和道德上更好的生活，并帮助儿童成为善于思考、善解人意的公民，部分是通过培养以下能力：以后能使他们从教育中受益。

报通常是什么？至少在某些方面，这有助于表明儒家关于亲子关系的质量与社会面临的许多更大挑战之间的密切关系是正确的。例如，当母乳喂养的母亲得到支持和鼓励时，更多的女性成功地进行母乳喂养，这有助于更多婴儿避免疾病，反过来，由于更少的员工缺勤照护生病的孩子，社会医疗体系和雇主的负担（经济和其他方面）也会减少。同样，参加 NFP 的儿童和家长与少年和刑事司法系统的接触较少，这再一次带来了经济利益，也有利于我们社会的整体安全和满意度。然而，重要的是要记住，这些可量化的标准不是成功的唯一衡量标准，也不是最重要的衡量标准。事实上，支持和鼓励母乳喂养或为父母提供带薪育儿假的成功童年早期干预计划或政策的经济效益虽然显著，但并不代表家庭生活中常见的最大变化；即使是通过 NFP 以显著方式转变的家庭，通常也不会从低收入阶层一跃成为中产阶层。但是，正如我们所看到的，这个计划带来了家庭生活的变化，这些变化非同寻常，也代表了我们大多数人最看重的东西——包括，最值得注意的是，被关怀的经历，为了我们自身的好而得到家人的养育和支持，以及通过这些关怀和支持的表达来体验我们被爱的感受。这不仅适用于高风险家庭，也适用于其他家庭，他们从支持、鼓励和培育父母与子女关系的政策、社会和文化态度和实践中受益。我们应该出于道德上的原因去追求这样的计划，即使金钱不是问题。

NFP 等计划和强制性带薪育儿假等政策给家庭生活带来许多量化的变化，但最重要的变化体现在亲子关系和家庭生活的质量上。这种关系以某种方式丰富了家庭的生活，塑造了孩子及其父母的道德品质。例如,正如我们所见,通过 NFP,许多母亲生平第一次感觉到有人真正关心她们。父母们学会了如何向孩子表达他们的爱和关心,而这些父母的爱和感情以新的方式得到培养和发展,进而对孩子产生更深、更有意义的爱和养育;反过来,孩子们会感到被爱和被照护。这些事情转化为他们生活中各种各样的、可观察的,有时甚至是可量化的变化,但是在过分强调可量化的变化时,我们往往忽略了更重要的变化,例如被无条件地爱和被关心的经历以及家庭内部的爱和信任关系有助于我们整体幸福和幸福的方式。我们应该支持 NFP 等计划和有效培养亲子关系的政策,而不仅仅是因为它们在财务上是"良好的投资";我们应该支持他们,因为他们通过贡献生命所能提供的最重要的财富来改善我们的生活和我们同胞的生活。我们大多数人都知道,这些财富都不是经济上的。

努斯鲍姆写道,美国的政治领导人经常正确地强调让所有美国人都有能力追求"美国梦"的重要性。但正如她指出的那样,"追求梦想需要梦想家:受过教育的头脑,能够批判性地思考替代方案并想象一个雄心勃勃的目标——最好不仅涉及个人甚至国家财富,还涉及人类尊严和民主辩论"。(Nussbaum 2010:137)努斯鲍姆认为人文学科至关重要,但指出人文学科不赚钱:"他们只做比这更宝贵的事情,创造一个值得生活的世界,让人们能够将其他人视为完整的人,拥有值得尊重和同情的自己的想法和感受,以及能够克服恐惧和怀疑以支持同情和理性辩论的国家。"(143)鉴于我在这项工作中的论点,我要补充一点,追求"美国梦"需要我们所有孩子的心灵和思想为努斯鲍姆所主张的那种正规教育做好准备,其中包括发展他们批判性地思考和同情他们所在社会和世界各地的其他人的能力。这只有在他们生命的最初几年和整个童年,通过与父母和家庭的爱和支持关系,以正确的方式培养他们,这才可能发生。这种培养依赖于父母认识到并积极关注他们在孩子道德发展中独特的和不可替代的作用。

我们在此处可以更清楚地看到人文学科如何为我们促进社会变革的努力作出独特的贡献。我的观点是,除了强调和支持我们最好的科学建议的循证政策,我们需要反思和交流在儿童生命早期培养亲子关系所带来的最重要的好处——许多人文学科的工作都为我们强调了这些好处。在本书中,我认为,与任何其他传统或哲学家相比,早期儒家思想家以感人、生动的方式向我们传达了这些益处,这些方式直言不讳、引起迅速的反思并激发变革。正如《大学》开篇所言——

古之欲明明德于天下者,先治其国;欲治其国者,先齐其家;欲齐其家者,先修其身。

参考文献

Ahluwalia, Indu B., Brian Morrow, and Jason Hsia. 2005. "Why Do Women Stop Breastfeeding? Findings from the Pregnancy Risk Assessment and Monitoring System." *Pediatrics* 116: 1408 - 1412.

Ainsworth, Mary D. Salter, Mary C. Blehar, Everett Waters, and Sally Wall. 1978. *Patterns of Attachment: A Psychological Study of the Strange Situation*. Hillsdale, N.J.: Lawrence Erlbaum.

Amato, Paul R., and Rebecca A. Maynard. 2007. "Decreasing Nonmarital Births and Strengthening Marriage to Reduce Poverty." *Future of Children* 17: 117 - 141.

American Academy of Pediatrics. 2012. "Breastfeeding and the Use of Human Milk." *Pediatrics* 129: e827 - e841.

Ames, Roger T. 1991. "The Mencian Conception of Ren Xing: Does It Mean 'Human Nature'?" In *Chinese Texts and Philosophical Contexts. Essays Dedicated to Angus C. Graham*, ed. Henry Rosemont Jr., 143 - 175. Chicago: Open Court.

———. 2009. "Becoming Practically Religious: A Deweyan and Confucian Context for Rortian Religiousness." In *Rorty, Pragmatism, and Confucianism*, ed. Yong Huang, 255 - 276. Albany: State University of New York Press.

Annas, Julia. 1993. *The Morality of Happiness*. New York: Oxford University Press.

Anscombe, Elizabeth. 1958. "Modern Moral Philosophy." *Philosophy* 33: 1 - 19.

Aos, Steve R., Roxanne Lieb, Jim Mayfield, Marna Miller, and Annie Pennucci. 2004. *Benefits and Costs of Prevention and Early Intervention Programs for Youth*. Olympia: Washington State Institute for Public Policy.

Aquinas, Saint Thomas. 1948. *Summa Theologiae*. 5 vols. Trans. Fathers of the English Dominican Province. New York: Benzinger.

Aristotle. 1935. *Athenian Constitution. Eudemian Ethics. Virtues and Vices*. Trans. H. Rackham. Cambridge: Harvard University Press.

——. 1998. *Politics*. Trans. C.D.C. Reeve. Indianapolis: Hackett.

——. 1999. *Nicomachean Ethics*. Trans. Terrence Irwin. Indianapolis: Hackett.

Augustine. 1955. *The Good of Marriage*. Trans. C. T. Wilcox. New York: Fathers of the Church.

——. 1960. *The Confessions of Saint Augustine*. Trans. John K. Ryan. New York: Image.

Baldwin, Alfred L., Clara Baldwin, and Robert E. Cole. 1990. "Stress-Resistant Families and Stress-Resistant Children." In *Risk and Protective Factors in the Development of Psychopathology*, ed. Jon Rolf, Ann S. Masten, Dante Cicchetti, Keith H. Neuchterlein, and Sheldon Weintraub, 257 - 280. New York: Cambridge University Press.

Bartick, Melissa, and Arnold Reinhold. 2010. "The Burden of Suboptimal Breastfeeding in the United States: A Pediatric Cost Analysis." *Pediatrics* 125: e1048 - e1056.

Baumrind, D. 1987. *Familial Antecedents of Adolescent Drug Use: A Developmental Perspective*. Washington, D.C.: U.S. Government Printing Office.

Behuniak, James, Jr. 2005. *Mencius on Becoming Human*. Albany: State University of New York Press.

Bell, Daniel A. 2006. *Beyond Liberal Democracy: Political Thinking for an East Asian Context*. Princeton: Princeton University Press.

Bergner, Daniel. 2006. "The Case of Marie and Her Sons." *The New York Times Magazine*. www.nytimes.com/2006/07/23/magazine/23welfare.html? pagewanted = all&_r = 0.

家庭美德：儒家与西方关于儿童成长的观念

Bloom, Allan, trans. 1968. *The Republic of Plato*. 2nd ed. New York: Basic.

Bloom, Irene. 2002. "Mengzian Arguments on Human Nature (Ren Xing)." In *Essays on the Moral Philosophy of Mengzi*, ed. Xiusheng Liu and Philip J. Ivanhoe, 64 – 100. Indianapolis: Hackett.

Blustein, Jeffrey. 1982. *Parents and Children: The Ethics of the Family*. New York: Oxford University Press.

Bodde, Derk. 1986. "The State and Empire of Ch'in." In *The Cambridge History of China*, vol. 1, ed. Denis Twitchett and Michael Loewe, 21 – 102. Cambridge: Cambridge University Press.

Bok, Derek. 2010. *The Politics of Happiness*. Princeton: Princeton University Press.

Bowlby, John. 1969. *Attachment and Loss*. Vol. 1, Attachment. New York: Basic.

——. 1973. *Attachment and Loss*. Vol. 2, Separation. New York: Basic.

Bremner, J. D. 1999. "Does Stress Damage the Brain?" *Biological Psychiatry* 45: 797 – 805.

Bremner, J.D., and E. Vermetten. 2004. "Neuroanatomical Changes Associated with Pharmacotherapy in Posttraumatic Stress Disorder." *Annals of the New York Academy of Sciences* 1032: 154 – 157.

Brennan, P. A., E. R. Grekin, and S. A. Mednick. 1999. "Maternal Smoking During Pregnancy and Adult Male Criminal Outcomes." *Archives of General Psychiatry* 56: 215 – 219.

Brennan, Samantha. 1999. "Recent Work in Feminist Ethics." *Ethics* 109: 858 – 893.

Bronfenbrenner, Urie. 1979. *The Ecology of Human Development: Experiments by Nature and Design*. Cambridge Harvard University Press.

——. 1992. "The Person-Process-Context Model in Developmental Research Principles, Applications, and Implications." Unpublished manuscript, Cornell University, Ithaca, NY.

Brooks-Gunn, Jeanne, R. T. Gross, H. C. Kraemer, D. Spiker, and S. Shapiro. 1992. "Enhancing the Cognitive Outcomes of Low Birth Weight, Premature Infants: For Whom Is the Intervention Most Effective?" *Pediatrics* 89: 1209 – 1215.

Brunschwig, Jacques. 1986. "The Cradle Argument in Epicureanism and Stoicism." In *The Norms of Nature: Studies in Hellenistic Ethics*, ed. Malcolm Schofield and Gisela Striker, 113 - 144. Cambridge: Cambridge University Press.

Bubeck, Diemut. 1995. *Care, Gender, and Justice*. Oxford: Oxford University Press.

Carlson, Elizabeth A., and L. Alan Sroufe. 1995. "Contribution of Attachment Theory to Developmental Psychopathology." In *Developmental Psychopathology*, ed. Danti Cicchetti and Donald J. Cohen, vol. 1, *Theory and Methods*, 581 - 617. New York: Wiley.

Cassidy, J., and P. R. Shaver, eds. 1999. *Handbook of Attachment: Theory, Research, and Clinical Applications*. New York: Guilford.

Centers for Disease Control and Prevention. 2011. Breastfeeding Report Card and CDC National Immunization Survey: "How Many Infants Born in the United States Are Breastfed?" www.cdc.gov/breastfeeding/faq/index.htm.

Chan, Alan K. L., ed. 2002. *Mencius: Contexts and Interpretations*. Honolulu: University of Hawaii Press.

Chan, Sin Yee. 1993. "An Ethic of Loving: Ethical Particularism and the Engaged Perspective in Confucian Role-Ethics." PhD diss., University of Michigan.

Cicero. 2000. *On Obligations*. Trans. P. G. Walsh. New York: Oxford University Press.

Cline, Erin M. 2012. "Confucian Ethics, Public Policy, and the Nurse - Family Partnership." *Dao: A Journal of Comparative Philosophy* 11 (3): 337 - 356.

———. 2013a. *Confucius, Rawls, and the Sense of Justice*. New York: Fordham University Press.

———. 2013b. "Religious Thought and Practice in the Analects." In *The Dao Companion to the Analects*, ed. Amy Olberding, 259 - 291. New York: Springer.

Cooper, John. 1986. *Reason and Human Good in Aristotle*. Indianapolis: Hackett.

———. 1999. *Reason and Emotion*. Princeton: Princeton University Press.

Coyne, Jerry A. 2009. *Why Evolution Is True*. New York: Penguin.

Csikzentmihalyi, Mark, trans. 2003. "Luxuriant Gems of the Spring and Autumn (Chunqiu Fanlu)." In *Images of Women in Chinese Thought and*

Culture, ed. Robin R. Wang, 162 - 169. Indianapolis: Hackett.

Csikzentmihalyi, Mark, ed. 2006. *Readings in Han Chinese Thought*. Indianapolis: Hackett.

Dewey, John. 1989. *The Later Works*, *1925 - 1953*. Vol. 7, *1932/Ethics*. Carbondale: Southern Illinois University Press.

Dix, Dustine N. 1991. "Why Women Decide Not to Breastfeed." *Birth* 18: 222 - 225.

Ebrey, Patricia Buckley. 1993. *The Inner Quarters: Marriage and the Lives of Chinese Women in the Song Period*. Berkeley: University of California Press.

Eckenrode, John, Mary Campa, Dennis W. Luckey, Charles R. Henderson Jr., Robert Cole, Harriet Kitzman, Elizabeth Anson, Kimberly Sidora-Arcoleo, Jane Powers, and David Olds. 2010. "Long Term Effects of Prenatal and Infancy Nurse Home Visitation on the Life Course of Youths: Nineteen-Year Follow-up of a Randomized Trial." *Archives of Pediatric and Adolescent Medicine* 164: 9 - 15.

Edin, Kathryn, and Joanna M. Reed. 2005. "Why Don't They Just Get Married? Barriers to Marriage Among the Disadvantaged." *Future of Children* 15: 117 - 137.

Elster, A. B., and E. R. McAnarney. 1980. "Medical and Psychosocial Risks of Pregnancy and Childbearing During Adolescence." *Pediatric Annals* 9: 89 - 94.

Eno, Robert. 2005. "Review of James Behuniak Jr., Mencius on Becoming Human." *China Review International* 12: 359 - 363.

Epictetus. 2008. "Discourses." In *The Stoics Reader: Selected Writings and Testimonia*, trans. Brad Inwood and Lloyd P. Gerson, 195 - 205. Indianapolis: Hackett.

Fingarette, Herbert. 1972. *The Secular as Sacred*. New York: Harper and Row.

Fried, P. A., B. Watkinson, R. F. Dillon, and C. S. Dulberg. 1987. "Neonatal Neurological Status in a Low-Risk Population After Prenatal Exposure to Cigarettes, Marijuana, and Alcohol." *Journal of Developmental and Behavioral Pediatrics* 8: 318 - 326.

Furstenberg, F. F., J. Brooks-Gunn, and S. P. Morgan. 1987. *Adolescent*

Mothers in Later Life. Cambridge: Cambridge University Press.

Gabarino, J. 1981. "An Ecological Perspective on Child Maltreatment." In *The Social Context of Child Abuse and Neglect*, ed. L. Pelton, 228 – 267. New York: Human Sciences.

Gardner, Daniel K., Trans. 1990. *Learning to Be a Sage: Selections from the Conversations of Master Chu, Arranged Topically*. Berkeley: University of California Press.

——. 2007. *The Four Books: The Basic Teachings of the Later Confucian Tradition*. Indianapolis: Hackett.

Gert, Bernard. 1996. "Hobbes's Psychology." In *The Cambridge Companion to Hobbes*, ed. Tom Sorell, 157 – 174. New York: Cambridge University Press.

Gilligan, Carol. 1982. *In a Different Voice: Psychological Theory and Women's Development*. Cambridge: Harvard University Press.

——. 1987. "Moral Orientation and Moral Development." In *Women and Moral Theory*, ed. Eva Kittay and Diana Meyers, 19 – 32. Lanham, Md.: Rowman and Littlefield.

Gohm, Carol, Shigehiro Oishi, Janet Darlington, and Ed Diener. 1998. "Culture, Parental Conflict, Parental Marital Status, and the Subjective Well-Being of Young Adults." *Journal of Marriage and the Family* 60: 319 – 334.

Goldberg, Susan, R. Muir, and J. Kerr. 1995. *Attachment Theory: Social, Developmental, and Clinical Perspectives*. Hillsdale, N.J.: Analytic.

Gomby, Deanna S., Patti L. Culcross, and Richard E. Behrman. 1999. "Home Visiting: Recent Program Evaluations—Analysis and Recommendations." *Future of Children* 9: 4 – 26.

Graham, A. C. 1990. *Studies in Chinese Philosophy and Philosophical Literature*. Albany: State University of New York Press.

Grant, Kathryn E., Jeffrey H. O'koon, Trina H. Davis, Nicola A. Roache, LaShaunda M. Poindexter, Mashana L. Armstrong, Joel A. Minden, and Jeanne M. McIntosh. 2000. "Protective Factors Affecting Low-Income Urban African American Youth Exposed to Stress." *Journal of Early Adolescence* 20: 388 – 417.

Guoyu 国语. 1988. Vol. 2. Shanghai: Shanghai guji 上海古籍出版社.

Harding, Sandra. 1987. "The Curious Coincidence of Feminine and African Moralities." In *Women and Moral Theory*, ed. Eva Kittay and Diana Meyers, 296‑315. Lanham, Md.: Rowman and Littlefield.

Harper, Donald J., Trans. 1998. *Early Chinese Medical Literature: The Mawangdui Medical Manuscripts*. London: Kegan Paul International.

Hart, B., and T. R. Risley. 1995. *Meaningful Differences in the Everyday Experience of Young American Children*. Baltimore: Brookes.

Hegel, G.W.F. 1952. *The Philosophy of Right*. Trans. T. M. Knox. New York: Oxford University Press.

Held, Virginia. 1987. "Non-contractual Society: A Feminist View." *Canadian Journal of Philosophy* 13: 111‑135.

———. 2006. *The Ethics of Care: Personal, Political, and Global*. New York: Oxford University Press.

Herr, Ranjoo. 2003. "Is Confucianism Compatible with Care Ethics? A Critique." *Philosophy of East and West* 53: 471‑489.

Heymann, Jody, and Alison Earle. 2009. *Raising the Global Floor: Dismantling the Myth That We Can't Afford Good Working Conditions for Everyone*. Stanford: Stanford University Press.

Hobbes, Thomas. 1967. *Body, Man, and Citizen*. Ed. R. S. Peters. New York: Collier.

———. 1968. *Leviathan*. Ed. C. B. Macpherson. Baltimore: Penguin.

———. 1991. *De cive. In Man and Citizen*, ed. Bernard Gert. Indianapolis: Hackett.

———. 1996. *Leviathan*. Ed. R. Tuck. Cambridge: Cambridge University Press.

Hooks, Bell. 1984. *Feminist Theory: From the Margin to the Center*. Boston: South End.

Hursthouse, Rosalind. 1999. *On Virtue Ethics*. New York: Oxford University Press.

Hutchinson, D. S. 1995. "Ethics." In *The Cambridge Companion to Aristotle*, ed. Jonathan Barnes, 195‑232. New York: Cambridge University Press.

Hutton, Eric L. trans. 2014. *Xunzi: The Complete Text*. Princeton: Princeton University Press.

Isaacs, Julia B. 2009. "How Much Do We Spend on Children and the Elderly?" and "A Comparative Perspective on Public Spending on Children." Working Paper. The Brookings Institution Center on Children and Families.

Isabella, Patrice H. 1994. "Correlates of Successful Breastfeeding: A Study of Social and Personal Factors." *Journal of Human Lactation* 10: 257 - 264.

Ivanhoe, Philip J. 1991. "A Happy Symmetry: Xunzi's Ethical Thought." *Journal of the American Academy of Religion* 59: 309 - 322.

———. 1999. "The Concept of de ('Virtue') in the Laozi." In *Religious and Philosophical Aspects of the Laozi*, ed. Mark Csikszentmihalyi and Philip J. Ivanhoe, 239 - 257. Albany: State University of New York Press.

———. 2000a. *Confucian Moral Self Cultivation*. 2nd ed. Indianapolis: Hackett.

———. 2000b. "Mengzi, Xunzi, and Modern Feminist Ethics." In *The Sage and the Second Sex: Confucianism, Ethics, and Gender*, ed. Chenyang Li, 57 - 74. Chicago: Open Court.

———. 2002a. *Ethics in the Confucian Tradition: The Thought of Mengzi and Wang Yangming*. 2nd ed. Indianapolis: Hackett.

———. 2002b. "Whose Confucius? Which Analects?" In *Confucius and the Analects: New Essays*, ed. Bryan W. Van Norden, 119 - 133. New York: Oxford University Press.

———. 2002c. "Confucian Self Cultivation and Mengzi's Notion of Extension." In *Essays on the Moral Philosophy of Mengzi*, ed. Xiusheng Liu and Philip J. Ivanhoe, 221 - 241. Indianapolis: Hackett.

———. 2007. "Filial Piety as a Virtue." In *Working Virtue: Virtue Ethics and Contemporary Moral Problems*, ed. Rebecca L. Walker and Philip J. Ivanhoe, 297 - 312. New York: Oxford University Press.

———. 2008a. "The Shade of Confucius: Social Roles, Ethical Theory, and the Self." In *Polishing the Chinese Mirror: Essays in Honor of Henry Rosemont Jr.*, ed. Ronnie Littlejohn and Marthe Chandler, 41 - 56. New York: Global Scholarly.

———. 2008b. "The 'Golden Rule' in the Analects." In *Confucius Now: Contemporary Encounters with the Analects*, ed. David Jones, 81 - 108. Chicago: Open Court.

———. 2010a. "A Confucian Contribution to Justice, Gender, and the Family."

Presented at *Confucian and Liberal Perspectives on Family, State, and Civil Society*, December 7, 2010, City University of Hong Kong.

——. 2010b. "A Confucian Perspective on Abortion." *Dao* 9: 37–51.

——. 2011. "Death and Dying in the Analects." In *Mortality in Traditional Chinese Thought*, ed. Amy Olberding and Philip J. Ivanhoe, 137–152. Albany: State University of New York Press.

Jecker, Nancy. 1989. "Are Filial Duties Unfounded?" *American Philosophical Quarterly* 26: 73–80.

Johnson, Robert N. 2007. "Self-Development as an Imperfect Duty." In *Moral Cultivation: Essays on the Development of Character and Virtue*, ed. Brad K. Wilburn, 125–146. Lanham, Md.: Lexington.

Kant, Immanuel. 1959. "Idea for a General History with a Cosmopolitan Purpose." In *Theories of History*, Trans. Patrick Gardiner, 22–34. Glencoe, Ill.: Free Press.

——. 1991. *The Metaphysics of Morals*. Trans. Mary Gregor. New York: Cambridge University Press.

——. 1997. *Lectures on Ethics*. Trans. Peter Heath. Cambridge: Cambridge University Press.

Karoly, Lynn A., Peter W. Greenwood, Susan S. Everingham, Jill Hoube, M. Rebecca Kilburn, C. Peter Rydell, Matthew Sanders, and James Chiesa. 1998. *Investing in Our Children: What We Know and Don't Know About the Costs and Benefits of Early Childhood Interventions*. Santa Monica, Calif.: RAND Corporation.

Karoly, Lynn A., M. Rebecca Kilburn, and Jill S. Cannon. 2005. *Early Childhood Interventions: Proven Results, Future Promise*. Santa Monica, Calif.: RAND Corporation.

Kim, Sungmoon. 2009. "Self-Transformation and Civil Society: Lockean vs. Confucian." *Dao* 8: 383–401.

Kinney, Anne Behnke, ed. 1995. *Chinese Views of Childhood*. Honolulu: University of Hawaii Press.

Kinney, Anne Behnke. 2004. *Representations of Childhood and Youth in Early China*. Stanford: Stanford University Press.

Kinney, Anne Behnke, Trans. 2014. *Exemplary Women of Early China: The*

Lienu Zhuan of Liu Xiang. New York: Columbia University Press.

Kittay, Eva Feder. 1999. *Love's Labor: Essays on Women, Equality, and Dependency*. New York: Routledge.

Kitzman, Harriet J., Robert Cole, H. Lorrie Yoos, and David Olds. 1997. "Challenges Experienced by Home Visitors: A Qualitative Study of Program Implementation." *Journal of Community Psychology* 25: 95–109.

Kitzman, Harriet J., David L. Olds, Kimberly Sidora, Charles R. Henderson, Carole Hanks, Robert Cole, Dennis W. Luckey, Jessica Bondy, Kimberly Cole, and Judith Glazner. 2000. "Enduring Effects of Nurse Home Visitation on Maternal Life Course: A Three-Year Follow-Up of a Randomized Trial." *Journal of the American Medical Association* 283: 1983–1989.

Kitzman, Harriet J., David L. Olds, Robert E. Cole, Carole A. Hanks, Elizabeth A. Anson, Kimberly J. Arcoleo, Dennis W. Luckey, Michael D. Knudtson, Charles R. Henderson, and John R. Holmberg. 2010. "Enduring Effects of Prenatal and Infancy Home Visiting by Nurses on Children: Follow-Up of a Randomized Trial Among Children at Age 12 Years." *Archives of Pediatric and Adolescent Medicine* 164: 412–418.

Klinnert, M. D., J. J. Campos, J.F. Sorce, R.N. Emde, and M. Svejda. 1983. "Social Referencing: Emotional Expressions as Behavior Regulators." In *Emotion: Theory, Research, and Experience*, ed. R. Plutchik and H. Kellerman, vol. 2, *Emotions in Early Development*, 57–86. Orlando Academic.

Knoblock, John. 1994. *Xunzi: A Translation and Study of the Complete Works*, Vol. 3. Stanford: Stanford University Press.

Ko, Dorothy. 1994. *Teachers of the Inner Chambers: Women and Culture in Seventeenth-Century China*. Stanford: Stanford University Press.

———. 2001. *Every Step a Lotus: Shoes for Bound Feet*. Berkeley: University of California Press.

———. 2005. *Cinderella's Sisters: A Revisionist History of Footbinding*. Berkeley: University of California Press.

Kramer, M. S. 1987. "Intrauterine Growth and Gestational Duration Determinants." *Pediatrics* 80: 502–511.

Kraut, Richard. 2012. "Aristotle's Ethics." In *The Stanford Encyclopedia of*

Philosophy (spring 2012 edition), ed. Edward N. Zalta, sec. 3.1. http://
plato.stanford.edu/archives/spr2012/entries/aristotle-ethics.

Kuan, Lisa W., Maria Britto, Joji Decolongon, Pamela J. Schoettker, Harry D.
Atherton, and Uma R. Kotagal. 1999. "Health System Factors Contributing
to Breastfeeding Success." *Pediatrics* 104: 1–7.

Kuhse, Helga. 1997. *Caring: Nurses, Women, and Ethics*. Oxford: Blackwell.

Kupperman, Joel J. 1999. *Learning from Asian Philosophy*. New York: Oxford
University Press.

——. 2000. "Feminism as Radical Confucianism: Self and Tradition." In *The
Sage and the Second Sex: Confucianism, Ethics, and Gender*, ed. Chenyang
Li, 43–56. Chicago: Open Court.

Lau, D. C. 2000. "Theories of Human Nature in Mengzi and Xunzi." Reprinted
in *Virtue, Nature, and Moral Agency in the Xunzi*, ed. T. C. Kline III and
Philip J. Ivanhoe, 188–219. Indianapolis: Hackett.

Lau, D. C., and Fong Ching Chen, eds. 1992. *A Concordance to the Xiaojing* 孝
经逐字索引. Hong Kong: Commercial Press.

——. 1996. *A Concordance to the Xunzi* 荀子逐字索引. Hong Kong: Commercial
Press.

——. 2006. *A Concordance to the Lunyu* 论语逐字索引. Hong Kong: Commercial
Press.

Lee, Pauline C. 2000. "Li Zhi and John Stuart Mill: A Confucian Feminist
Critique of Liberal Feminism." In *The Sage and the Second Sex:
Confucianism, Ethics, and Gender*, ed. Chenyang Li, 113–132. Chicago:
Open Court.

Lee, Thomas H. C. 2000. *Education in Traditional China: A History*. Leiden:
Brill.

Legge, James. 1880. *The Religions of China: Confucianism and Taoism
Described and Compared with Christianity*. London: Hodder and Stoughton.

Legge, James, trans. 1885. *The Sacred Books of China: The Texts of
Confucianism*. Part 3, *The Li Ki*, 1–10. Oxford: Clarendon.

——, 1970a. *The Works of Mencius. New York: Dover. Republication of The
Chinese Classics*, vol. 2, Oxford: Clarendon, 1895.

——, 1970b. *The Shijing or Book of Poetry. The Chinese Classics*, vol. 4. Hong

Kong: Hong Kong University Press. Reprint.

——, 1971. *Confucius: Confucian Analects, The Great Learning, and The Doctrine of the Mean*. New York: Dover. Republication of The Chinese Classics, vol. 1, Oxford: Clarendon, 1893.

——, 2003. "The Book of Rites." In Images of Women in *Chinese Thought and Culture*, ed. Robin R. Wang, 48 - 60. Indianapolis: Hackett.

Lewis, Mark Edward. 1999. *Writing and Authority in Early China*. Albany: State University of New York Press.

Li, Chenyang. 1994. "The Confucian Concept of Jen and the Feminist Ethics of Care: A Comparative Study." *Hypatia* 9: 70 - 89.

——. 2002. "Revisiting Confucian Jen Ethics and Feminist Care Ethics: A Reply to Daniel Star and Lijun Yuan." *Hypatia* 17: 130 - 140.

Li, Ruowei, Sara B. Fein, Jian Chen, and Laurence M. Grummer-Strawn. 2008. "Why Mothers Stop Breastfeeding: Mothers' Self-Reported Reasons for Stopping During the First Year." *Pediatrics* 122 (suppl. 2): s69 - s76.

Liu, Xiusheng, and Philip J. Ivanhoe, eds. 2002. *Essays on the Moral Philosophy of Mengzi*. Indianapolis: Hackett.

Locke, John. 1988. *Two Treatises of Government*. Ed. Peter Laslett. Cambridge: Cambridge University Press.

Loewe, Michael. 1974. *Crisis and Conflict in Han China, 104 BC to AD 9*. London: George Allen and Unwin.

Luo, Shirong. 2007. "Relation, Virtue, and Relational Virtue." *Hypatia* 22: 92 - 110.

MacIntyre, Alasdair. 1999. *Dependent Rational Animals: Why Human Beings Need the Virtues*. Chicago: Open Court.

Main, Mary, Nancy Kaplan, and Jude Cassidy. 1985. "Security in Infancy, Childhood, and Adulthood: A Move to the Level of Representation." In *Growing Points of Attachment in Theory and Research*, ed. Inge Bretherton and Everett Waters, 66 - 104. Chicago: University of Chicago Press.

Mann, Susan. 1997. *Precious Records: Women in China's Long Eighteenth Century*. Stanford: Stanford University Press.

Martin, Anne, Rebecca M. Ryan, and Jeanne Brooks-Gunn. 2007. "The Joint Influence of Mother and Father Parenting on Child Cognitive Outcomes at

Age 5." *Early Childhood Research Quarterly* 22: 423 – 439.

———. 2010. "When Fathers' Supportiveness Matters Most: Maternal and Paternal Parenting and Children's School Readiness." *Journal of Family Psychology* 24: 145 – 155.

Mayes, L. C. 1994. "Neurobiology of Prenatal Cocaine Exposure: Effect on Developing Monoamine Systems." *Infant Mental Health Journal* 15: 121 – 133.

Maynard, Rebecca A., Walter Nicholson, and Anu Rangarajan. 1993. *Breaking the Cycle of Poverty: The Effectiveness of Mandatory Services for Welfare-Dependent Teenage Parents*. Princeton: Mathematica Policy Research.

McLanahan, Sara S., and Marcia J. Carlson. 2002. "Welfare Reform, Fertility, and Father Involvement." *Future of Children* 12: 147 – 166.

Millberger, S., J. Biederman, S. V. Faraone, L. Chen, and J. Jones. 1996. "Is Maternal Smoking During Pregnancy a Risk Factor for Attention Deficit Hyperactivity Disorder in Children?" *American Journal of Psychiatry* 153: 1138 – 1142.

Moffit, T. E. 1993. "Adolescence-Limited and Life-Course-Persistent Antisocial Behavior: A Developmental Taxonomy." *Psychological Review* 100: 674 – 701.

Musick, Judith S. 1993. *Young, Poor, and Pregnant*. New Haven: Yale University Press.

Nivison, David S. 1996. *The Ways of Confucianism: Investigations in Chinese Philosophy*. Ed. Bryan W. Van Norden. La Salle: Open Court.

Noddings, Nel. 1984. *Caring: A Feminine Approach to Ethics and Moral Education*. Berkeley: University of California Press.

———. 2002a. *Educating Moral People: A Caring Alternative to Character Education*. New York: Teachers College Press.

———. 2002b. *Starting at Home*. Berkeley: University of California Press.

———. 2003. *Happiness and Education*. New York: Cambridge University Press.

———. 2010a. "Dewey's Philosophy of Education: A Critique from the Perspective of Care Theory." In *The Cambridge Companion to Dewey*, ed. Molly Cochran, 265 – 287. New York: Cambridge University Press.

———. 2010b. *The Maternal Factor: Two Paths to Morality*. Berkeley: University of California Press.

Nussbaum, Martha C. 1986. *The Fragility of Goodness: Luck and Ethics in Greek Tragedy and Philosophy*. New York: Cambridge University Press.

———. 1994. *The Therapy of Desire: Theory and Practice in Hellenistic Ethics*. Princeton: Princeton University Press.

———. 2010. *Not for Profit: Why Democracy Needs the Humanities*. Princeton: Princeton University Press.

Ogbuanu, Chinelo, Saundra Glover, Janice Probst, Jihong Liu, and James Hussey. 2011. "The Effect of Maternity Leave Length and Time of Return to Work on Breastfeeding." *Pediatrics* 127: e1414 – e1427.

Okin, Susan Moller. 1991. *Justice, Gender, and the Family*. New York: Basic.

Olds, David L. 1997. "Tobacco Exposure and Impaired Development: A Review of the Evidence." *Mental Retardation and Developmental Disabilities Research Reviews* 3: 257 – 269.

———. 2002. "Prenatal and Infancy Home Visiting by Nurses: From Randomized Trials to Community Replication." *Prevention Science* 3: 153 – 172.

———. 2006. "The Nurse – Family Partnership: An Evidence-Based Preventive Intervention." *Infant Mental Health Journal* 27: 5 – 25.

———. 2010. "The Nurse – Family Partnership: From Trials to Practice." In *Childhood Programs and Practices in the First Decade of Life: A Human Capital Integration*, ed. Arthur J. Reynolds et al., 49 – 75. New York: Cambridge University Press.

Olds, David L., Charles R. Henderson Jr., Robert Cole, John Eckenrode, Harriet Kitzman, Dennis Luckey, Lisa Pettitt, Kimberly Sidora, Pamela Morris, and Jane Powers. 1998. "Long-Term Effects of Nurse Home Visitation on Children's Criminal and Antisocial Behavior: Fifteen-Year Follow-Up of a Randomized Controlled Trial." *Journal of the American Medical Association* 280: 1238 – 1244.

Olds, David L., Charles R. Henderson Jr., and Harriet Kitzman, 1994. "Does Prenatal and Infancy Nurse Home Visitation Have Enduring Effects on Qualities of Parental Caregiving and Child Health at 25 to 50 Months of Life?" *Pediatrics* 93: 89 – 98.

Olds, David L., Charles R. Henderson Jr., and R. Tatelbaum. 1994. "Intellectual

Impairment in Children of Women Who Smoke Cigarettes During Pregnancy."
Pediatrics 93: 221 – 227.

Olds, David L., Peggy Hill, JoAnn Robinson, Nancy Song, and Christina
Little. 2000. "Update on Home Visiting for Pregnant Women and Parents
of Young Children." *Current Problems in Pediatrics* 30: 109 – 141.

Olds, David L., and H. Kitzman. 1993. "Review of Research on Home Visiting
for Pregnant Women and Parents of Young Children." *Future of Children*
3: 51 – 92.

Olds, David L., Harriet J. Kitzman, Robert E. Cole, Carole A. Hanks, K. J.
Arcoleo, E. A. Anson, D. W. Luckey, M. D. Knudtson, C. R. Henderson,
J. Bondy, and A. J. Stevenson. 2010. "Enduring Effects of Prenatal and
Infancy Home Visiting by Nurses on Maternal Life Course and Government
Spending: Follow-Up of a Randomized Trial Among Children at Age 12
Years." *Archives of Pediatric and Adolescent Medicine* 164: 419 – 424.

Olds, David L., H. Kitzman, Robert Cole, and JoAnn Robinson. 1997.
"Theoretical Foundations of a Program of Home Visitation for Pregnant
Women and Parents of Young Children." *Journal of Community Psychology*
25: 9 – 25.

Olds, David L., JoAnn Robinson, Ruth O'Brien, Dennis W. Luckey, Lisa M.
Pettitt, Charles R. Henderson, Rosanna K. Ng, Karen L. Sheff, Jon
Korfmacher, Susan Hiatt, and Ayelet Talmi. 2002. "Home Visiting by
Paraprofessionals and by Nurses: A Randomized, Controlled Trial."
Pediatrics 110: 486 – 496.

O'Neill, Onora, and William Ruddick. 1979. *Having Children: Philosophical
and Legal Reflections on Parenthood*. New York: Oxford University Press.

Overpeck, Mary D., Ruth A. Brenner, Ann C. Trumble, Lara B. Trifeletti,
and Heinz W. Berendes. 1998. "Risk Factors for Infant Homicide in the
United States." *New England Journal of Medicine* 339: 1211 – 1216.

Parry, Geraint. 2001. "Émile: Learning to Be Men, Women, and Citizens." In
The Cambridge Companion to Rousseau, ed. Patrick Riley, 247 – 271.
Cambridge: Cambridge University Press.

Peterson, L., and S. Gable. 1998. "Holistic Injury Prevention." In *Handbook of
Child Abuse Research and Treatment*, ed. J. R. Lutzker, 291 – 318. New

York: Plenum.

Pine, D. S. 2001. "Affective Neuroscience and the Development of Social Anxiety Disorder." *Psychiatric Clinics of North America* 24: 689 – 705.

———. 2003. "Developmental Psychobiology and Response to Threats: Relevance to Trauma in Children and Adolescents." *Biological Psychiatry* 53: 796 – 808.

Pomeroy, Sarah B. 1999. *Families in Classical and Hellenistic Greece*. New York: Oxford University Press.

———. 2002. *Spartan Women*. New York: Oxford University Press.

Powers, Martin. 1991. *Art and Political Expression in Early China*. New Haven: Yale University Press.

Price, J. L., S. T. Carmichael, and W. C. Drevets. 1996. "Networks Related to the Orbital and Medial Prefrontal Cortex: A Substrate for Emotional Behavior?" *Progress in Brain Research* 107: 523 – 536.

Puett, Michael J. 2001. *The Ambivalence of Creation: Debates Concerning Innovation and Artifice in Early China*. Stanford: Stanford University Press.

———. 2002. *To Become a God: Cosmology, Sacrifice, and Self-Divination in Early China*. Cambridge, Mass.: Harvard University Asia Center.

———. 2011. "Sages, the Past, and the Dead." In *Mortality in Traditional Chinese Thought*, ed. Amy Olberding and Philip J. Ivanhoe, 225 – 248. Albany: State University of New York Press.

Quint, Janet C., Johannes M. Bos, and Denise F. Polit. 1997. *New Chance: Final Report on a Comprehensive Program for Disadvantaged Young Mothers and Their Children*. New York: Manpower Demonstration Research.

Raine, A., P. Brennan, and S. A. Mednick. 1994. "Birth Complications Combined with Early Maternal Rejection at Age 1 Year Predispose to Violent Crime at Age 18 Years." *Archives of General Psychiatry* 51: 984 – 988.

Raphals, Lisa. 1998. *Sharing the Light: Representations of Women and Virtue in Early China*. Albany: State University of New York Press.

———. 2002. "A Woman Who Understood the Rites." In *Confucius and the Analects: New Essays*, ed. Bryan W. Van Norden, 275 – 302. New York: Oxford University Press.

　　　　　　　　家庭美德：儒家与西方关于儿童成长的观念

Rawls, John. 1999. *A Theory of Justice*. Rev. ed. Cambridge, Mass.: Belknap.

———. 2001. *Justice As Fairness: A Restatement*. Ed. Erin Kelly. Cambridge, Mass.: Belknap.

Ray, Rebecca, Janet C. Gornick, and John Schmitt. 2009. "Parental Leave Policies in 21 Countries." Washington, D.C.: Center for Economic and Policy Research.

Reichman, Nancy E. 2005. "Low Birthweight and School Readiness." *Future of Children* 15: 91–92.

Renfrew, Mary J., Felicia M. McCormick, Angela Wade, Beverley Quinn, and Therese Dowswell. 2012. "Support for Healthy Breastfeeding Mothers with Healthy Term Babies." *Cochrane Database of Systematic Reviews* 2012, issue 5, article no. CD001141.

Robinson, JoAnn L., and Marcela C. Acevedo. 2001. "Infant Reactivity and Reliance on Mother During Emotion Challenges: Prediction of Cognition and Language Skills in a Low-Income Sample." *Child Development* 72: 402–415.

Robinson, JoAnn L., R. N. Emde, and J. Korfmacher. 1997. "Integrating an Emotional Regulation Perspective in a Program of Prenatal and Early Childhood Home Visitation." *Journal of Community Psychology* 25: 59–75.

Rosemont, Henry, Jr. 1997. "Classical Confucian and Contemporary Feminist Perspectives on the Self: Some Parallels and Their Implications." In *Culture and Self: Philosophical and Religious Perspectives, East and West*, ed. Douglas Allen, 63–82. Boulder, Colo.: Westview.

Rosenlee, Li-Hsiang Lisa. 2006. *Confucianism and Women*. Albany: State University of New York Press.

Rousseau, Jean-Jacques. 1979. *Émile*. Trans. Allan Bloom. New York: Basic.

Ruddick, Sara. 1980. "Maternal Thinking." *Feminist Studies* 6: 342–67.

———. 1995. *Maternal Thinking: Toward A Politics of Peace*. Boston: Beacon.

———. 1997. "The Idea of Fatherhood." In *Feminism and Families*, ed. Hilde Lindemann Nelson, 205–220. New York: Routledge.

———. 1998. "Care as Labor and Relationship." In *Norms and Values: Essays on the Work of Virginia Held*, ed. Joram C. Haber and Mark S. Halfon, 3–26.

Lanham, Md.: Rowman and Littlefield.

Ryan, Rebecca M., Anne Martin, and Jeanne Brooks-Gunn. 2006. "Is One Parent Good Enough? Patterns of Mother and Father Parenting and Child Cognitive Outcomes at 24 and 36 Months." *Parenting: Science and Practice* 6: 211–228.

Satz, Debra, and Rob Reich, eds. 2009. *Toward a Humanist Justice: The Political Philosophy of Susan Moller Okin*. New York: Oxford University Press.

Sawhill, Isabel. 2012. "20 Years Later, It Turns Out Dan Quayle Was Right About Murphy Brown and Unmarried Moms." *Washington Post*, May 25, 2012.

Saxon, D. W. 1978. "The Behavior of Infants Whose Mothers Smoke in Pregnancy." *Early Human Development* 2: 363–369.

Schneewind, J. B. 1994. "Locke's Moral Philosophy." In *The Cambridge Companion to Locke*, ed. Vere Chappell, 199–225. New York: Cambridge University Press.

——. 1997. *The Invention of Autonomy: A History of Modern Moral Philosophy*. Cambridge: Cambridge University Press.

Schochet, Gordon. 1975. *Patriarchalism in Political Thought*. New York: Basic.

Schofield, Malcolm. 2003. "Stoic Ethics." In *The Cambridge Companion to the Stoics*, ed. Brad Inwood, 233–256. New York: Cambridge University Press.

Schore, Allan N. 1994. *Affect Regulation and the Origin of the Self: The Neurobiology of Emotional Development*. Mahwah, N.J.: Erlbaum.

——. 1997. "Early Organization of the Nonlinear Right Brain and Development of a Predisposition to Psychiatric Disorders." *Development and Psychopathology* 9: 595–631.

——. 2003a. *Affect Dysregulation and Disorders of the Self*. New York: Norton.

——. 2003b. *Affect Regulation and the Repair of the Self*. New York: Norton.

——. 2012. *The Science of the Art of Psychotherapy*. New York: Norton.

Schwartz, Benjamin I. 1985. *The World of Thought in Ancient China*. Cambridge, Mass.: Belknap.

Schweinhart, Lawrence J. 2010. "The Challenge of the HighScope Perry

家庭美德：儒家与西方关于儿童成长的观念

Preschool Study." In *Childhood Programs and Practices in the First Decade of Life: A Human Capital Integration*, ed. Arthur J. Reynolds, Arthur J. Rolnick, Michelle M. Englund, and Judy A. Temple. 57 - 167. New York: Cambridge University Press.

Schwitzgebel, Eric. 2007. "Human Nature and Moral Education in Mencius, Xunzi, Hobbes, and Rousseau." *History of Philosophy Quarterly* 24: 147 - 168.

Sellman, Derek. 2011. *What Makes a Good Nurse: Why the Virtues Are Important for Nurses*. London: Jessica Kingsley.

Seneca. 2011. *On Benefits*. Trans. Miriam Griffin and Brad Inwood. Chicago: University of Chicago Press.

Shklar, Judith N. 2001. "Rousseau's Images of Authority." In *The Cambridge Companion to Rousseau*, ed. Patrick Riley, 154 - 192. Cambridge: Cambridge University Press.

Shore, Rima. 1997. *Rethinking the Brain: New Insights into Early Development*. *Executive Summary*. New York: Families and Work Institute.

Shun, Kwong-loi. 1997. *Mencius and Early Chinese Thought*. Stanford: Stanford University Press.

Sim, May. 2007. *Remastering Morals with Aristotle and Confucius*. New York: Cambridge University Press.

Slingerland, Edward G. 2003. *Confucius Analects*. Indianapolis: Hackett.

Sommer, Deborah. 2003. "Ritual and Sacrifice in Early Confucianism: Contacts with the Spirit World." In *Confucian Spirituality I*, ed. Tu Weiming and Mary Evelyn Tucker, 197 - 219. New York: Crossroad.

Stalnaker, Aaron. 2006. *Overcoming Our Evil*. Washington, D.C.: Georgetown University Press.

Star, Daniel. 2002. "Do Confucians Really Care? A Defense of the Distinctiveness of Care Ethics: A Reply to Chenyang Li." *Hypatia* 17: 77 - 106.

St. Pierre, Robert G., J. Swartz, B. Gamse, S. Murray, D. Deck, and P. Nickel. 1995. *National Evaluation of Even Start Family Literacy Program: Final Report*. Cambridge: Abt Associates.

Strayer, David L., Frank A. Drews, and William A. Johnston. 2003. "Cell Phone-Induced Failures of Visual Attention During Simulated Driving."

Journal of Experimental Psychology: Applied 9: 23 - 32.

Streissguth, A. P., P. D. Sampson, H. M. Barr, F. L. Bookstein, and H. C. Olson. 1994. "The Effects of Prenatal Exposure to Alcohol and Tobacco: Contributions from the Seattle Longitudinal Prospective Study and Implications for Public Policy." In *Prenatal Exposure to Toxicants: Developmental Consequences*, ed. H. L. Needleman and D. Bellinger, 148 - 183. Baltimore: Johns Hopkins University Press.

Swanton, Christine. 2005. *Virtue Ethics: A Pluralistic View*. New York: Oxford University Press.

Tamis-LeMonda, C., and M. H. Bornstein. 1989. "Habituation and Maternal Encouragement of Attention in Infancy as Predictors of Toddler Language, Play, and Representational Competence." *Child Development* 60: 738 - 751.

Thompson, R. 1994. "Emotion Regulation: A Theme in Search of Definition." *Monographs of the Society for Research in Child Development* 59: 25 - 52.

Tiwald, Justin. 2010. "Dai Zhen on Sympathetic Concern." *Journal of Chinese Philosophy* 37: 76 - 89.

Tronto, Joan C. 1993. *Moral Boundaries: A Political Argument for an Ethic of Care*. New York: Routledge.

Van IJzendoorn, M. H. 1995. "Adult Attachment Representations, Parental Responsiveness, and Infant Attachment: A Meta-Analysis on the Predictive Validity of the Adult Attachment Interview." *Psychological Bulletin* 117: 387 - 403.

Van Norden, Bryan W. 2007. *Virtue Ethics and Consequentialism in Early Chinese Philosophy*. New York: Cambridge University Press.

Van Norden, Bryan W., Trans. 2008. *Mengzi: With Selections from Traditional Commentaries*. Indianapolis: Hackett.

Wakschlag, Lauren S., Benjamin B. Lahey, Rolf Loeber, Stephanie M. Green, Rachel A. Gordon, and Bennett L. Leventhal. 1997. "Maternal Smoking During Pregnancy and the Risk of Conduct Disorder in Boys." *Archives of General Psychiatry* 54: 670 - 676.

Waldfogel, Jane. 2001. "International Policies Toward Parental Leave and Child Care." *Future of Children* 11: 98 - 111.

Watson, Burton. 2007. *The Analects of Confucius*. New York: Columbia

University Press.

Wilms, Sabine. 2005. "The Transmission of Medical Knowledge on 'Nurturing the Fetus' in Early China." *Asian Medicine: Tradition and Modernity* 1: 276 – 314.

Wilson, Stephen Wilson. 2002. "Conformity, Individuality, and the Nature of Virtue." In *Confucius and the Analects: New Essays*, ed. Bryan W. Van Norden, 94 – 115. New York: Oxford University Press.

Wong, David B. 1989. "Universalism Versus Love with Distinctions: An Ancient Debate Revived." *Journal of Chinese Philosophy* 16: 251 – 272.

Yearley, Lee H. 1990. *Mencius and Aquinas: Theories of Virtue and Conceptions of Courage*. Albany: State University of New York Press.

Yu, Jiyuan. 2007. *The Ethics of Confucius and Aristotle*. New York: Routledge.

Zuckerman, B., and E. R. Brown. 1993. "Maternal Substance Abuse and Infant Development." In *Handbook of Infant Mental Health*, ed. C. Zeanah Jr., 143 – 158. New York: Guilford.

索 引

291,302,310 - 313,318,320,322, 332,333,344,350 - 353,355,356

Human nature 人性 19,20,35,36, 39,42,44,45,50 - 52,55,58,64, 72,73,77,85,139,148,149,151, 158,167,170,171,182,208,254, 306

Impartiality 公正 124,130,184, 186,191,291,294 - 296

Independence 独立 68,73,98,100, 107,108,128,169,175,227,238, 256,258,273,311

Infant 婴儿 3 - 6,15,31,59,60,72, 73,81,82,90,112,115,121,124, 135 - 138,141 - 143,146,154,157, 158,161,165 - 167,169,172,174, 176,193,194,197,205,211 - 213, 221,223,235,236,239,241,244, 245,247,248,252,253,259,262 - 264,268 - 274,276 - 282,285,287, 288,295,297,310,315 - 317,319, 324,326 - 330,333 - 335,340,343, 349,354

Innate 先天 51,85,173,182,183

Inner Pattern 内则 65,81,95,106

Intervention programs 干预计划 10,13,236,237,245,247,318,354

Laws《法律篇》 124,125

Lectures on Ethics《伦理学讲座》 170,171

Leviathan《利维坦》 156,158

Liberalism 自由主义 70,180,227,

296,344

Local Community Advisory Committee 当地社区咨询委员会 314

Male mothers 男性母亲 191,193

Marriage 婚姻 6,48,100,102 - 106, 122,139,145,147,160,255,256, 328,335 - 344,346

Maternal Thinking《母性思维》 187,188,214

Memphis 孟菲斯 238,240,258,259, 281,314

Mengzi's mother moved three times 孟母三迁 94,254,306

Mengzi《孟子》 11,19,27,35 - 45, 47 - 51,56,58,63,71 - 76,83,93, 98,99,106,109,138,287,303

Émile《爱弥儿》 162,165

Moral capacities 道德能力 6,25, 35,37 - 40,49,52,57,273,293, 297,349

Moral contingencies 道德偶然 291, 293 - 295

Moral cultivation 道德培养 3,4,6, 7,10 - 12,14,15,17,19,21 - 25,31, 34 - 36,38 - 40,42 - 44,51 - 55,58, 60 - 65,67,68,72,73,75 - 88,90 - 96,98,99,106,110,111,115 - 117, 119,121,123,125 - 127,130 - 132, 137,138,143 - 145,148,149,154, 155,157,158,161,166,171,174, 176,177,179,186,187,196,198, 199,208,211,214,219,220,224,

家庭美德：儒家与西方关于儿童成长的观念

家庭美德：儒家与西方关于儿童成长的观念

人名

译后记

　　白驹过隙，忽然而已。当本书翻译落笔时，我才意识到自己在耶鲁的时光已过半年。坐在神学院图书馆科林斯柱撑起的希腊神庙式 Day Mission 阅读室里，让人总有置身于古典世界之感——希腊众神的世界，我这样的说法在神学院恐怕是异教徒的论调——尤其是每到整点时，神学院 Marquand 教堂悠长的钟声似乎能带人穿越时空回到中世纪，奥古斯丁、托马斯·阿奎那、奥卡姆等圣哲先贤仿佛就坐在某个角落等着我走过去和他们交谈。他们似乎想要告诉我，翻译的完成只是真正严肃的学术生命的预备（《弟茂德前书》19：6 "为自己积蓄良好的根基，以备将来能享受那真正的生命"），而像他们一样，把自己献给漫漫学术长路并为此感到喜乐才是真实的、信仰式的学人生命。

　　在集中翻译的三个月时间里，我通常都是独自一人坐在图书馆里揣摩译文，从早晨到夜晚，神学院方庭静谧的日与夜、窗外季

　　　　　　　　家庭美德：儒家与西方关于儿童成长的观念

节的流转、洒在 Marquand 教堂尖顶十字架上的阳光与月色，以及像是挂在树梢上的点点繁星都给了我面对孤独时的平静和一页接一页坚持下去的不竭动力。每当翻译疲劳之时，转头看向窗外的草坪、教堂和红砖白窗相映成趣的神学院方庭，以及方庭中两棵巨大的榆树从我 2021 年夏天刚来时的满树绿意到秋日换成彩妆，从大雪覆盖的冬季脱去旧衣到春天发出新芽，生命的生生不息让我赞叹天主的创生恩典与天地的造化。同时也让我对自己翻译的柯爱莲教授（Prof. Erin Cline）的《家庭美德：儒家与西方关于儿童成长的观念》（*Families of Virtue: Confucian and Western Views on Childhood Development*）这本书有了不同于刚刚开始翻译时的新的认识，对于我成长于其中的中国文化传统，尤其是儒家的孝道有了新的感受——孝不仅是对于父母的感恩与敬重，而且是对生命本身的感恩与敬重。

柯教授这本著作于 2015 年在世界知名学术出版社——哥伦比亚大学出版社（New York：Columbia University Press）出版，主题是中西方哲学关于儿童道德培养与发展的比较研究。柯教授认为，儿童的道德培养，尤其是生命最初几年（包括母亲怀孕期间）的道德培养不仅对儿童长大成人以及整个生命历程都会产生决定性的影响，这并非仅仅关乎个体的幸福，而且与社会的繁荣、美好生活、国家政治的良好运行都息息相关；父母在家庭中的角色相互支持，且细腻敏锐与回应积极的照护是儿童道德培养至关重要的环境，而其中，母亲的角色尤其关键，这并非说父亲的重要性不如母亲，只是从历史与现实的双重维度来看，母亲在照护孩子的过程中通常承担得更多。据此,经过多个早期儒家经典文本的考察,如《诗经》《论语》《孟子》《荀子》《小戴礼记》《列女传》《春秋繁露》,乃至宋代的《朱子语类》等,并在系统比较研究西方哲学史的基础上,从柏拉图、亚里士多德、塞涅卡、爱比克泰德、西塞罗、奥古斯丁、托马斯·阿奎那、霍布斯、洛克、卢梭、康德、黑格尔,直到当代女性主义以及罗尔斯的政治哲学,柯教授认为,早期儒家关于儿童道德培养的观念不仅在历史上是合理且丰富的,而且即使在今天的文化语境中,也颇具有建设性——不仅可以从理论上补充西方哲学在此方面的缺失,而且能够用来促进西方文化与实践政策层面的变革,这一论点得到了她所引证的 NFP 计划成功实践的证明。

柯教授本书在学科性质上属于伦理学,从研究进路与方法上来看是一本比较哲学著作,从内容上来说我们可以将其归为目前正在国内方兴未艾的家哲学,若是再细分的话,可以说是儿童哲学;从西方哲学的研究领域来看,本书是性别研究方面的一本代表作——因为女性视角是本书的核心切入点,她对在此之前的女性主义著作进行了系统总结与反思。在此领域,国内目前还没有如此细致的研究著作,也还未看到该类研究兴起的迹象,但书中谈及的确实是任何文化传统都会碰到的问题,无论是理论上还是实践上,因此,将这样一本视角独特、材料夯实、论证严谨、且对当代人类文化颇具批判性的学术著作翻译成中文引入国内是价值巨大的。不得不提及的是,本书的写作在哲学书中并不属于艰涩难懂的那一类,恰恰相反,本书思路清晰、主题明确、语言流畅,而且因为研究主题与日常生活息息相关的原因,所以本书的影响将

家庭美德:儒家与西方关于儿童成长的观念

不限于学术界。

关于本书几个核心术语的翻译,我需要向读者略作交代我的考虑。

Moral cultivation,关于本术语,我在翻译过程中一直在考虑到底是道德培养还是道德修养,在全书翻译完毕后,我认为作者柯爱莲教授在书中绝大部分的意思是道德培养,即家长尤其是母亲对孩子德性与德行的培养。

Moral self-cultivation,笔者对该词原本的翻译是道德培养,意指一个道德主体对自身的德性与德行的培养、修炼,但是在儒家传统中,"修身"即是指主体对自身的道德修炼,而且与道德培养的区分度更高,所以笔者遵从传统与实际的考虑,将此翻译为修身。

Mothering,这个词通常而言可以翻译为"育儿",是指生养孩子、教育孩子等亲子关系实践,尽管"育儿"是常用词,无论在中英文中,但并没有体现出这是母亲特有的亲子实践。尽管并非所有育儿都是特指母亲是该项工作的唯一实践者,不过这却是本书作者柯爱莲教授想要凸显的核心思想,即母亲不仅生了孩子,而且还抚养、教育、关爱、陪伴孩子,母亲不仅在实践上承担了这些工作,而且还赋予了此项工作以道德意义。况且 parenting 这个词也指"育儿",正如柯教授在书中所辨析的,这是指父母双方共同协作的"育儿"。基于此,我把这个词翻译为"母育",这样更贴合本书作者所强调的母亲在孩子的生育、抚养、道德培养等工作上的核心重要性的维度。

Caring for 与 Caring about 是本书第二与第三部分的核心

术语。Caring for 与 Caring about 事实上在日常英语的使用中没有严格的分别（若是有，则是译者的错误），但作者所引用的女性主义哲学家内尔·诺丁斯对这两个用法有严格的区分，即 Caring for 指的是由自然情感唤起的关爱，如血亲关系，这样的关爱主要是基于自然情感；而 Caring about 指的是由道德意识唤起的关怀，如孟子所言"推恩足以保四海，不推恩无以保妻子"，这是一种理性的道德意识，尽管并非与情感无关。因此我的翻译分别是关爱与关怀。且这样的翻译办法与作者在本书中频繁引证的关怀伦理相一致。

在翻译中，需要特别考虑的术语远超我在此处交代的这几个，但这几个因为贯穿全书，与作者要表达的核心主题密切相关，因此我在此予以特别说明。还需要与读者以及学界、译界同仁在此沟通交流的是：在翻译过程中，我发现翻译并非简单的文句转译，因为事实上有大量的字词并不是一一对应的，需要根据作者的意思以及中英文表达的规范创造新的词，赋予其新的含义，这就意味着翻译在一定程度上是新的语言创造。我的翻译主要方法为逐字翻译（word for word），力求以作者的语言风格表达作者的意思，而不是以自己的风格表达作者的意思；整体视角也是另一个重要的方法，即逐字翻译与全书整体的意思相协调，从作者全书想要表达的含义来推敲一些具体细节处的翻译。

由于本书作者柯爱莲教授在书中考察引证了大量的西方哲学文献，而其中大部分著作都已有了可信的中译本，因此，我在翻译的过程中一一核对了这些中译本，若是与本书语言风格以及概念使用相一致的,就沿用已有的翻译,并给出规范的脚注;若是译本有明显的错译,或者语言风格、概念使用与本书不统一的,译者在充分尊重原作的前提下,会作出适当的重译与修改。当然,必须要承认的是,由于语言水平的限制,作者能够核对的原著文本仅为英文本或英译本。

柏拉图英译本,我所使用的是 John M. Copper,*Plato: Complete Works*,Indianapolis:Hackett Publishing Co.,1997。《理想国》(*Republic*)的中译本,我所参考的是张竹明、郭斌和译,北京:商务印书馆,1986 年。我在引用的同时根据英译本作了校对,没有发现明显的错译与硬伤。由于《法律篇》(*Laws*)没有可信的中译本,所以译者只能根据英译本自己翻译,翻译不当之处,请读者朋友们指出。

亚里士多德英译本,我参考的是 Jonathan Barnes,*The Complete Works of Aristotle*,The Revised Oxford Translation,Vol. 1. 1,Princeton,NJ:Princeton University Press,1991。《政治学》(*Politics*)我参考的是吴寿彭译本,北京:商务印书馆,1983 年,但作出了相应的修改。《尼各马可伦理学》(*Nicomachean Ethics*)我参考的是廖申白译本,北京:商务印书馆,2003 年,但作出了相应的修改。

爱比克泰德《论说集》的英译本,我参考了 *Epictetus,Epictetus: Discourses*,*Cambridge*,*Mass: Harvard University Press*,1928。中译本,我参考了[古希腊] 爱比克泰德:《爱比克泰德论说集》,王文华译,北京:商务印书馆,2009 年。

奥古斯丁《忏悔录》的英译本，我参考了 Saint Augustine，*Confessions*，Trans. Vernon J. Bourke PhD，Washington，D.C.：Catholic University of America Press，1953。中译本，我参考了［古罗马］奥古斯丁：《忏悔录》，周士良译，北京：商务印书馆，1963 年。

托马斯·阿奎那的《神学大全》英译本，我参考了 Thomas Aquinas，*Summa Theologica Complete in a Single Volume*，unabridged edition，Coyote Canyon Press，2018。中译本，我参考了圣多玛斯·阿奎那：《神学大全》，周克勤等译，碧岳学社/中华道明会，2008 年。

托马斯·霍布斯的《利维坦》英译本，我参考了 Thomas Hobbes，*Three-Text Edition of Thomas Hobbes's Political Theory: The Elements of Law*，*De Cive and Leviathan*，ed. Deborah Baumgold，New York：Cambridge University Press，2017。中译本，我参考了［英］霍布斯：《利维坦》，黎思复，黎廷弼译，北京：商务印书馆，2009 年。

约翰·洛克的《政府论》两卷本，我参考的是 John Locke，*Two Treatises of Government*，ed. Peter Laslett，Cambridge University Press，2005。中译本，我参考的是［英］洛克：《政府论》（上下册），瞿菊农，叶启芳译，北京：商务印书馆，1997 年。

让-雅克·卢梭的《爱弥儿》英译本，我参考的是 Jean-Jacques Rousseau，*Emile Or On Education*，trans. Allan Bloom，New York：Basic Books，1979。中译本，我参考的是［法］卢梭：《爱

弥儿，或论教育》，李平沤译，北京：商务印书馆，1996 年。译者对译文作了适当的修改。

黑格尔的《法哲学原理》的英译本，我参考的是 G. W. F. Hegel, *Outlines of the Philosophy of Right*（Oxford World's Classics），Revised edition, Trans. T. M. Knox, Edited. Stephen Houlgate, New York：Oxford University Press, 2008。中译本，我参考的是[德] 黑格尔：《法哲学原理》，邓安庆译，北京：人民出版社，2017 年。

罗尔斯的《正义论》(*A Theory of Justice*, Cambridge, MA：Harvard University Press, 1999) 的中译本，我参考的是何怀宏、何包钢、廖申白中译本，北京：中国社会科学出版社，2001 年。罗尔斯的《作为公平的正义——正义新论》(*Justice as Fairness: A Restatement*, Cambridge, MA：Harvard University Press, 2001) 的中译本，我参考的是姚大志中译本，上海三联书店，2002 年，译文略有修改。

努斯鲍姆的《欲望的治疗：希腊化时期的伦理理论与实践》(*The Therapy of Desire: Theory and Practice in Hellenistic Ethics*)，我参考了徐向东教授和陈玮教授的中译本，北京大学出版社，2018 年。

任何一件事的完成都需要他者的帮助。本书尽管是我独译，但若是没有师长、朋友以及父母的帮助与支持，我相信我无法在 3 个月时间里顶住压力准时完成。人生拥有好父母、好老师、好领导、好朋友是幸运的，而我竟然能同时拥有，这不得不说是我生命中的恩典。

　　首先，我要感谢我敬爱的导师吴根友教授。没有吴老师，就没有这本译作以及自己学术生涯的长期规划。在 2018 年秋季博士刚刚入学的时候，吴老师跟我谈话，教我要学会从长线程看自己的学术生涯，比如博士学习尽管是四到五年，但要从十年着眼，就是说，在博士学习期间就要考虑到以后工作初期五年左右的学术规划。因为我过往的编辑工作经验，在 2018 年冬季，吴老师计划主编出版一套"比较哲学翻译与研究丛书"，在项目规划的时候，吴老师分配了一本引进书给我翻译，将此作为我博士训练的一部分。吴老师常说，博士学术训练要掉几层皮才可以，我想我可能是吴老师指导的博士生中掉皮最多的学生之一，不过这也变相说明我皮厚。事实证明确实如此，在我翻译这本书的前期，我感到痛苦不已，因为同时要上课、申请出国、博士论文换课题。后来新冠疫情暴发，赴美签证也变得越发困难，所以我索性就把主体部分工作留在来耶鲁之后进行。但没想到的是，来到耶鲁之后，因为要适应这里的生活，加上上课，生活上和学术模式上的转变，让我无所适从。但人的潜力和惰性都是强大的，因为博士学习的倒计时已经开始，在耶鲁只有宝贵的一年时间，加上吴老师的一再嘱咐，所以我趁着寒假期间，硬着头皮强制自己每天翻译 3000 字，这样加上休息时间，3 个月即可完成。在翻译的过程中，只要遇到困难，就找吴老师聊一会儿，抒发自己的痛苦，就这样埋头苦干了 3 个月，算是准时给吴老师交了作业。

　　其次，我要感谢我亲爱的老领导刘佩英总编。刘总是我在上

　　　　　　　　家庭美德：儒家与西方关于儿童成长的观念

海交通大学出版社工作时的领导，还记得 2015 年刚刚进社时懵懂无知，只有一腔想要做出版、从事文化事业的热血，但每天面对着上海的钢铁森林与车水马龙，自己茫然困顿，不知从哪开始。但后来因为我组织年轻编辑的读书会和刘总结识，刘总和很多我印象中的领导截然不同，她支持、鼓励、帮助年轻人，喜欢和年轻人共事、交流，会从年轻人的角度看待工作，乐意给年轻人创造机会。在此之后，与刘总的接触越来越多，她也开始指导我如何约稿、组稿、编辑、宣传等。尤其需要提及的是，交大社是理工类大学出版社，因此理工类图书才是出版的重头和主流，人文图书只是小众，且对人文书的出版要求很高。即使在这样的情况下，每当我拿到哲学书的选题时，刘总都是毫不犹豫地支持，给予机会，也正是这样，我才逐渐享受工作的乐趣，并认为自己的工作是有价值的。不仅如此，在对待工作以及人生的观念上，我也受到刘总的深刻影响。曾经我认为工作是一件独立于私人生活之外的事情，只需要在工作时间内做好即可，但和刘总长期共事后，我才认识到，如果我们认为这份工作是一份自己热爱的事业，那就应该全身心地投入（当然不必是全部时间），因为这是生命的一部分，它并不独立于自己的生活，而是嵌入在自己的生活中，并反过来会对生活产生巨大的影响。正是在这样的观念下，我改变了自己对工作以及辞职后对于读博的态度，相信刘总带给我的观念对我以后的人生都会产生持久的影响。

我还要感谢蔡文菁老师。在交大出版社工作的后期，我几乎每周从徐汇校区去闵行校区找蔡老师聊自己的学术观点、聊自己对未来的规划，事实上我是希望她能给我一些指导，包括自己当时读博的计划；后来进入武大读博后，只要去上海都会和蔡老师见一面聊自己的学习进度，包括出国计划。无论什么样的事情，蔡老师都会一一给出自己深思熟虑的建议，尽管她的想法通常是非常成熟的，但她从未认为她的想法比我欠缺考虑的计划更实际可行，而只是倾听、交谈，和我分析利弊，不过我事实上都会根据她的想法来修正自己的计划，甚至看待事情的观念。2019 年底申请出国联合培养时，我遇到了很多没有想到的困难，当我和蔡老师交流自己的困难时，没想到她已经在帮我考虑其他的出国可能，甚至帮我修改我的 Proposal。当然蔡老师对我成长的帮助不限于学术的发展上，我在生活中遇到困境时，蔡老师都会给予春风化雨般的开导和鼓励。

同时，我也要感谢我在耶鲁的导师司马懿（Prof. Chloe Starr）教授。司马老师启迪人心的指导让我在不知不觉中即已开始培养自己的方法论意识、读文献的视野以及对待学术的严肃态度。她的谈话总是直截了当、开门见山，每一次都能启迪我，当然也总是给我很大的"压力"，因为我总感觉自己做得还不足够——为什么我没有想到司马老师提到的某一点，为什么我读文献的时候没有意识到某些问题的存在，以及为什么我在写作前没有先反思自己的思路，等等。当然，最要感谢司马老师的是，她允许我在 2 月开学期间跳过一些课，集中时间完成翻译，这给了我极大的自由可以每天投入到翻译中。同时，她跟我强调学术口碑和学术作品之间的关系，所以我在翻译的过程中不敢忽略任何一处有问题的地方。

待我如家人的坦皮奥教授（Prof. Nicholas Tampio）一家是我一直感念在心的。我与坦教授相识于 2019 年的政治哲学暑期班，来美国后，坦教授每隔几个月就接我去他家过周末。每次去坦教授家中都被他们家充满爱的氛围所感动。坦教授的妻子 Gina 与四个儿子 Giuliano，Luca，Nicola，Giorgio 交流的方式总在启迪着我翻译好本书。他们一家人就像是我的家人，不仅是情感上的，也是理念上的。

我还要感谢耶鲁的图书馆。神学院图书馆（Divinity Library）是我最常去的图书馆，因为上课、吃饭都在神学院，所以神学院图书馆反倒像是我的家，而自己的住处只是睡觉的地方。我每天从早九点到晚九点待在里面翻译，图书馆员和学生助理因此都和我非常熟悉，甚至过了晚上八点之后，整个图书馆里陪伴他们的只有我。除了我最常去的神学院图书馆之外，耶鲁的其他两个图书馆斯特林图书馆（Sterling Library）和巴斯图书馆（Bass Library）是我上学期和寒假期间常去的图书馆，斯特林图书馆像是一座古典的教堂，让人走进去便有肃然起敬之感，而建在地下的巴斯图书馆则非常现代，我通常都是中午带一杯咖啡在独立学习室里做翻译，从图书馆出来的时候已是月朗星稀的夜晚。来到耶鲁之后，我深深地感觉到，世界顶尖名校不仅在于可量化的排名之高、影响世界的论著与培养人才之多，更在于催生出杰出成果与人才的有形与无形的条件，如条件优越便利的图书馆、平静而又超然的生活氛围、宽松自由的学术环境，以及启迪人心的学者。

在耶鲁神学院的好朋友们是我永生难忘的，没有他们的陪伴,我不会如此顺利地适应与融入,更不会有如此快乐而充实的生活。Ian 是我在神学院的好友,他本科毕业于享誉世界的哲学名校匹兹堡大学(University of Pittsburgh),他的本科论文导师是尼古拉斯·雷舍尔(Nicholas Rescher),雷舍尔正是当代大哲学家索萨(Ernest Sosa)的博导,我常跟他开玩笑可以称呼索萨为师兄。尽管我们的研究领域相差很大,但我本身对于分析哲学有一些兴趣,并读过一些论著,所以和 Ian 能够谈论不少哲学问题。除此之外,我们还一起去了纽约、费城、华盛顿、波士顿和普林斯顿旅行;在耶鲁,几乎每周一起踢球,平时在学院每天一起吃饭,周末也会一起做饭、切磋厨艺,在这些日常的生活中,我从 Ian 身上了解到了很多美国的本土文化与思维,这样的友情亦是另一种形式的文化交流。天若兄是我在耶鲁为数不多的中国朋友之一,耶鲁神学院与宗教系中国学生极少,而矢志为学的可能就只有天若兄和我两人,因此我和天若兄时常交流国内外学界的轶闻趣事,尽管他的研究方向是与犹太第二圣殿相关的历史文化,但我们都对希腊化时期感兴趣,所以在学术上也会相互交流启发。同时天若兄也是球迷,所以我们的 hangout 就是一起看球、踢球、打FIFA。Kim 把我的游泳技巧提升了好几个台阶;Tanja 让我认识到德国人的典型性格,也提升了我的艺术品位;Brooklyne 对中国文化和朋霍费尔(Dietrich Bonhoeffer,1906—1945)的伦理学很有兴趣,我们总有共同关心的学术话题可以聊,只要碰面都会交流好一会儿;Katie 老家在意大利西西里,我时常和她开玩笑,能不能介绍我认识几位黑手党;我还要感谢 Jordan 和 Lucy 夫妻俩,我

　　　　　　　家庭美德:儒家与西方关于儿童成长的观念

和 Jordan 一见如故，每次见面都会长谈，后来为了让我们的交流更加深入，我们俩决定每周二在神学院餐厅一起吃午饭，边吃饭边聊天，从诗歌到哲学，从电影到音乐，从主体到他者等，每次聊天收获都很大，同时 Jordan 是神学院足球队 Paracleats 的 B to B 中场，在进攻中专职给我送助攻。Lucy 是来自纽约的犹太人，我第一次见到她，就对他们夫妻俩说，Lucy 是我想象中的古希腊女性的样子。相比于这些日常的交流，Jordan 和 Lucy 两人的生活对我更有启迪的地方在于，他们俩不仅是情感上的伴侣，而且也在共同实践一些生活观念，如他们都是素食主义者、环保主义者等，尽管这些听来都是政治正确的一些说法，但他们因为这些观念而得到的精神上的富足确实是我能感受到的。当然，我不能忘记胖子 Keith，虽然因为自我毁灭性的追求女生的方式让所有人都为此感到尴尬，但我依然对他心怀感激，因为没有他，我不会认识这么多好朋友。

我要感谢我的挚友龚开喻与高冠龙。无论在国内，还是来美国后，我和开喻兄几乎每天都保持交流，从学术到政治，从足球比赛到日常生活，我们几乎无话不谈，特别是在儒学和天主教的对话上，互相交流各自的思考。尽管我们的观点不尽相同，有时甚至尖锐对立，但这些对立只是让我们的交流更加深入，并且也让友情更加深厚。正如利玛窦在《交友论》中所言"吾友非他，即我之半，乃第二我也，故当视友如己焉""相须相佑""彼此胥助"。

我和高书记（冠龙）十年前相识于南开园，是读研期间的同学，尽管不在一个学院，但哲学院和马院都在范孙楼，无论是研一在儒西大学生公寓，还是研二搬到老校区的西区公寓，我们的宿舍都在一个单元楼里。虽然十年前是和高书记一起在南开西区球场每日挥汗作战而现在只能转为线上一起熬夜看球,但激情丝毫不减,从切尔西逆转大巴黎,到意大利在巴西世界杯上铩羽而归,再到2021年疫情后那一抹蓝再次征服欧洲,这一个个难得的看球的日子记录了这十年间的变化——高书记已经成家立业,而我还在博士路上蹒跚学步。

我亲爱的师兄徐衍总是我前行路上的明灯。自入学武大开始,从住宿到生活、从学术到人生,徐衍都无私地给予我帮助、开导、分享与慰藉。徐衍从各种意义上对我的慷慨都让我铭记在心。我不能不感谢我的学妹小祝,在读博期间,因为我们宿舍总是离得很近,加上我对生活不太上心,所以不仅日常生活依赖她的帮助,甚至包括搬宿舍这样的体力活儿,而且只要有任何的烦心事,都会找她聊上半天,帮我理清思路。我的师兄吕威与师弟思源是我读博期间的"好基友"。我们无话不谈,甚至同床共枕彻夜交心,这些时光是我在珞珈山的美好回忆。

当然,我没有忘记我在耶鲁的室友们,尽管我大部分的翻译工作都是在学校图书馆完成的,但是安静整洁的住宿环境让我每晚从图书馆回来的时候还可以有放松的心情加班接着翻译。我特别要感谢的是小皮,她让冷泉谷178号的室友们成为一个整体,也让这个房子成为一个家,小皮每周做一次火锅,大家围坐一起边吃边聊,分享自己的生活,这是在外的异乡人很难拥有的感受。

感谢港湾的兄弟们,小龙、牛哥、冠军、柯列、王凯、阳琛、江波,港湾的生活一直温暖着我,给予我无限的力量与信念。在我各个不同的社交平台与文章中,港湾都是一个关键词,因此我不在此赘述,但却又必须提到,因为港湾对我意味着太多。

感谢在番禺路一起革命的兄弟们,熊总、亮亮、强强,相比于武康路、衡复风貌区、外滩、静安寺等上海著名的地标,久经考验的红辣椒餐厅、上海味道的杰出代表牧羊餐厅、上海图书馆下面被关的书店、我们出版的一本本书才是我们精神成长之地,当然也有在虹桥路上的斗地主。

感谢珞珈山的猥琐男们,牛尧、曾鸣、宝达、老乐、亚伟、范方春、韩瑞波、徐超,珞珈山的岁月因你们而精彩,虽然你们的球技都很拙劣,但我依然很享受在珞珈山前三年和你们一起在梅园操场挥汗如雨的珍贵时光,等我再回珞珈山的时候,已经物是人非,梅园操场也难有往日自由欢快的身影。

作为一位"老"编辑,我深知出版一本书的不易,从策划到编辑,从封面设计到发稿排版,再到最后的校对、定稿,每一环节都把控好才能保证一本书的质量。因此,我要感谢春茂兄,他为本书出版所作的努力让我感激不尽。

最后,我最要感谢的是我的父母,正是他们对我充满爱的养育,让我意识到家庭道德培养的重要——这也是本书的主题,因此我将这本译作,也是我的第一本出版物题献给他们。我的父母生我、养我、教育我、陪伴我,他们和天下大部分父母一样,爱自己的孩子,竭尽所能地支持、帮助;但他们也绝对非凡,因为从我记事开始,他们就一直认为道德准则要重于对自己孩子的宠爱,或者说,在他们看来,让自己的孩子接受道德准则就是爱。他们的无与伦比无法由我来评判，因为他们实现了在各种哲学传统中都堪称标杆的父母的理念。我的父母也是我最好的朋友，当我也进入 30 岁，逐渐开始渴望家庭，并在人世间 30 多年后，开始对父母的心灵世界有了更多的共鸣，我才真正意识到什么是"爱"，为何爱很艰难，为何要"孝"且"敬"，对孟子所说的"人之大伦"与阿奎那所言的"崇敬"（reverence）有了以往所没有的体悟。

译事艰难，不仅难在需要日复一日地阅读材料、校对文献、咬文嚼字、反复揣摩是否准确地传达了原意，更难在我在翻译过程中所感受到的不同文明传统之间的巨大差异，而这样的差异可以让一切努力"失之毫厘，谬以千里"，所以在翻译每一个字时我都战战兢兢、如履薄冰。当然，正是因为翻译的艰难，每当我发现某处思想在不同传统中有相似的理解时，如"孝"的观念，我都会为东海西海、心同理同不由地感到喜悦，因为这至少能够说明比较哲学、文明对话事业的文化心理基础所在。当然，不同传统之间的差异事实上是更有价值之处，因为这不仅说明了人类的生活丰富而多元，而且也更加彰显了人类心灵的自由与智慧的伟大。

译作如有错谬之处，均由译者负责。

刘　旭
于美国康州纽黑文
耶鲁大学神学院
2022 年 3 月 1 日
修改于 2022 年 9 月 28 日

　　　　　　　　家庭美德：儒家与西方关于儿童成长的观念